BeckscheReihe

BsR 1240

D1868697

BSR

Die Essaysammlung des Bielefelder Historikers verbindet wiederum die Teilnahme an wissenschaftlichen Kontroversen mit der Intervention in tagespolitische Auseinandersetzungen. Ob sich der Autor zur Goldhagen-Debatte oder zu der Frage nach der Bedeutung des 8. Mai 1945 äußert, ob er zur Diskussion über den deutschen Sonderweg Stellung nimmt oder das Bundesverfassungsgericht gegen seine Kritiker verteidigt – immer weisen seine Essays die ihm ganz eigene Mischung von souveräner Geschichtskenntnis und politischer Wachheit auf.

Hans-Ulrich Wehler, geb. 1931, ist Professor für Allgemeine Geschichte an der Universität Bielefeld. Im Verlag C.H. Beck erschien u.a. sein bedeutendes, bisher drei Bände umfassendes Werk „Deutsche Gesellschaftsgeschichte“.

HANS-ULRICH WEHLER

Politik in der Geschichte

Essays

VERLAG C. H. BECK

Die Deutsche Bibliothek – CIP Einheitsaufnahme

Wehler, Hans- Ulrich:
Politik in der Geschichte: Essays / Hans-Ulrich Wehler. –
München: Beck, 1998
Beck'sche Reihe ; 1240
ISBN 3 406 42040 0

ISBN 3 406 42040 0

Umschlagentwurf: Uwe Göbel, München
Umschlagabbildung: tom specht, München

Gesamtherstellung: C. H. Beck'sche Buchdruckerei, Nördlingen
Gedruckt auf säurefreiem, alterungsbeständigem Papier
(hergestellt aus chlorfrei gebleichtem Zellstoff)
Printed in Germany

Inhalt

III.

Anhang

Vorwort

In dieser Essaysammlung wird, wie auch bereits in früheren Aufsatzbänden, die Teilnahme an wissenschaftlichen Kontroversen mit der Intervention in tagespolitische Auseinandersetzungen verbunden.[1]

Im ersten Teil geht es nicht nur um deutsche, sondern auch um europäische Probleme mit einer auffälligen historischen Tiefendimension. Im Hinblick auf die neuere deutsche Geschichte hängen die erörterten Fragen alle mit dem „Zivilisationsbruch“ in der Zeit der nationalsozialistischen Diktatur zusammen, als die Mehrheit der Deutschen einem charismatischen „Führer“ folgte – für Abermillionen hieß das: bis in den Tod. Ungleich größer war jedoch die Anzahl ihrer Opfer. Sie wurde durch die Deutschen des „Dritten Reiches“ während ihrer Vernichtungsaktionen in eine Höhe getrieben, die sich der konkreten Anschauung entzieht.

Über das historisch beispiellose Massaker an den Juden ist inzwischen eine Spezialliteratur entstanden, die in den vergangenen vierzig Jahren zahlreiche Fragen zu klären imstande war. In seinem umstrittenen Buch „Hitlers willige Vollstrecker“ hielt jedoch Daniel J. Goldhagen fast alle seiner Vorgänger in der Holocaust-Forschung für theorielos, naiv, engstirnig, für kurzsichtig, verständnislos, subtil apologetisch – auf daß seine „innovatorische“ Leistung als leuchtende Wendemarke dieser Forschung um so heller erstrahlte. Entschiedene Kritik an seinem Anspruch und der Ausführung seines Buches konnte nicht ausbleiben, und sie fiel in der internationalen „Community of Scholars“, überraschend einmütig, sehr harsch aus.

In scharfem Kontrast dazu steht die Rezeption in einer ungleich weiteren Öffentlichkeit, die sich einer staunenerregenden Zustimmung als fähig erwies. Wissenschaftliche Ablehnung und öffentlicher Enthusiasmus klafften weit auseinander.

Während die Kritik – unisono und keineswegs sotto voce – inzwischen abgeschlossen zu sein scheint, ist die Rezeptionsgeschichte des mißglückten Buches weiterhin außerordentlich erklärungsbedürftig. In dieser Goldhagen-Kontroverse bezieht der erste Beitrag, um Abwägung der Vorzüge und Defizite bemüht, so klar wie eben möglich Position, um einige wissenschaftliche Probleme und politische Dimensionen des Streits zu klären.

Auf verwandte Weise nimmt der folgende Essay zu der Debatte Stellung, die sich 1995, als sich das Ende des Zweiten Weltkriegs zum fünfzigsten Mal jährte, an der Frage entzündete, ob Deutschland damals den Absturz in eine „Katastrophe" oder aber eine „Befreiung" erlebt hatte. Trotz der traumatischen Erfahrung, die für Millionen Deutsche mit 1945 unzweifelhaft verbunden war, eröffnete die Befreiung von der Diktatur, die sie selber nicht hatten abschütteln wollen und können, die Chance für den Aufbau einer „Zivilgesellschaft" in der Bundesrepublik.

Danach weitet sich der Blick auf die europäische Geschichte, denn zentrale Phänomene des „kurzen" 20. Jahrhunderts zwischen dem Ausbruch des Ersten Weltkriegs und dem Zerfall nicht nur der Weltmacht Sowjetunion, sondern sogar des petrinischen Rußland werden ebenso diskutiert wie der Langzeittrend der europäischen Nationsbildung, der europäischen Revolutionsgeschichte und der europäischen Adelsgeschichte zwischen 1789 und 1914.

Der zweite Teil lenkt in mehreren Beiträgen erneut auf die Debatte über den deutschen „Sonderweg" hin, mithin über die vieldiskutierten deutschen Sonderbedingungen auf dem westlichen Modernisierungspfad in das 20. Jahrhundert.[2] Dabei wird jene Interpretation entschieden zurückgewiesen, die aus der „geopolitischen" Lage der deutschen Staaten im Herzen Mitteleuropas ihre entscheidenden Entwicklungsbedingungen ableitet. Das Kaiserreich, mit dem sowohl eine europäische Großmacht als auch ein deutscher Nationalstaat entstand, wird wegen der Schlüsselrolle, die es für die „Sonderweg"-Debatte spielt, noch einmal einer genauen Prüfung unterworfen, ehe Ernst Noltes ahistorischer Reduktionismus, der seinen bürgerlichen „Anti-Lenin“ Adolf Hitler gegen das originäre Großverbrechertum des Bolschewismus nur einen imitatorischen Präventivkampf führen läßt, scharf kritisiert wird. Wieviel lohnender ist dagegen die Verteidigung des Bundesverfassungsgerichts gegen seine Gegner, die bei der Verfechtung ihrer egoistischen Interessen nicht davor zurückscheuen, eben jene konstitutionelle Basisinstitution zu beschädigen, die in entscheidendem Maße zum Ausbau eines funktionstüchtigen Rechts-, Verfassungs- und Sozialstaats und damit zu einer soliden Fundamentierung der „bürgerlichen Gesellschaft“ in der Bundesrepublik beigetragen hat.

Die Essays des dritten Teils schließlich schalten sich in gegenwärtige Auseinandersetzungen innerhalb der deutschen Geschichtswissenschaft ein. Einige Beiträge plädieren entschieden für eine moderne Politikgeschichte, die sich auf dem Reflexionsniveau der besten Köpfe der internationalen Forschung bewegt, hierzulande aber (mit der Ausnahme etwa von Jürgen Osterhammel und Gustav Schmidt) insbesondere von jenen Experten der Außenpolitik verfehlt wird, die sich methodisch in der geistigen Welt der Neurankeaner vor 1914 selbstzufrieden eingerichtet haben und dort unbefangen weiterbewegen. – Die Kritik der Alltagsgeschichte könnte inzwischen durch den verdienten Nekrolog abgeschlossen werden. – Einem durch seinen positivistischen Faktenreichtum exzellierenden Handbuch, das „deutsche“ Wirtschaftsgeschichte über zweitausend Jahre hinweg zu bieten beansprucht, jedoch an der blassen Strukturierung seiner Interpretation, der Fixierung auf überholte Deutungen und der Abwesenheit der Sozialgeschichte leidet, wird seine eigentümliche theoretische Engführung vorgeworfen. – An zwei Bismarck-Biographien kann der Kontrast zwischen der ruhigen Souveränität des Fachmanns und der Nemesis der Hektik verdeutlicht werden. – Und zwei Gesamtdarstellungen der deutschen Geschichte, einmal seit ihren mysteriösen Ursprüngen im Mittelalter, das andere Mal über ein angeblich „deutsches Säkulum" in dem seit 1890 vergangenen Jahrhundert, erzwingen eine kritische Auseinandersetzung mit ihren Prämissen und ihrer ganz unterschiedlichen, in beiden Fällen aber keineswegs überzeugenden Konstruktion einer deutschen Geschichte.

Auf die grundsätzliche Herausforderung, die mit der zur Zeit noch anhaltenden Grundlagendiskussion über eine „neue Kulturgeschichte" verbunden ist, deren anspruchsvollste Varianten an die Stelle der Sozial- und Gesellschaftsgeschichte treten wollen, wird an dieser Stelle nicht eingegangen. Das geschieht in einem eigenen, noch in diesem Jahr erscheinenden Essayband, der sich bemüht, die Vorzüge und Grenzen ganz unterschiedlicher kulturwissenschaftlicher Positionen abzuwägen, ihr Anregungspotential und ihre möglichen Irrwege zu charakterisieren.[3]

Für die Herstellung des Manuskripts möchte ich wiederum Jutta Wiegmann, für die Mithilfe beim Korrekturenlesen und bei der Anfertigung des Registers Cornelius Torp, Claus Kröger und Jens Böwer danken. Vor allem aber bin ich Ernst-Peter Wieckenberg dankbar, der die kritische Prüfung eines Manuskripts von mir zum siebten Mal freiwillig auf sich genommen hat.

Bielefeld, im Juli 1997 *H.-U.W.*

I.

1. Der Stachel im Fleisch
Wissenschaftliche Probleme und politische Dimensionen der Goldhagen-Kontroverse

Ein merkwürdiges Phänomen ist zu kommentieren: die Kontroverse um das Buch von Daniel Goldhagen über „Hitlers willige Vollstrecker", das den Holocaust neu zu erklären versucht.[1] Es ist deshalb ein merkwürdiges Phänomen, weil das Buch unter wissenschaftlichen Leistungskriterien höchstens eine mittelmäßige Dissertation ist, von der mancher in die Diskussion involvierte Historiker sagt, er würde sie als Doktorarbeit nicht angenommen haben. Es geht um einen jungen, 36jährigen Politikwissenschaftler, der nicht als Historiker ausgebildet ist, aber vorgibt, daß er sich in der deutschen Geschichte seit dem Mittelalter als Historiker auskenne. Es gibt die enthusiastische Zustimmung eines Teils der amerikanischen Öffentlichkeit seit dem März 1996 und eine zuerst einmütige Ablehnung in der deutschen Öffentlichkeit seit dem Mai 1996. Diese Reaktion kontrastiert scharf mit dem einmütigen Widerspruch durch alle Historiker und Historikerinnen, die als Experten des Nationalsozialismus und Holocaust gelten – von den amerikanischen und israelischen über die englischen bis zu den deutschen Historikern. Die entschiedene Kritik ist keineswegs eine deutsche Eigenart. Schließlich gibt es einen eigentümlichen Stimmungsumschlag, als Goldhagen im September 1996 eine Rundreise durch Deutschland machte und weithin Zustimmung für seine Schwarz-Weiß-Malerei bei einem Publikum fand, das vermutlich zu neunzig Prozent den Wälzer noch gar nicht gelesen hatte.

Auch inmitten einer lebhaft, mancherorts schon leidenschaftlich geführten Kontroverse um ein umstrittenes Buch mit einer provozierenden „Botschaft" gilt unverändert das bewährte Gebot, jede Auseinandersetzung an einer möglichst nüchternen und klaren Abwägung der Vorzüge und Grenzen zu orientieren. Daher ist zuerst nach den Vorzügen und dem Gewinn zu fragen, ehe die Grenzen und die Nachteile genauso offen erörtert werden. Das ist bei Daniel Goldhagens Buch über „Hitlers willige Vollstrecker" um so mehr geboten, als die publizistische Öffentlichkeit in den Vereinigten Staaten und in Deutschland auf diese sechshundert Seiten über die „gewöhnlichen Deutschen und den Holocaust" nicht nur etwas schneller als die wissenschaftliche Fachwelt reagiert hat, obwohl diese sich ungewöhnlich rasch zu Worte gemeldet hat. Vielmehr hat sie auch die laufende Debatte durch einige geschwind etablierte Klischees erschwert.

Der enthusiastische Beifall amerikanischer Journalisten und Diskussionsteilnehmer ist ein Problem für sich; dazu gleich einige Bemerkungen. Blicken wir aber zuerst auf die Bundesrepublik, war das Echo im deutschen Blätterwald zuerst alles andere als zufriedenstellend. Mit einer irritierenden Geschwindigkeit und spektakulären Selbstsicherheit, die öfters nur die Ignoranz in der Sache verhüllen half, bildete sich ein Abwehrkonsens heraus. Das Buch bringe empirisch nichts Neues, hieß es immer wieder, im wesentlichen sei alles längst bekannt, anregende Fragen enthalte es auch nicht, kurz: Das „Ergebnis ist . . . gleich Null". Und da die Interpretation „natürlich puren Unsinn" darstellte (so, stellvertretend für manche andere, zwei Zitate aus Rudolf Augsteins Kommentar im „Spiegel"), konnte man nach vollendetem Verdammungsurteil offenbar entspannt zur Tagesordnung übergehen. Doch der erste Teil der Charakterisierung ist auf eine bestürzende Weise unvollständig, irreführend, wenn nicht unzutreffend; der zweite dagegen verdient einen ausführlicheren argumentativen Aufwand.

Das Buch erreicht keineswegs nur, ja vermutlich nicht einmal in erster Linie, die wissenschaftlichen Experten, die bisher in der Tat übereinstimmend schneidende Kritik geäußert haben (z.B. Omer Bartov, Yehuda Bauer, Christopher Browning, Norbert Frei, Raul Hilberg, Hans Mommsen, Moshe Zimmermann). Seine unübersehbar öffentliche Wirkung wirkt als Stachel, sich mit außerordentlich schmerzhaften Problemen, die alles andere als abschließend geklärt sind, erneut auseinanderzusetzen. Das könnte man, trotz aller berechtigten Einwände, als willkommenen Effekt begrüßen, anstatt spontan jede weitere Diskussion der Sachfragen abzublocken. Und auch die spürbare moralische Empörung, die den Verfasser antreibt, sollte man hierzulande gelassener respektieren können.

Vor allem gibt es mindestens sechs erwägenswerte Gründe, um Teile der empirischen Analyse und einige Fragen Goldhagens ernst zu nehmen. Er breitet drei konkrete Fallstudien aus: über Polizeieinheiten beim Werk der „Endlösung", über Arbeitslager für Juden, über Todesmärsche von Juden nach der Auflösung der Vernichtungs- und Konzentrationslager. Selbstverständlich hatte die weit verzweigte internationale Forschung zum Nationalsozialismus und Holocaust diese drei Komplexe nicht völlig übersehen. Befriedigend aber kann man die bisher gewonnenen Ergebnisse gewiß nicht nennen.

1. Über den Judenmord der Einsatzgruppen, der Sonderkommandos, der SS-Brigaden vom Kommandostab Himmler, der zahlreichen Wehrmachtseinheiten sind wir inzwischen (im Grunde aber auch erst seit den 80er Jahren!) ziemlich genau informiert. Über jene Polizeiverbände indes, die ebenfalls Tag für Tag den Massenmord betrieben, gab es bislang eigentlich erst eine einzige umfassende und präzise Analyse einer einzigen Polizei-Reserveeinheit: in Brownings Buch „Ganz normale Männer" von 1992. Jahrelang operierten aber rund vierzig solcher Polizeibataillone in Polen und Rußland! Wo ist denn wenigstens ein halbes Dutzend deutscher Dissertationen oder Habilitationen über sie? Unter den Abertausenden von geschichtswissenschaftlichen Studien, die sich im „Verzeichnis der deutschen Hochschulschriften" seit 1945 finden, wird man sie vergeblich suchen. Dagegen herrscht dort an konventioneller Politikgeschichte, vom spanischen Erbfolgekrieg bis zur wilhelminischen Diplomatie, noch immer ein wahrer Überfluß. Erscheint es daher nicht berechtigt, daß sich Goldhagen bemüht hat, dieses Defizit zu verringern? Wenn ihm jetzt im-

mer wieder Brownings Leistung entgegengehalten wird, darf man daran erinnern, daß nicht weniger als ein halbes Jahrhundert seit dem Zweiten Weltkrieg vergangen war, bis dieses vorzügliche Kollektivporträt endlich erschienen ist. Also: Alles schon bekannt? Auch über den Mikrokosmos der Spezialisten hinaus vielen hinreichend bekannt? Gar nichts Neues mehr zu entdecken? Da lese man doch einmal die Kapitel 6 bis 9 in Goldhagens Buch.

2. Mehr als zehntausend Lager haben Hitlers Deutsche für „Gegner" aller Art eingerichtet: Konzentrations- und Vernichtungslager mit zahlreichen Außenstellen, Zwangsarbeiter- und Gefangenenlager, Ghettos und Arbeitslager – viele dieser Lager auch oder nur für Juden. Allein in Polen gab es rund neunhundertvierzig Arbeitslager für Juden. Wo ist denn wenigstens ein halbes Dutzend Dissertationen über sie? Die Antwort: fast dieselbe Feststellung wie vorn. Über die sechs großen Vernichtungslager, über bekannte Konzentrationslager, über die mörderischen Wehrmachtslager für Millionen russischer Kriegsgefangener hat uns die internationale Forschung inzwischen informiert. Doch über die Interna der Arbeitslager für Juden wissen wir (erst recht aus der deutschsprachigen Literatur) im Grunde noch immer sehr wenig, viel zu wenig. Durfte Goldhagen da nicht zu Recht seine Untersuchung durchführen – nachzulesen in den Kapiteln 10 bis 12?

3. Wenn es rund hundert Todesmärsche nach Westen gab, als die Vernichtungs- und Konzentrationslager im Winter 1944/45 auf Himmlers Befehl vor dem Eintreffen der Roten Armee aufgegeben wurden, und wenn die Schätzung auch nur annähernd stimmt, daß von etwa 750000 Insassen mindestens eine Viertelmillion, vielleicht aber sogar 375000 unterwegs umgebracht worden oder sonstwie elend umgekommen sind, wo sind denn wenigstens einige wissenschaftliche Monographien, die diese apokalyptischen Horrorzüge analysiert haben? Darum noch einmal: Alles schon bekannt? Ist es vielmehr nicht verständlich, daß Goldhagen auch diese Lücke ein wenig schließen wollte? Wer kein Herz aus Stein hat, wird die Kapitel 13 und 14 ziemlich fassungslos lesen.

4. Vor dem Höllenreich der Gaskammern und Liquidationsaktionen dehnte sich das endlose Vorfeld der alltäglichen Grausamkeiten bei der quälenden Behandlung von Frauen und Kindern, Greisen und Hilflosen. Zugegeben, man weiß von diesen Torturen. Aber sie treten gewöhnlich hinter den destruktiven Operationen anonymer Großverbände zurück, die ihre Schreckensherrschaft uneingeschränkt ausüben durften (Einsatzgruppe 3, Sonderkommando 6, Panzerregiment 9 meldet: Bezirk X ist „judenfrei"). Besteht Goldhagen nicht zu Recht darauf, daß eine derartige Grausamkeit, die bei zahlreichen Angehörigen eines ehemals zivilisierten Volkes auf einmal jahrelang als Massenphänomen auftrat, weiterhin erklärungsbedürftig bleibt? Und zwar in vielfacher Hinsicht: von den spontanen Pogromen Anfang 1933 bis zum Mai 1945. Die Erforschung eines solchen Verhaltens ist psychisch nur sehr schwer auszuhalten. Trotzdem behält diese Aufgabe ihre Berechtigung.

5. Auch deshalb setzt sich Goldhagen zum Ziel, nach Möglichkeit individuelle Täter in den Brennpunkt der Aufmerksamkeit zu rücken. Anstatt gesichtslose Kollektive wie die blindgläubigen SS-Verbände oder gehorsame Exekutoren wie die zahlreichen Wehrmachtseinheiten bei ihrem mörderischen Treiben zu verfolgen, anstatt die „Banalität des Bösen" (H. Arendt) an typischen Bürokraten der „Endlösung" wie Eichmann und seinesgleichen oder den grenzenlosen Fanatismus dämonisierter Planer wie Himmler und Heydrich zu untersuchen, sollte – so das Postulat – eine anschaulichere Vorstellung von den Hunderttausenden von Einzeltätern entstehen. Unstreitig existiert doch noch immer die Gefahr, daß sie hinter dem Schutzschild ihrer Einheiten verschwinden. Brownings Leistung beruht ja gerade darauf, daß er diesen Anonymisierungspanzer durchbricht und Individuen konkret schildert. Kann man Goldhagens parallel verfolgte Absicht, durch individualisierende Darstellung das Grauen zu konkretisieren, ohne weiteres von der Hand weisen? Methodisch und empirisch bleibt das eine außergewöhnlich schwere Aufgabe. Legitim aber ist sie allemal.

6. Das ist auch die seit den 1930er Jahren unaufhörlich diskutierte Frage danach, wie tief der Antisemitismus in der Mentalität von Millionen Deutschen verankert war, inwieweit er den Übergang von der sozialen Diskriminierung über die psychischen Schikanen, die aktive Verfolgung und die Pogrome bis hin zur allumfassenden „Endlösung“ mit ermöglicht und gefördert hat. Im Prinzip läßt sich nicht bestreiten, daß „Weltbilder“ – ob nun die der Weltreligionen oder der politischen Großideologien, der bäuerlichen Gesellschaft oder des höheren Wirtschaftsbürgertums – eine mentalitätsprägende und verhaltenssteuernde Potenz besitzen. Ihre Reichweite und Motivationskraft freilich, insbesondere aber die wechselseitige Verschränkung mit jenen materiellen und ideellen Interessen, jenen konkreten Konstellationen und restriktiven Bedingungen, die zusammengenommen erst Aktionen erzeugen und vorantreiben – diese komplizierte Interaktion ist im Hinblick auf den NS-Genozid noch immer nicht schlüssig erklärt worden, geschweige denn „bekannt“. Gerade hier, in der Mentalitätsgeschichte, methodisch präzise weiterzufragen, ist völlig berechtigt. Darf man die beneidenswerten Alleswisser wenigstens einmal an Hegels berühmtes Diktum erinnern: „Ist das Reich der Vorstellung revolutioniert, so hält die Wirklichkeit nicht aus“?

Leider hat Goldhagen sich nicht auf die Mentalitätsgeschichte eingelassen. Als Politikwissenschaftler ist er mit der modernen Meinungsforschung vertraut. Von ihr ist er methodisch ausgegangen. Wie komme ich, fragt er, an die Meinung der Täter heran? Indem ich ein repräsentatives Sample der Meinungen der Täter aus den Gerichtsakten gewinne. Die Zusammensetzung der Polizeibataillone hält Goldhagen für repräsentativ für die deutsche Sozialstruktur – ohne sich deren Gefüge auch nur ein einziges Mal, z. B. anhand der Analyse von Theodor Geiger, klarzumachen. Denn dann hätte er sofort gesehen, daß diese Polizeibataillone keinen repräsentativen Querschnitt durch die damalige deutsche Bevölkerung darstellten.

Zweitens teilt er die Illusion, daß man aus der Meinung direkt auf Motive und auf die Handlungen schließen kann. Das ist bekanntlich ein fataler Irrtum, da edle Gesinnung zu bösen Taten und böse Gesinnung zu nützlichen Taten führen kann. Vor allem aber müssen die sozialen und politischen Konstellationen, die restriktiven und stimulierenden Bedingungen berücksichtigt werden.

Man macht es sich trotzdem zu leicht, wenn man das gesamte Buch mit der linken Hand abtut – oft vom hohen Kothurn angeblich hinreichender Sachkenntnisse, vielleicht aber doch auch im Dienste latenter Abwehrmechanismen, welche die Greuel unserer Vergangenheit endlich fernhalten wollen. Aber „when all is said and done" führt doch, sobald es um Goldhagens entscheidendes Unternehmen, seinen Anlauf zur Erklärung des Holocaust, geht, kein Weg an einem unzweideutigen Urteil vorbei. Mit derselben kalten Leidenschaft, mit der er in den empirischen Fallstudien den Absturz in die Barbarei beschreibt, hat er alles, buchstäblich alles getan, um seine „Erklärung" so radikal wie nur möglich zu diskreditieren. Das läßt sich wiederum unter sechs Sachgesichtspunkten erörtern.

1. Seit dem Mittelalter hat sich unter „den Deutschen", so Goldhagens Hauptthese, auf der Grundlage des eingefleischten christlichen Hasses auf das Volk der „Christusmörder" der Antisemitismus gehalten. Er drang in die Tiefenstruktur ihrer Sozialmentalität ein, prägte seither ihre kognitiven Denkfiguren und alle Lebensbereiche einschließlich der Politischen Kultur. Früher hätte man gesagt: Er wurde ein unauflöslicher Bestandteil ihres „Nationalcharakters". Deshalb darf man sich auch nicht irritieren lassen, wenn der Antisemitismus einmal fünfzig oder hundert Jahre und mehr verschwindet. Denn die in der Tiefe gespeicherte und durch Sozialisationsprozesse ungebrochen weitergegebene antisemitische Programmatik kann jederzeit aktiviert werden. Spätestens seit dem frühen 19. Jahrhundert entwickelten „die Deutschen" aus diesem verhängnisvollen Erbe einen „Eliminations-Antisemitismus", der auf Verdrängung, Beseitigung, letztlich auf „Extermination" angelegt war. Dieser angeblich genuin deutsche Antisemitismus mit seinem Fluchtpunkt der physischen Vernichtung wurde zu ihrem „nationalen Projekt"! In jedem „gewöhnlichen Deut-

schen“ steckte seither ein Monstrum mit diesem Auslöschungswahn.

Hitler und seinem Diktatorialregime gelang es daher keineswegs, allmählich genügend Deutsche zur Mitwirkung am Holocaust zu gewinnen. Weit gefehlt: Die Braunen öffneten nur die Schleusen, und endlich, endlich konnten „die Deutschen“ ihren „eliminatorischen Antisemitismus“, ihr ureigenstes „Projekt“, mit eherner Konsequenz praktizieren.

Aus diesem Goldhagen-Konstrukt folgt unentrinnbar alles Weitere. Warum kein Protest gegen die Diskriminierung der Juden in den sogenannten sechs Friedensjahren des „Dritten Reiches“? Sie war seit Jahrhunderten ersehnt worden. Warum kein Protest gegen Pogrome, etwa die „Reichskristallnacht“? Sie war seit langem erhofft worden. Warum kein Protest gegen den Holocaust? Endlich konnte der „Eliminations-Antisemitismus“ aller „normalen Deutschen“ sein Ziel verwirklichen. Wie kann da Grausamkeit verwundern? Endlich konnten „die Deutschen“ ihren Haß gegen die jüdischen „Untermenschen“ ausleben. Und so weiter – die Universalerklärung verwandelt jedes Problem in ein Scheinproblem.

2. Was bedeutet das? Goldhagens „Erklärung“ basiert auf der bedingungslosen intellektuellen Kapitulation vor jedem Bemühen um ein seriöses Erklärungsmodell, das durch schlichte Diabolisierung ersetzt wird. „Die Deutschen“ sind seit dem Mittelalter eine bösartige Spezies der menschlichen Gattung, so lautet diese abstruse neue Variante des deutschen „Sonderwegs“. Nur sie konnten daher so folgerichtig ihren Antisemitismus bis hin zum Holocaust perfektionieren. Im Kern bedeutet das, offenbar ohne daß der Verfasser es will oder merkt, die entschlossene Ethnisierung der Debatte über den Nationalsozialismus und seine Genozidpraxis. Strukturell tauchen, pointiert gesagt, dieselben Denkschemata, wie sie dem Nationalsozialismus eigen waren, wieder auf: An die Stelle des auszulöschenden „auserwählten Volkes“ tritt das „verworfene Volk“ der Deutschen als Inkarnation des Bösen. Die Kollektivschuldthese feiert auf diesem Umweg keineswegs fröhliche Urständ. Unter umgekehrten Vorzeichen erlebt ein Quasi-

Rassismus, der jede Erkenntnisanstrengung von vornherein eisern blockiert, seine pseudowissenschaftliche, mentalitätsgeschichtlich camouflierte Wiederauferstehung. Dieser ethnisch-kulturelle Determinismus inspiriert die auf Monokausalität versessene Mythologisierung von Goldhagens dogmatischer Ideologiegeschichte.

Die Komplexität der historischen Konstellationen wird nicht einmal ins Auge gefaßt. Wo sind die lang- und kurzlebigen Voraussetzungen für den Aufstieg der Hitler-Bewegung, die Etappen des Ausbaus der Diktatur, die Auswirkungen des antisemitischen Weltbildes? Wo bleibt die „kumulative Radikalisierung" der deutschen Judenpolitik bis hin zur „Endlösung"? Wo ist der Zusammenhang von Brutalisierung bereits durch den Ersten, dann durch den Zweiten Weltkrieg, erst recht durch den Polen- und Rußland-„Feldzug", der Nexus von Befehlsgewalt und Gehorsamspflicht, die Realitätsverzerrung, die Situationsabhängigkeit, der Gruppendruck, die Entscheidungswillkür unterer und mittlerer Instanzen, die „Akklimatisierung" selbst an den täglichen Massenmord usw.?

Und wie wirkt sich das Prokrustesbett von Goldhagens „Erklärung" auf die Beurteilung der Bundesrepublik aus? Wenn der deutsche Antisemitismus tatsächlich in die mentale Tiefendimension des „gewöhnlichen Deutschen" eingelagert ist und wenn getrost einmal ein Jahrhundert ohne sichtbare Eruption verstreichen kann – waren dann nicht alle deutschen Anstrengungen seit 1945 von vornherein vergebens, mit dieser Vergangenheit zu brechen und sich ihr zu stellen? Gut versteckt am Ende des Buches, in der dreizeiligen Anmerkung 38 auf Seite 582, findet sich ein Alibi-Winzling: Einen „zeitlosen deutschen Charakter" gebe es wohl doch nicht, konzediert dort der Autor, und nach dem „Verlust des Zweiten Weltkriegs" habe er sich „dramatisch" verändert. Inzwischen hat Goldhagen auch eine Art von Ehrenerklärung für den Demokratisierungserfolg der Bundesrepublik und die effektive Ächtung des Antisemitismus abgegeben. Beide Äußerungen werden aber durch die stählerne Konstruktion seiner eigenen „Erklärung" sechshundert Seiten lang radikal in Frage gestellt.

3. Warum ist, fragt Goldhagen, die schlichte Wahrheit der Kontinuität des Satanischen in Deutschland so lange verborgen geblieben? Ganz einfach deswegen, weil man von der absolut ungerechtfertigten Annahme ausging, daß die Deutschen zu den Kulturnationen des Westens gehörten und daher erst auf eine mühsam zu erklärende Weise durch die NS-Diktatur und ihren totalen Krieg zu einem Menschheitsverbrechen ohne Vorbild gebracht wurden. Geht man statt dessen – damit greift Goldhagen die neuere kulturwissenschaftliche Debatte auf – mit dem distanzierten Blick des Kulturanthropologen an die Deutschen wie an einen fremden Eingeborenenstamm heran, erkennt man mühelos: Sie sind gar nicht so, sie waren nie so „wie wir"! Denn nur sie, schließt diese furchterregende Selbstgerechtigkeit messerscharf, konnten ja aufgrund ihrer Tradition den Holocaust unternehmen. Der verfremdende ethnologische Blick erleichtert auch den hermetischen Duktus der Gedankenführung, er verstärkt das ausschließlich moralisierende Urteil auf Kosten der Analyse. Erfolge der Judenemanzipation, kulturelle Assimilation durch das deutsche Bildungsbürgertum, Identifizierung mit den neuhumanistischen Bildungsidealen – das alles sind Mythen, denen Generationen deutscher Juden törichterweise aufgesessen sind. Wie verblendet müssen sie gewesen sein, daß sie das Menetekel nicht längst zu erkennen vermochten?

4. Goldhagen hat für seine Doktorarbeit, aus der das Buch direkt hervorgegangen ist, einen Preis der Amerikanischen Politologenvereinigung erhalten – und zwar den Preis für die beste Dissertation in „Vergleichender Politikwissenschaft". Selten nur war aber ein Buch von den Vorzügen komparativer Sozial- und Geschichtswissenschaft weiter entfernt als dieses, das den Vergleich scheut wie ein bösartiges Ungeheuer. Aus unmittelbar einsichtigen Gründen ist der deutsche Antisemitismus so gut erforscht wie kein anderer. Immerhin reichen die Kenntnisse aber völlig aus, um durch den innereuropäischen Vergleich für die Zeit bis 1933 die behauptete Einzigartigkeit des deutschen Antisemitismus in Frage zu stellen.

Löst man sich einmal von Goldhagens Fixierung auf die Einbahnstraße und erkennt vielmehr die „Twisted Road" (K. Schleunes) nach Auschwitz an, ist es nicht so leicht zu entscheiden, um nur einige Beispiele zu nennen, ob der giftige österreichische Antisemitismus (Hitlers Nährboden) oder der gewalttätige russische Pogrom-Antisemitismus oder der französische Antisemitismus (nicht nur der Dreyfus-Affäre) oder der reichsdeutsche Antisemitismus (gleich ob politisch organisiert oder informell in die Gesellschaft eingesickert) der gefährlichste, rabiateste, ausdehnungsfähigste war. Weshalb waren die internationalen Antisemitenkongresse vor 1914 so gut besucht? Warum die zahlreichen „Volksdeutschen" und SS-Freiwilligen aus den besetzten europäischen Ländern, die Luxemburger im Polizeibataillon 101, die lettischen und litauischen, die ukrainischen und rumänischen Helfershelfer beim deutschen Judenmord mitgemacht haben, kann eine nüchtern vergleichende historische Analyse zu erklären versuchen. Von Goldhagens Ansatz aus, der Einzigartigkeit der verderbten deutschen Spezies, kann man das am allerwenigsten. Ließe man sich aber einmal auf das Experiment ein, Goldhagens ausschlaggebende Denkfigur: die „Erklärung" des Massenmords aus dem „Charakter" eines Teils der Menschengattung, für eine vergleichende Beurteilung zu verallgemeinern, endete man hoffnungslos in einer fatalen Sackgasse.

– Sollten wir die türkischen Massaker an Millionen von Armeniern nicht mehr mit Hilfe eines Bündels von sehr unterschiedlichen Bedingungen und Motiven zu erklären versuchen, sondern gleich aufgeben und es einem jungen armenischen Historiker überlassen, alles aus der jahrhundertealten Tradition „osmanischer Schlächter" abzuleiten – mit allen Folgerungen für den Kurdenkrieg?
– Sollten wir den noch schrecklicheren, jahrzehntelang anhaltenden millionenfachen Mord unter Lenins und Stalins Diktatur nicht wenigstens aus unterschiedlichen Bedingungen und Motiven zu erklären versuchen, sondern gleich aufgeben und es einem jungen ukrainischen Historiker überlassen, alles aus der jahrhundertealten Tradition „russischen Barbaren-

tums“ abzuleiten – mit allen Folgerungen für den Tschetschenienkrieg?

– Sollten wir die nahezu vollendete Ausrottung der nordamerikanischen Indianer nicht wenigstens aus sehr unterschiedlichen Bedingungen und Motiven zu erklären versuchen, sondern gleich aufgeben und es einem jungen Navajo-Historiker überlassen, alles aus den Traditionen „amerikanischen Killertums“ seit der puritanischen Brandmarkung der rothäutigen „Kinder des Satans“ abzuleiten – mit allen Folgerungen für den Vietnamkrieg?

Der Grenzen einer möglichst rationalen Erklärung von Massenmord wird sich jeder Historiker, jede Historikerin schmerzhaft bewußt sein. Doch jeder monokausale Erklärungsversuch auf der Grundlage des dezisionistischen Aktes, einen Teil der Menschheit aufgrund der ethnischen, rassistischen, naturalistischen, essentialistischen Zuschreibung des permanent Bösen zu stigmatisieren, ist eine intellektuelle, methodische und politische Bankrotterklärung.

6. Aufgrund dieser effektiven Selbstblockade, die von einer närrischen „Beifallssalve“ (M. Weber) als umstürzende Innovation gepriesen wird, hat Goldhagen es peinlich erfolgreich vermieden, sich den Hauptfragen der NS- und Holocaustforschung überhaupt einmal zu stellen, geschweige denn, sie hier und da überzeugender als zuvor zu beantworten. Womit quält sich diese Forschung seit einem halben Jahrhundert herum?

Wie und warum konnte es dazu kommen, daß ein moderner europäischer Staat mitten im 20. Jahrhundert den industriell organisierten Massenmord an sechs Millionen Juden planen und durchführen konnte? Warum geschah das von allen Industrie- und Kulturstaaten einzig und allein in Deutschland? Warum kooperierten so viele Angehörige der Funktionseliten, funktionierte die Bürokratie so reibungslos, mordeten Sondereinheiten und reguläres Militär so effizient und gnadenlos, halfen das Riesenunternehmen der Reichsbahn und zahlreiche Industriebetriebe bei der Ausführung? Und warum brachte eine zivilisierte Nation dieses Regime hervor, unterstützte es oder fand sich mit der Hitler-Diktatur bis zum Frühjahr 1945 ab? Warum blieb sie gegenüber jüdischen Nachbarn und der Judenpolitik weithin apathisch oder wurde aggressiv, wollte vom Massenmord möglichst nichts hören und wissen?

Und wo wird der erst in den letzten anderthalb Jahrzehnten langsam wie ein Eisberg auftauchende Riesenkomplex der nationalsozialistischen Rasse- und Bevölkerungspolitik von Goldhagen berücksichtigt? Die willfährigen Schergen ermordeten nicht nur Juden, obwohl dieser Genozid ohne jede Ausnahme unstreitig eine welthistorische Singularität bleibt, vielmehr auch Millionen von slawischen „Untermenschen", Zigeunern, Erbkranken, Homosexuellen, psychisch Behinderten. Grausam war auch die Praxis der NS-Eugenik, der Euthanasie, der Sterilisation, der „ethnischen Flurbereinigung". Für den Fall, daß der „Generalplan Ost" oder gar der „Generalsiedlungsplan" bis hin zum Ural verwirklicht worden wäre, hatten die „Vordenker der Vernichtung" (G. Aly) einen „Verlust" von mehr als dreißig Millionen „Slawen" kaltblütig einkalkuliert. Nur weil der Siegeszug von Hitlers Heer in die totale Niederlage verwandelt wurde, ist es zu einem so gewaltigen Genozid an den Russen und anderen Völkern nicht mehr gekommen. Die Vernichtungsplanung und -praxis des „Dritten Reiches" war, heißt das, noch weit ausgreifender, noch unmenschlicher angelegt, als das bis in die frühen 80er Jahre hinein angenommen wurde. Noch einmal: Der Holocaust bleibt aus den genannten Gründen ein einzigartiger Massenmord. Kann man aber in einem Buch wie diesem solche Fragen des Vergleichs einer radikalen Stromlinienführung opfern?

Darüber hinaus hat Goldhagens Buch einen paradoxen Effekt. Da er alles auf die langlebigen Tendenzen des deutschen „eliminatorischen Antisemitismus" abstellt und den politischen Kontext der 1920/30/40er Jahre so gut wie vollständig ignoriert, wird uns ein Holocaust ohne Politikgeschichte präsentiert: Er ist allein das Ergebnis einer auf Elimination drängenden deutschen Kollektivmentalität. Für Goldhagen ist es kein Problem mehr zu erklären, warum der Holocaust von 1941 bis 1945 unter der NS-Diktatur, nicht aber schon längst vorher durchgeführt wurde. Warum gab es vor 1933 keine deutsche Tradition der Pogrome wie in Rußland und in Osteuropa, obwohl doch der „eliminatorische Antisemitismus" so zur Tat drängte? Goldhagen argumentiert nicht nur, daß die Killer Antisemiten waren, sondern daß sie Antisemiten waren, weil sie Deutsche waren! Warum aber haben dann diese „gewöhnlichen Deutschen" die Juden nicht früher, sondern im Kontext des NS-Regimes getötet?

Antijudaismus gibt es überdies seit zweitausend Jahren, er kann mit Judenemanzipation und Assimilation koexistieren. Goldhagen kann, da er die politischen Konflikte Deutschlands im 19. und 20. Jahrhundert, ja sogar die braune Diktatur ignoriert, die Vorherrschaft des mörderischen Antisemitismus seit 1933 nicht erklären. Betont man, wie Goldhagen, einen uralten Antisemitismus der „gewöhnlichen Deutschen", wird nicht nur der politische Kontext, sondern die historische Bedeutung des Nationalsozialismus überhaupt, der ganz und gar keine „gewöhnliche" Erscheinung war, radikal abgewertet. Hitler und der Nationalsozialismus hören bei Goldhagen auf, eine notwendige Voraussetzung für den Holocaust zu sein.

Mehr als ärgerlich ist es, wie Goldhagen alle Historiker und Historikerinnen des Nationalsozialismus und des Holocaust mit unerschütterlicher Arroganz abkanzelt, um den Neuigkeitswert seines eigenen Buches zu preisen. (Auf die Problematik, was darin rein empirisch falsch geraten ist: die Geschichte des deutschen Antisemitismus, der Aufstieg des Nationalsozialismus, die klägliche Seite über die „Machtergreifung" usw., soll hier gar nicht erst eingegangen werden.) Die schrillen Fanfarenstöße der Verlagswerbung seien von ihm ausdrücklich gebilligt worden, erklärte er Anfang April während einer Diskussion im Holocaust Museum zu Washington. Auch der Anspruch also, daß das Buch „ein Werk von äußerster Originalität und Bedeutung" sei und „für immer unser Verständnis der größten Schreckenstat des 20. Jahrhunderts" verändere! Während Goldhagen selber die wissenschaftliche Diskussion ungeniert auf den Stand von 1950 zurückschraubt („Von Luther bis Hitler" hieß das damals), verfallen fast alle Untersuchungen auf der Höhe des gegenwärtigen Forschungs-

und Reflexionsstandes seinem Verdikt (z.B. von Uwe Adam, Martin Broszat, Raul Hilberg, Michael Marrus, Hans Mommsen), und je mehr sie sich mit seinem Vorhaben berühren (wie Browning), desto krasser fällt das Urteil aus bis hin zur Bestreitung der wissenschaftlichen Integrität und der Unterstellung einer nahezu unzüchtigen Verstehensbereitschaft. Ebenso aufschlußreich ist aber auch die große Zahl derjenigen einschlägigen Studien, die überhaupt nicht auftauchen, weil sich ihre Differenzierungsbemühungen gegen Goldhagens Reduktionismus sperren (z.B. von Aly, Bartov, Bauer, Bein, Benz, Berding, Bock, Greive, Heilbronner, Kulka, Kwiet, Levy, G. Mosse, Poliakov, Puhle, Rürup, Schleunes, Schmuhl, Volkov, Zimmermann).

Dieser Umgang mit der ungewöhnlich hochentwickelten Forschung hätte die Betreuer dieser Dissertation stutzig machen, die Interpretationsmaxime von der Leibhaftigkeit des Bösen in einem Volke der Vernichtungswilligen hätte ihren entschiedenen Widerspruch auslösen müssen. Dafür sind solche kleinen akademischen Arbeitsgruppen da, um den Kenntnisstand auf dem laufenden zu halten, die Diskussion auf dem bereits erreichten Stand kompetent fortzusetzen und durch rational überprüfbare Argumente voranzutreiben. Was ist da bloß, fragt Yehuda Bauer, einer der „grand old men" der israelischen Holocaust-Forschung, in Harvard passiert? Stanley Hoffmann, der erste Betreuer, ist ein glänzender Politologe – für das Frankreich nach dem Ersten, eher noch nach dem Zweiten Weltkrieg. Sidney Verba, der zweite Betreuer, ist ebenfalls ein angesehener Politologe, Experte für „politische Entwicklung" primär nach 1945. Der dritte im Bund, Peter Hall, ist ein Fachmann für Politische Ökonomie. Der Harvard-Historiker Simon Schama, der den Buchumschlag mit rühmenden Epitheta bedecken durfte („phänomenale Gelehrsamkeit", „unvermeidbare Wahrheiten", „Kurswechsel" in der gesamten Holocaust-Debatte) ist ein Spezialist für Hollands „goldenes Zeitalter" im 17. und für Frankreich im 18. Jahrhundert. Kein einziger ist ein Sachkenner des Nationalsozialismus und des Holocaust, und wenn sie die drei Fallstudien empirisch überzeugend fanden, hätten sie doch der Abkanzelung der wirklichen Fachleute, allemal dann der Dämonisierung „der Deutschen“ entgegentreten müssen. Wie würden diese Gelehrten wohl reagieren, wenn ein vielfach so mißlungenes Buch auf ihrem Spezialgebiet entstünde, trotzdem für ein akademisches Ritual akzeptiert, mit einem Preis bedacht und öffentlich als weltbewegende Leistung zu mehreren Auflagen hochgejubelt würde?

Dieses Verhalten wirft die Frage nach der Beachtung elementarer akademischer Kontrollmechanismen auf, da sich der nicht spezialisierte Leser auf ihre Funktionstüchtigkeit verlassen können muß. Da gab es vor einem Dutzend Jahren den Fall David Abraham in Chicago und Princeton, als die Kritik an einem handwerklich miserablen Buch über den Niedergang der Weimarer Republik erst nach bitteren Kontroversen obsiegte. Dann kam 1992 der Fall Liah Greenfeld mit ihrer den Nationalismus in fünf Ländern vergleichenden Studie, in der sie die angebliche Einzigartigkeit des deutschen Nationalismus behauptete und den von Anfang an darin „eingebauten“ Weg zur „Endlösung“, von Herder zum Holocaust, als unentrinnbare Einbahnstraße darstellte. Von illustren Figuren der Harvard „Community of Scholars“ wurde sie trotzdem gelobt und akzeptiert. Und jetzt der neue Tiefpunkt im Fall Daniel Goldhagen: Erheiternd ist das nicht, erneut das Versagen des akademischen Prüfungsfilters zu beobachten.

Abgesehen vom Streit der Historiker und Historikerinnen, abgesehen auch von der Verteidigung wissenschaftlicher Standards ist die Goldhagen-Kontroverse ganz unübersehbar auch längst in politische Dimensionen hineingewachsen. Teile der amerikanischen Öffentlichkeit finden in diesem Buch eine quasi-wissenschaftliche Bestätigung für tiefsitzende Ressentiments und Vorurteile. Je weniger die differenzierten Ergebnisse der Forschung bekannt sind, um so leidenschaftlicher fällt der Applaus aus. Solche Antipathien konnten dem Autor nicht unbekannt sein, und es wirft ein grelles Licht auf sein Verantwortungsbewußtsein als politisch denkender Politikwissenschaftler, auf diese Weise die Medien bedient zu haben.

Die Reaktionen schließlich während der erwähnten deutschen Rundreise Goldhagens im September 1996 besitzen einen ambivalenten Charakter. Sie enthüllten zum einen eine erstaunliche Bereitschaft, sich den Problemen des Holocaust zu stellen. Das muß man begrüßen. Sie enthüllten aber auch eine atemberaubende Bereitschaft, die denkbar unglaubwürdige Schwarz-Weiß-Malerei Goldhagens über die Generation der Großväter und Väter zu akzeptieren. Das „Dritte Reich" lag für den größten Teil des Publikums offenbar so weit zurück wie die Steinzeit, während die Edelmenschen der Gegenwart vermutlich zu „guten" Generationen gehören. Wahrscheinlich drückt sich in der Reaktion der Publikumsmehrheit auch eine Absage aus, sich weiterhin mit diesem Teil der deutschen Geschichte zu identifizieren in dem Sinne, daß man sich auf unabsehbare Zeit mit ihr auseinandersetzen muß. Es wird eine unvermeidbare Aufgabe der Zeithistoriker sein, diese naive und falsche Deutung mühsam zu korrigieren. Die Fixierung auf eine für viele offenbar unermeßlich weit zurückliegende NS-Vergangenheit blendet zudem die Anfälligkeit der Staaten und Völker nach 1945 aus, weiter Massenmord und Genozid zu begehen. Noch unlängst haben wir ihn im letzten Balkankrieg, im Tschetschenienkrieg, in Burundi, in Ruanda, in Kambodscha und anderswo erlebt. Unstreitig gibt es die große politische Gefahr, sich in der falschen Selbstsicherheit zu wiegen, daß das Zeitalter des politischen Massenmords mit dem Holocaust vorbei sei. Natürlich wird er sich nicht exakt wiederholen. Aber die schlichte Botschaft Daniel Goldhagens schärft das Sensorium nicht dafür, daß auch unsere Welt weiter für den politischen Massenmord anfällig bleibt.

Im allgemeinen aber belehrt uns in Deutschland die Reaktion vor allem noch einmal darüber, daß auch ein halbes Jahrhundert nach dem Zweiten Weltkrieg und dem Holocaust eine Selbsttäuschung über unsere keineswegs vergehende, jederzeit wiederbelebbare Vergangenheit nicht zulässig ist. Wirkte sie nicht zur Jubiläumsfeier 1995 für viele hinreichend diskutiert oder gar „bewältigt", jedenfalls endlich auf dem besten Wege „zu vergehen"? Auf absehbare Zeit wird sie trotz aller gebotenen „Historisierung“ wegen der Monstrosität der Zäsur in der Menschheitsgeschichte nicht vergehen können.

Und die öffentliche Reaktion hierzulande? Goldhagen hat es, da seine „Erklärung“ und sein Argumentationsstil so leicht zu verwerfen sind, seinen Kritikern denkbar leichtgemacht. Daß die Experten aus aller Welt an seinem Verzicht auf eine verteidigungswürdige Interpretation kein gutes Haar lassen werden, ist, nach der bisher geäußerten Kritik zu urteilen, denkbar wahrscheinlich. Goldhagen hat der Holocaust-Forschung wissenschaftlich und in der Öffentlichkeit immens geschadet. Sollten deshalb aber auch seine empirischen Fallstudien und einige wichtige Fragen kurzerhand beiseite gewischt werden? Genügt es, die bilderstürmerische Arroganz eines jungen Politikwissenschaftlers, dem alles und jedes zur Neuentdeckung gerät, ohne daß ihn seine Ausbildungsinstitution zur Räson ruft, mit dem bissigen, wenn auch weithin treffenden Kommentar „was gut ist, ist nicht neu; was neu ist, ist nicht gut“ abzutun?

Ein zweiter „Historikerstreit“ wie vor zehn Jahren sei, heißt es jetzt öfters prophylaktisch, weder zu erwarten noch notwendig, da der wissenschaftliche Zündstoff dafür nicht ausreiche. Beim „Historikerstreit“ ging es aber keineswegs um die pure Wissenschaft, sondern zuallererst um eine durch und durch politische Grundsatzdebatte mit teilweise historischen Argumenten. Das Politikum der in der Bundesrepublik über Goldhagens Buch geführten publizistischen Debatte lag bis zum September 1996 in einem dubiosen Konsens: Nicht nur wurde die krude Deutungsdogmatik zurückgewiesen – das ist rundherum berechtigt. Vielmehr wurde zugleich die inhaltliche Debatte sowohl über die Sachprobleme, die in den Teilen III bis V auf immerhin zweihundert Seiten ausgebreitet werden, als auch über durchaus offene, wichtige methodische Fragen abgewehrt, ja geradezu jeder plausible Grund, sich darauf noch einmal ernsthaft einzulassen, allzu selbstsicher bestritten. Über die Qualität der künftigen politischen Debatte bei uns wird aber nicht zuletzt dadurch entschieden, ob es – vielleicht erst nach erheblichem Widerstand gegen die zählebigen Klischees –

nicht doch gelingt, die berechtigte Herausforderung anzuerkennen und vom Verwerfen der völlig mißlungenen „Erklärung“ streng zu trennen. Sollte es wirklich damit getan sein, das Buch – wie das ein Zeithistoriker borniert gefordert hat – als eine „Zumutung für die Mehrheit der wiedervereinigten Deutschen“ schlechthin zu verwerfen?

2. 8. Mai 1945
Deutschland ein halbes Jahrhundert danach

Seit Wochen gibt es eine lebhafte Diskussion über den 8. Mai 1945 und den Charakter der Zäsur, für welche dieses Datum steht. Dabei hat sich eine Polarisierung herausgebildet: Befreiung oder aber Katastrophe, Niederlage, Zusammenbruch, wie das auch der Aufruf „Gegen das Vergessen“ will.[1] So geht es hin und her. Neuerdings hört man von allen Seiten Ratschläge, die Debatte möglichst schnell zu beenden. In diesem Appell drückt sich ängstliche Betulichkeit aus, jene vertraute Konfliktscheu, die man inzwischen für überwunden gehalten hatte. Ist es doch geradezu ein Vorzug, daß die Kontroverse öffentlich und intensiv ausgetragen wird, anstatt in dumpfer Stammtischatmosphäre, im Mief der Allesbesserwisser zu verlaufen. Die Auseinandersetzung um die Deutung des 8. Mai ist immer wieder, auch heute, unvermeidbar, denn zutiefst unterschiedliche Auffassungen stehen sich auch nach dem Abstand eines halben Jahrhunderts gegenüber.

Wenn das so ist, muß man zuerst auf das liberale Modell der Konfliktaustragung vertrauen. Es besagt: In der Arena der Öffentlichkeit, auch auf dem Forum des Parlaments, sollen die verschiedenartigen Meinungen und Interessen ungehindert aufeinandertreffen und mit möglichst guten Argumenten verteidigt werden, damit sich die Bürger schließlich der Seite mit der größten Überzeugungskraft anschließen können. Man mag das naiv nennen oder eine Unterschätzung tiefsitzender Vorurteile, die mit Argumenten ohnehin nicht aufzulösen seien, kurz: eine aufklärerisch-liberale Illusion.

Aber: Die liberaldemokratischen Gesellschaften des Westens sind mit diesem Anspruch des argumentativen Meinungsaustauschs bisher gut gefahren. Vor allem ist weit und breit kein überlegenes Modell der gezähmten Konfliktaustragung zu sehen. Wir wollen keine totalitäre Instanz, die aufgrund von Gesinnung oder Parteibuch die verbindliche Entscheidung für alle trifft.

Deshalb gilt: Diese Kontroverse sollte eben nicht beklagt, sondern als normaler Streit akzeptiert und gemäß den Regeln einer zivilisierten Konfliktaustragung geführt werden. Soviel gegen die betulichen Beschwichtiger.

Nicht um die Kontroverse als solche sollte daher der Streit gehen. Wohl aber gehören auf den Prüfstand die Qualität der Argumente, ihre derzeitige politische Stoßrichtung und die damit auf lange Sicht verbundenen Absichten und Chancen.

Das gilt für beide Seiten, besonders aber für den ebenso aggressiven wie weinerlichen Aufruf der rechtskonservativen 300, da er den Konflikt wollte und erreicht hat. Es ist ja immer besser, wenn der Streit offen ausgetragen wird, anstatt unter der Oberfläche weiter zu schwelen.

Da der Streit um die Bedeutung des 8. Mai häufig entweder blindwütig geführt wird oder unablässig dieselben ritualisierten Formeln wiederholt, muß man zunächst einige Gesichtspunkte zur Deutung des 8. Mai und einige Schlüsselbegriffe präzisieren. Manches geht hier zur Zeit heillos durcheinander. Gerade deshalb muß sehr scharf unterschieden werden zwischen den

– Erfahrungen der Zeitgenossen von 1945 und
– den Einsichten, die wir seither haben gewinnen können.

Zum ersten Gesichtspunkt:

1. Die dominierende Erfahrung der deutschen Zeitgenossen des 8. Mai 1945 war die wortkarge, häufig sogar stumme, jedenfalls nicht jubelnde Erleichterung, daß das Ende mit Schrecken gekommen war, anstatt daß der Schrecken ohne Ende weiter anhielt. Das gilt vermutlich für die große Mehrheit der erwachsenen Deutschen, gleich ob an der Front oder in der Heimat – beides war ohnehin bis zur Ununterscheid-

barkeit verwischt –, für jene Mehrheit also, die den Krieg Hitlers und seiner Deutschen zuerst bejubelt, dann geführt, endlich verloren, jedenfalls als Heer von Mitläufern mitgemacht hatte.

2. Bei Millionen von Deutschen herrschte aber diese Erleichterung nicht vor. Für sie ging es um eine betäubende Niederlage, nachdem sie jahrelang im Glauben an den ominösen Sieg, dann an eine rettende Wendung, an die Wirkung der fabelhaften Wunderwaffen gekämpft oder daheim durchgehalten hatten – nach mehr als fünfeinhalb Jahren Krieg völlig vergeblich. Viele von ihnen empfanden das Ende der Hitler-Diktatur als den Zusammenbruch des Deutschen Reiches, das ja erst fünfundsiebzig Jahre zuvor gegründet worden war. Und Millionen erlebten die Zeit um das Kriegsende als persönliche Lebenskatastrophe:

- die Millionen von deutschen und volksdeutschen Flüchtlingen bei ihrer Vertreibung und auf ihren lebensgefährlichen Trecks in den Westen;
- die Millionen von Soldaten, die auf Jahre in den sowjetischen Gefangenenlagern verschwanden;
- die Millionen von vergewaltigten Frauen und Mädchen, an denen für den totalen Krieg deutscher Männer eine schreckliche, oft lebenszerstörende Rache genommen wurde.

3. Für einige Hunderttausende aber bedeutete das Kriegsende vorbehaltlos eine Befreiung. Für die überlebenden KZ-Insassen, für die politischen Häftlinge und Widerstandskämpfer in den Zuchthäusern, für all jene Deutschen, die sich eine innere Distanz zum „Dritten Reich" bewahrt hatten – für sie war der 8. Mai in der Tat eine Befreiung, ja geradezu eine Erlösung.

Ist es daher zutreffend, den Begriff der Befreiung nur einer letztlich winzigen Minderheit zuzugestehen, wegen der Erfahrungen der großen Mehrheit dagegen bestenfalls von Erleichterung oder aber von Zusammenbruch und Katastrophe zu sprechen und darin die eigentliche Signatur des 8. Mai zu sehen – bis hin zu seiner Beurteilung hier und heute?

Diese rhetorische Frage zwingt zur Berücksichtigung des zweiten Gesichtspunkts: Dabei geht es um die Einsichten, die wir seit 1945 haben gewinnen können. Denn immer beruht das fundierte historische Urteil darauf, daß im Lichte der Fragen und Interessen, der Bedürfnisse und Perspektiven der Gegenwart bestimmte Erfahrungen und Ereignisse der Vergangenheit sorgfältig ermittelt und gerecht eingeordnet werden. Wir betreiben bei der historischen Auseinandersetzung mit unserer belastenden Vergangenheit kein Glasperlenspiel um seiner selbst willen, wir pflegen auch keine antiquarische Beschäftigung in dem Sinn, daß wir die Schrecken von damals wieder heraufbeschwören und uns damit, gewissermaßen als letztem Wort, zufriedengeben. Nein, wir fragen zum ersten von unserem Standort in der Gegenwart aus nach der Bedeutung des 8. Mai 1945, und das heißt auch hier: im Besitz von Kenntnissen und Einsichten, die damals im Erfahrungshorizont der Zeitgenossen noch nicht vorhanden waren.

Darüber hinaus wird unser Urteil auch immer von unserer Vorstellung von einer wünschenswerten besseren Zukunft bestimmt. „Was wir unserer Zukunft als Zweck setzen", das war schon vor hundert Jahren Wilhelm Diltheys unwiderlegbare Einsicht, „das bedingt die Bestimmung der Bedeutung der Vergangenheit."

Im Lichte der Geschichte seit 1945 erkennen wir mit aller nur wünschenswerten Klarheit eine doppelte Befreiung der Deutschen.

1. Sie wurden durch die Alliierten von einer Diktatur befreit, die sie selber nicht hatten abschütteln können, meist auch gar nicht hatten abschütteln wollen. Angesichts der deprimierenden, ja schrecklichen Erfahrungen der Zeitgenossen wirkt der subjektive Preis entsetzlich hoch. Das ändert aber nichts an dem objektivierenden Urteil, daß auch die Befreiung von der „deutschen Diktatur" erfolgte.

2. Und zum zweiten sind diejenigen Deutschen, die das Privileg hatten, erst „im Westen", dann in der Bundesrepublik zu leben, für eine neue, bessere Zukunft befreit worden, an die 1945 kaum einer auch nur von ferne zu denken vermochte. Einem Volk, dessen Machteliten bewußt zwei gewaltige Kriege ausgelöst haben und sie dann jahrelang haben führen lassen,

gewährt die Geschichte nur sehr selten zum zweiten Mal die Chance, die eigenen Dinge endlich zum Besseren zu wenden. Nachdem die Reichsdeutschen die Chancen der ersten, der Weimarer Republik restlos verspielt hatten, eröffnete ihnen die Befreiung für eine bessere Zukunft im Jahre 1945, trotz der ungeheuren Bürde ihrer jüngsten Vergangenheit, die ganz ungewöhnliche Chance eines zweiten neuen Anfangs: für den Aufbau einer freiheitlichen, durch und durch vom Westen geprägten Gesellschaft, zu der soeben die Ostdeutschen, welche die Bürde fünfundvierzig Jahre länger haben tragen müssen, hinzugestoßen sind. Beide Male gilt aber das Urteil: Erst im Untergang des „Dritten Reiches" lag die doppelte Befreiung.[2]

Diese doppelte Befreiung: von einer bis heute schreckenerregenden Diktatur und für eine völlig unerwartete, helle Zukunft – für beides haben die allermeisten Deutschen von 1945 nichts getan –, dazu die überaus positiven Folgen des dadurch erst ermöglichten neuen Aufbruchs und seine unleugbaren Erfolge – sie bedeuten für das historische Urteil, das auch in diesem Fall auf die heute erkennbare Entwicklung abhebt, daß aus der zeitlichen Distanz die Befreiung der fundamentale Vorgang des Frühjahrs 1945 bleibt.

Bei diesem Urteil geht es nicht um die erneute Beschwörung einer inhaltsleeren Formel, auch nicht um das angebliche Diktat der „moralisierenden Klasse des Landes", daß der 8. Mai, wie es unlängst in der FAZ hämisch hieß, schlechterdings als „Tag der Befreiung zu gelten" habe, und erst recht handelt es sich nicht wieder um „einen geschichtspolitischen Streit ..., dessen intellektuelles Niveau kaum noch zu unterbieten ist".[3]

Nein, es geht um die nüchterne Anerkennung der ganz und gar unverhofften und unverdienten, aber immens positiven Folgewirkungen der doppelten Befreiung.

Das bedeutet auch keineswegs, die subjektiven Erfahrungen der Zeitgenossen von 1945 herunterzuspielen, sie abzuwerten, geschweige denn sie zu leugnen oder zu tabuisieren. Jeder wird den Schmerz der Überlebenden verstehen, wenn sie um den Verlust ihrer Männer und Frauen, ihrer Söhne und Töchter, um den Verlust ihrer Heimat trauerten und trauern. Viele, vermutlich die meisten, haben den Verlust als blindes Schicksal empfunden, und das wegen des oft scharfen Kontrastes um so mehr, wenn nebenan ein geliebter Mensch aus den Kriegswirren wieder auftauchte, die Kinder unversehrt überlebten, das Haus unzerstört blieb. Wer würde schon den Leidtragenden seinen Respekt versagen, ihnen sein Mitgefühl verweigern? Und wer sich heute dieses Mitgefühl wünscht, wirbt damit um ein Verständnis, das er gewiß nicht einzuklagen braucht.

Wenn aber heute zum einen eine dramatische Aufwertung ausschließlich der subjektiven Erfahrungen gefordert, zum andern jede Art von Befreiung höhnisch bestritten wird, wenn die schleichende Tendenz zur Aufrechnung deutschen Leids gegen deutsche Kriegsverbrechen unverhüllt vordringt, dann genügt die verständnisbereite Anerkennung der schrecklichen Erfahrungen nicht mehr.

Vielmehr muß jetzt endlich das eigentliche Problem erörtert werden, warum Millionen Deutsche solche Erfahrungen haben machen müssen. Ohne den historischen Rückblick ist es schlechterdings unmöglich, Klarheit darüber zu gewinnen. Diese Behauptung ist nicht der Ausfluß eines Milieuschadens oder der Berufskrankheit des Historikers. Nur wer auf die historische Tiefendimension wohlweislich verzichtet, kann sich der eigenen bestürzenden Kurzsichtigkeit so voller Selbstmitleid und Selbstgerechtigkeit hingeben.

Beginnen wir zunächst mit einem vielzitierten Beispiel: mit jenem Appell im Aufruf „Gegen das Vergessen", sich den „Vertreibungsterror" gegen die Deutschen präsent zu halten, die – so einer der Herausgeber der FAZ[4] – „von massenmordender Hand" starben oder ihr nur mit Not entkamen.

1. Der Vertreibungsterror begann, unter allgemeinem Schweigen der erdrückenden Mehrheit der Deutschen, im Februar 1933, als jüdische, linke, liberale Deutsche zusammen mit ihren Familien mit Gewalt oder durch schweren Druck außer Landes getrieben wurden. Hunderttausende waren das schon in den sogenannten sechs Friedensjahren des „Dritten Reiches". Wo bleibt bei den Unterzeichnern des Aufrufs die Erinnerung an diesen beispiellosen Vorgang in einem Staat, der bis dahin

zu Recht beanspruchte, zu den zivilisierten Ländern zu gehören?

2. Allein in der ersten Phase des Zweiten Weltkrieges sind, selbst wenn man von den deportierten Juden absieht, bereits neun Millionen Menschen von deutschen Dienststellen vertrieben oder umgesiedelt worden. Allein 1,2 Millionen Polen wurden sofort aus den neuen Reichsgauen Wartheland und Danzig-Westpreußen in das sogenannte Generalgouvernement vertrieben. Hunderttausende von „Volksdeutschen" aus Osteuropa und Rußland, Südosteuropa und dem Baltikum wurden auf den neuen Reichsboden im Osten umgesiedelt, nachdem die ursprünglichen Einheimischen vertrieben worden waren. Im „Germanisierungswahn" der Nationalsozialisten wurden Abertausende von Angehörigen des sogenannten „schwebenden Volkstums" aus ihrer Lebenswelt gerissen und der „Eindeutschung", der rabiaten „Umvolkung" unterworfen.[5] Wo bleibt die Erinnerung an diese gewaltsam erzwungene, vielfach tödliche Massenbewegung, die man in der SS, vor allem im Reichssicherheitshauptamt und in der Behörde des „Reichskommissars für die Festigung Deutschen Volkstums" mit kühler Brutalität die „ethnische Flurbereinigung" nannte?

Indem die nationalsozialistische Rassen- und Volkstumspolitik jahrelang alle Barrieren niederriß, die bisher in Europa einer derartigen millionenfachen Vertreibung im Wege gestanden hatten, schuf sie das unmittelbare Vorbild für den verhängnisvollen Gegenschlag einiger Siegerstaaten. Zugegeben, seit 1919 gab es in den Vielvölkerstaaten Ost- und Südosteuropas den Wunsch nach nationaler Homogenität, daher Schikanen gegen die Minderheiten, aber erst die barbarischen deutschen Aktionen haben die fatalen Reaktionen ermöglicht und ausgelöst. Wer vom antideutschen „Vertreibungsterror" seit 1944/45 spricht, darf von der zwölfjährigen Vorgeschichte nicht schweigen und das Drama erst 1945 beginnen lassen. Soll die „selbstbewußte Nation", die sich der Aufruf wünscht, auf Gedächtnislosigkeit, ja Verlogenheit gründen?

Schon an diesem Beispiel wird bereits deutlich, daß man auf den historischen Rückblick nicht verzichten kann, wenn man den 8. Mai 1945 angemessen beurteilen will. Es kann hier nicht darum gehen, die ganze komplizierte Geschichte der Deutschen und Europas seit dem späten 19. Jahrhundert, vor allem in dem „Kurzen 20. Jahrhundert“ von 1914 bis 1991, im Zeitraffer zu bündeln. Einige Grundlinien aber müssen kurz skizziert werden.

1. Das Deutsche Reich von 1871 ging aus drei Kriegen hervor, die der preußische Militärstaat unter der Leitung des einzigen charismatischen Politikers führte, den es in der zweiten Hälfte des 19. Jahrhunderts in Europa gab, Bismarcks also, der in einer informellen Allianz mit der liberalen Nationalbewegung stand. Die neue Staatsgründung bedeutete auch einen triumphalen Sieg der alten Machteliten, und seither gab es ein wachsendes Spannungsverhältnis zwischen ihnen und dem demokratisch gewählten Reichstag, zwischen traditionaler Beharrung und industrieller, auch gesellschaftlicher Modernisierung. Die politische Anpassung an diese Modernisierung wurde durch die zähe Reformblockade des Herrschaftskartells verhindert. Wegen dieser Spannungslage waren die Eliten – vor dem Hintergrund des Rüstungswettlaufs und der feindlichen Allianzsysteme – in der Julikrise von 1914 bereit, das Risiko des großen Krieges bewußt zu übernehmen.

Auch Staaten neigen offenbar dazu, auf dasjenige Erfolgsrezept immer wieder zurückzugreifen, das ihren Aufstieg ermöglicht hat. Für Preußen ist es die Kontinuität kriegerischer Erfolge gewesen, die es zuletzt in den 1860er Jahren dreimal wiederholt hatte. Im kollektiven Gedächtnis der Machteliten drängte sich 1914 der Griff nach diesem Erfolgsmuster wieder auf, um durch glanzvolle Erfolge des erhofften kurzen Krieges den inneren Reformaufgaben weiter zu entkommen.

2. Das Ergebnis dieses Vabanquespiels ist bekannt. Im ersten totalen Krieg unterlag das Kaiserreich, und die weithin ungeliebte Republik sah sich seit 1919 dem Ansturm eines zunehmend radikaleren Revisionismus ausgesetzt. Er wollte

- das System von Versailles sprengen und die Rückkehr zur Großmachtstellung erringen;
- die Schmach der Niederlage und der Reparationen tilgen;

- die Grenze zu Polen, auch mit Gewalt, korrigieren;
- diejenigen Republikanhänger, die im Sinne der „Dolchstoßlegende" der Front angeblich in den Rücken gefallen waren, rigoros verdrängen oder gar beseitigen;
- auf seinem völkischen Flügel „die Juden" als die eigentlich Schuldigen und als die Verkörperung aller Nachteile der Moderne eliminieren.

Der Revisionismus wurde von rechts bis links geteilt. Selbstkritische Stimmen gehörten zu den seltenen Ausnahmen. Trotzdem: Vielleicht wäre die Republik doch stabilisiert gewesen, wenn die Weltwirtschaftskrise ein Dutzend Jahre später gekommen wäre. Als sie aber bereits 1929 mit erdrückender Wucht einsetzte, stieg die radikalste Strömung des Revisionismus, die NSDAP, binnen zweieinhalb Jahren zur größten Partei des Reichstags unter ihrem „Führer" auf, der als zweiter Charismatiker in der deutschen Politik sie so prägte, daß man auch von einer Hitler-Bewegung sprechen muß. In freien Wahlen ist sie nicht mehrheitsfähig geworden. Nur die Intrigen der alten Machteliten haben jene Allianz mit ihr geschaffen, welche die Machtübergabe an Hitler in der illusionären Hoffnung ermöglichte, ihn dann durch konservative Minister „zähmen" zu können. An derselben Konstellation, die Mussolinis Aufstieg ins Machtzentrum ermöglichte, hätte man die Folgen schon damals beobachten können.

3. In den Friedensjahren bis 1939 hat sich das „Dritte Reich" bereits aus der Reihe der zivilisierten westlichen Länder ausgeklinkt. Autoritäre Staaten gab es auch damals überall, aber nur in Deutschland
- wurden Abertausende in den Konzentrationslagern der SA und der SS erschlagen, gefoltert, zerbrochen;
- wurden Hunderttausende von diskriminierten Deutschen ins Exil gejagt;
- wurden Pogrome gegen die jüdischen Deutschen organisiert;
- wurden barbarische Rassengesetze rechtskräftig, die von klugen Juristen, wie dem späteren Bonner Staatssekretär Globke, ausführlich kommentiert wurden – um Schlimmeres zu verhüten, wie man zahllose Male hörte;

– wurden Hunderttausende von den tödlichen Euthanasie- und den grausamen Sterilisierungsaktionen erfaßt;
– wurde die revisionistische Politik, oft schon an der Grenze zum Krieg, verwirklicht, und seit 1933, offenherzig seit 1937, wurde der Krieg für ein großgermanisches Rassereich, das erneut um die Weltherrschaft kämpfen könne, vorbereitet. Ohne diese Planung und ihre Folgen, daran ist kein Zweifel möglich, hätte kein Pole, Franzose und Engländer, kein Holländer, Belgier und Däne Deutschland überfallen, wäre kein einziger russischer Panzer an die Elbe gerollt.

Dennoch: Hitlers Politik in diesen Jahren ist in einem atemberaubenden Maße unter den Deutschen zustimmungsfähig gewesen. Der trunkene Jubel bei der Rheinlandbesetzung, bei den Olympischen Spielen, bei der Zerschlagung der Tschechoslowakei enthüllt es. Als der großdeutsche Traum mit dem „Anschluß" Österreichs 1938 verwirklicht wurde, explodierte der Enthusiasmus. Hitler erreichte den Gipfel seiner Popularität. Hätte es jetzt – ein Gedankenspiel nur – freie Wahlen unter der Aufsicht des Völkerbundes gegeben, der „Führer" hätte eine erdrückende Mehrheit gewonnen.

Ein Beweis: In den Geheimberichten von alten Parteimitgliedern an die SPD-Führung im Exil hieß es jetzt immer wieder, Hitler sei nur mit Bismarck zu vergleichen, ja seine historische Größe übertreffe die des Reichsgründers, weiterer Widerstand gegen eine solche Ausnahmeerscheinung sei offenkundig sinnlos.

In dieser Gemütsverfassung wurde der Blitzkrieg gegen Polen von Hitlers Deutschen bejubelt, schien er doch den Revisionismus endlich noch entschlossener fortzusetzen. Der Beginn des Zweiten Weltkriegs war das bekanntlich noch nicht, der französische und englische Beistand für Polen galt Hitler zuerst als unerwartetes Malheur. Bejubelt wurde aber dann erst recht der Frankreichfeldzug, dem innerhalb von sechs Wochen das gelang, wofür die vier Jahre des Ersten Weltkriegs den deutschen Armeen nicht gereicht hatten, zumal er die sogenannte Schmach des Versailler Friedens wiedergutmachte.

Der Übergang zum Zweifrontenkrieg mit dem Rußlandfeldzug seit dem Sommer 1941 löste nur zuerst Beklommenheit, nach den beispiellosen Kesselschlachten bis hin zum Vorfeld von Moskau aber wiederum Enthusiasmus und Siegestaumel aus. Es ist perfides Literatengeschwätz, wenn heute behauptet wird, Hitlers Armeen seien in eine unmittelbar bevorstehende sowjetische Offensive gerade noch rechtzeitig mit dem Recht eines Präventivkriegs hineingestoßen. Nicht, daß sie Stalin nicht zuzutrauen gewesen wäre. Aber eine russische Offensive stand nicht bevor. Zwei-, dreihundert Kilometer stießen die deutschen Verbände vor, ehe die angeblich aufmarschierten Russen sich zum Widerstand formieren konnten; kilometerlang stauten sich die Eisenbahnzüge mit Lieferungen, mit denen Stalin seinen Pakt mit Hitler pünktlich erfüllen wollte.

Als Hitler, weil Japan im Dezember 1941 mit dem Angriff auf Pearl Harbor seinen Krieg gegen die USA eröffnete, ohne Not nach einer einsamen Entscheidung Amerika von sich aus den Krieg erklärte – da begann, zwischen dem Juni und Dezember 1941, der Zweite Weltkrieg in der Tat. Und wenn auch ungeahnte militärische Erfolge der Deutschen, zu Wasser und zu Lande, den Ausgang verzögerten, stand doch spätestens nach zweieinhalb Jahren im Sommer 1944 die Niederlage unumstößlich fest. Seither erst, seit diesem Sommer 1944, ist die Hälfte aller Menschen umgekommen, die in Europa dem Krieg zum Opfer fielen.

Glücklicherweise wurde die deutsche Kapitulation genau und nur drei Monate vor dem Zeitpunkt besiegelt, zu dem die amerikanischen Atombomben abwurfbereit waren. Warum hätte Truman, nachdem Hitler der Menschheit den Krieg bis aufs Messer erklärt hatte, sonst mit einem Abwurf über deutschen Städten zögern sollen?

Während sozusagen auf der äußeren Bühne der große Staatenkrieg ablief, begann noch im Herbst 1939 der deutsche Völkermord an den Polen, seit 1940 verschärfte das NS-Regime die Deportation der jüdischen Deutschen nach Osten, seit dem Sommer 1941 wurde in Rußland ein beispielloser Rassen- und Vernichtungskrieg eröffnet. Er richtete sich gegen Juden jedweder Nationalität, aber auch gegen die slawische Bevölkerung.

Nicht nur die Einsatzgruppen der SS und der Sicherheitspolizei, dazu die Polizeibataillone aus älteren Reservisten haben zuerst den Massenmord mit Schußwaffen praktiziert und schließlich die endlosen Transporte in die großen Vernichtungslager in Gang gesetzt: nach Auschwitz, Belzec, Chelmno, Majdanek, Sobibor, Treblinka. Überall gingen diese Henker im engsten Verbund mit der Wehrmacht vor. Sie teilte, wie wir seit langem wissen, das antibolschewistische Feindbild des Regimes, sie brachte binnen kurzem mehr als 3,3 Millionen russischer Kriegsgefangener um – Sowjetsoldaten sind „keine Kameraden“, die den Schutz der Haager Landkriegsordnung genießen, lautete ein berüchtigter und befolgter Armeebefehl. Und berühmte Generäle vermeldeten es stolz, wenn sie ein Gebiet „judenfrei“ hinterlassen hatten. So integer sich auch viele einzelne unter Kriegsbedingungen verhalten haben, an der bereitwilligen Kooperation der Wehrmacht bei der mörderischen Durchführung eines neuartigen Weltanschauungskriegs kann gar kein Zweifel mehr herrschen.

Nicht im Massenmord durch Genickschuß, nicht in den Massenerschießungen bei der Partisanenbekämpfung, nicht in den Todeszahlen bei den millionenfachen Massenvertreibungen erreichten Hitler und seine Deutschen den Tiefpunkt der nationalsozialistischen Herrschaft. Das taten sie vielmehr in den großen Vernichtungslagern, die sich prinzipiell von den Konzentrationslagern unterscheiden. Diese hatte es vorher auch auf dem spanischen Kuba, im englischen Südafrika, im zaristischen und sowjetischen Rußland gegeben. Aber erst in den neu erfundenen deutschen Vernichtungslagern wurde mit dem industriell organisierten Massenmord an Millionen Menschen der höllische Abgrund des NS-Systems erreicht. Millionen sind in den Gulag gekommen, Millionen haben ihn verlassen. Aus den deutschen Vernichtungslagern gab es kein Entkommen, es sollte keine Ausnahmen geben – sie kamen nur durch den ungeplanten Zufall der späten Befreiung durch die Alliierten zustande.

Deshalb darf und muß man unverändert von der „Einzigartigkeit“ des „schlimmsten Großverbrechens in der Geschichte“ sprechen. Das, wofür Auschwitz steht, ist ein „Zivilisationsbruch“. Deshalb ist auch kein endgültiger „Schlußstrich“, keine abschließende „Bewältigung“ dieser Vergangenheit je möglich. Wir müssen sie vielmehr als Teil unserer Geschichte annehmen, sie immer aufs neue erörtern, uns ihr immer wieder stellen. Das modische Retuschieren, das Leugnen oder Verkleinern der Untaten, das „zumeist geübte Verfahren ... ihrer Relativierung“ – Auschwitz gegen Gulag, Coventry gegen Dresden – führen nur in die Sackgasse einer bornierten und aussichtslosen Abwendung von dieser Vergangenheit.[6]

Es gibt nur einen Weg, den man gegenüber dieser Vergangenheit einschlagen kann: Das ist die ständige, selbstkritische Auseinandersetzung mit ihr auf dem Boden des neuen Anfangs, der seit 1945/49 in einer zweiten Demokratie, einer zweiten Republik bisher, aufs Ganze gesehen, geglückt ist. Es ist durchaus „unüblich in der Weltgeschichte“, daß sich ein Volk nach derartigen Vergehen, nach einer derartigen Niederlage, nach derartigen Anklagen „nicht in eigenem Stolz verschanzt, sondern sich nach relativ sehr kurzer Zeit offen mit seiner Vergangenheit, seinen fürchterlichsten Verbrechen auseinandersetzt“.[7]

Welche unübersehbaren Grenzen und Mängel dabei auch immer und bis heute zutage treten, gerade im internationalen Vergleich der Besiegten des Zweiten Weltkriegs schneiden die Deutschen mit ihrer jahrzehntelangen Auseinandersetzung gut ab. Quälend langsam verlief sie noch bis etwa 1960, dann wurde sie immer entschiedener und offener, wie wir das aus den beiden letzten Jahrzehnten kennen. Im Vergleich zum Beispiel mit Italien, wo der Mythos des allgemeinen Widerstands von jedermann die realistische Beschäftigung mit Mussolinis Faschismus sehr erschwert hat; im Vergleich auch mit Japan, das ja seit 1932, dreizehn Jahre lang, einen oft barbarischen Krieg geführt hat, aber weder eine kritische Zeitgeschichte, geschweige denn eine einzige Professur dafür, noch eine kritische öffentliche Debatte und soeben, 1994, erste Worte der Entschuldigung gegenüber den Überfallenen kennt – im Vergleich, meine ich, haben die Deutschen, in erster Linie freilich die der alten Bundesrepublik, die Auseinandersetzung mit ihrer modernen Geschichte – besonders unter dem Nationalsozialismus, aber überhaupt mit den letzten hundertfünfzig Jahren – im Grunde erstaunlich kritisch durchgestanden. Diese Auseinandersetzung gehört auch zu den Fundamenten unserer Republik, nicht etwa nur das „Wirtschaftswunder" und die Funktionstüchtigkeit des politischen Systems.

Damit aber sollte sich, man kann es gar nicht schnell und oft genug hinzufügen, auf gar keinen Fall eine voreilige Selbstzufriedenheit, erst recht nicht die mit ihr oft verschwisterte pralle Selbstgerechtigkeit verbinden in dem Sinn: Wir haben selbst das geschafft.

Präsent halten muß man sich vielmehr: Eine Kollektivschuld des deutschen Volkes gibt es nicht. Wer und was den Absturz in die Barbarei seit 1933 verursacht, auch verschuldet hat, das muß und kann man präzisieren. Man sollte auch nicht die langwierige und schwierige Auseinandersetzung mit der deutschen Vergangenheit als „kollektive Schuldbesessenheit" (Michael Stürmer) verhöhnen. Solch ein Wort hält Christian Meier „für baren und gefährlichen Unsinn. Es ist ein Ausdruck mißglückter Verdrängung, zugleich der deutschen Lust, Opfer zu sein, um so die nationale Untugend des Selbstmitleids besser ausleben zu können".[8] Wohl aber darf man, nicht so oft, aber gewiß an einem Tag wie dem 8. Mai, von einem gesellschaftlichen Lernprozeß sprechen: Indem sich so viele Deutsche ihrer Geschichte stellten, haben sie die Chancen gesehen und genutzt, die das mörderische Scheitern des nationalsozialistischen Experiments und der Neuanfang nach dem Mai 1945 boten.

Dieser Lernprozeß hat kein erkennbares Ende. Er muß anhalten, das ist geradezu sein Grundgesetz. Sonst droht die Erstarrung zu einer Art von Schlußstrichmentalität. Dabei müssen wir weiterhin die Spannung aushalten, die zwischen den bitteren Erfahrungen der Zeitgenossen und der Einsicht in die Befreiung für unsere Gegenwart und für die Gestaltung der Zukunft bestehen bleiben wird.

Dieser Lernprozeß muß auch deshalb wachsam in Gang gehalten werden, weil immer wieder in neuen Situationen bewiesen werden muß, daß wir weiter zu lernen willens und imstande sind.

- Ist es zum Beispiel ein Ausdruck angemessenen Lernens, daß nicht einmal so imponierende Dissidenten wie Wałęsa und Havel zu der Berliner Feier des 8. Mai eingeladen worden sind?
- Ist es ein Ausdruck gelungenen Lernens, daß der wüste Antisemitismus eines NPD-Vorsitzenden erst im zweiten Anlauf von einem Gericht verurteilt worden ist?
- Ist es ein Ausdruck anhaltenden Lernens, wenn einer der prominentesten Unterzeichner des neurechten Aufrufs „Gegen das Vergessen" auf die Frage, warum darin der Holocaust nicht einmal am Rande auftauche, soeben geantwortet hat: „Herrgott, man kann in einem kurzen Aufruf nun nicht alles erwähnen"?[9]
- Ist dieses Lernen überflüssig, wenn sich in Hessen sechshundert Rechtsradikale in aller Öffentlichkeit treffen können und niemand die politische Zivilcourage besitzt, diese Möchte-Gern-SA sofort Mores zu lehren?
- Ist die Bereitschaft zum Lernen so selbstverständlich, wenn es jetzt im zweiten Aufruf „Gegen das Vergessen" voller Selbstmitleid heißt, eine „Kampagne linker Medien" habe die Initiative „zu diffamieren" versucht, und die „Führung der Union" habe dann, „statt offensiv gegen die linke Polit- und Medienagitation aufzutreten, dem Druck" nachgegeben?[10]

Nein, die Erinnerung an den 8. Mai erinnert uns auch daran, die Bereitschaft zum Lernen ständig wachzuhalten. Denn daß wir heute in einem Staat wie der Bundesrepublik leben können, ist weithin ein Ergebnis der Bereitschaft, aus der Vergangenheit Konsequenzen zu ziehen, aus ihr nach Kräften zu lernen. Dabei sollten wir keineswegs – noch einmal – die bitteren Erfahrungen der Zeitgenossen von 1945 verdrängen. Ungleich wichtiger aber ist zum einen die Frage nach den Ursachen und den Verursachern ihres Leids, zum andern die Verteidigung der befreienden Folgen. Nur wenn wir uns im

Vertrauen auf sie weiterhin der Geschichte lernbereit stellen, können wir – anstatt in der aussichtslosen Sackgasse einer historisch blinden Fixierung auf deutsches Leid seit 1945 zu enden – die Zukunft einer deutschen „Bürgergesellschaft" aktiv mitgestalten. In diesem Sinn ist das Gedenken an den 8. Mai 1945 nicht allein ein Rückblick auf die Vergangenheit, sondern in erster Linie eine Mahnung für die Zukunft.

3. Das „Kurze 20. Jahrhundert" von 1914 bis 1991

Seit langem ist Eric Hobsbawm einer der einflußreichsten Neuzeithistoriker nicht nur in der englischsprachigen Welt. Mit seiner Trilogie (1962/87) über das „Lange 19. Jahrhundert" von 1789 bis 1914 hatte er eine Summe seiner langjährigen Beschäftigung mit dieser Zeit gezogen. „Meine Epoche" hat er sie einmal genannt – trotz all seiner weitgefächerten Interessen, die sich auch auf andere Epochen erstrecken. Mit seiner Vielseitigkeit, seiner originellen Themenwahl, seiner Gedankenschärfe hat er für mehrere Generationen von Studenten und Historikern die intellektuellen Weichen gestellt.

Jetzt folgt, als unerwarteter Abschluß, ein voluminöser Band über das „Kurze 20. Jahrhundert" von 1914 bis 1991.[1] Er verkörpert den Triumph einer streng analytischen Darstellung und Interpretation, die jeder narrativen „dichten" Beschreibung haushoch überlegen ist. Strukturelle Probleme und fundamentale Entwicklungsprozesse stehen im Zentrum dieser bewundernswerten Synthese, die auf hohem Reflexionsniveau ihren Argumentationsduktus durchhält. Zugleich ist sie voll von persönlichen Kommentaren, gelegentlich auch Lebenserinnerungen, eigene Fehlurteile räumt der 78jährige Autor ungeschminkt ein.

Bestechend wirkt die beharrlich durchgehaltene globale Perspektive, die erst ein verblüffender Kenntnisreichtum ermöglicht. Dennoch ist das Buch bewußt eurozentrisch angelegt, da von Europa aus und von seinem nordamerikanischen Ableger, den Hobsbawm nicht sonderlich schätzt, die wichtigsten Einflüsse auf die moderne Welt ausgegangen sind.

Seiner wissenschaftlichen Herkunft nach ist Hobsbawm ein streng geschulter, weit denkender Wirtschaftshistoriker. Seine eigentliche Stärke liegt noch immer in der ebenso präzisen wie kühlen wirtschaftshistorischen Analyse: Meisterhaft ist die Schilderung der „Großen Depression" nach 1929, des explosiven weltwirtschaftlichen Wachstums seit den 1950er Jahren, der ökonomischen Probleme der Sowjetunion, der Überlappung von Krisen seit dem ersten Ölschock von 1973. Der Wandel der Sozialstruktur wird mit diesen Transformationen einleuchtend verknüpft. In der Politikgeschichte dagegen gibt es Erklärungslücken, wie das etwa bei der Erklärung des Nationalsozialismus deutlich wird. Verblüffend vielseitig sind dagegen wieder die Kultur-Kapitel.

Die Gliederung gleicht einem breitflächigen Triptychon. Von 1914 bis 1945 herrscht das „Zeitalter der Katastrophen" während eines „zweiten Dreißigjährigen Krieges": die beiden Weltkriege, Massenmord bis zum Genozid, menschenfeindliche Diktaturen, millionenfaches Flüchtlingselend, am Ende die atomare Bedrohung. Das „Goldene Zeitalter" von 1945 bis 1973 bildet das Mittelstück: der einzigartige Wohlstandssprung in der europäisch-nordamerikanischen Welt mit ihrer historisch beispiellosen Vermehrung von Lebenschancen, für achtzig Prozent der Menschheit das „Ende des Mittelalters". Doch der grandiose Erfolg trägt die Keime der Zerstörung bereits in sich. Sie entfaltet sich im „Zeitalter des Erdrutsches" von 1973 bis 1991: internationale Depressionen und politische Umwälzungen, Bevölkerungsexplosion und Massenverelendung, Umweltkrisen und Atomwaffenproliferation – Katastrophen kurzum und jetzt: ein weitere Katastrophen verheißender Niedergang.

Mit einer staunenerregenden Sachkunde behandelt Hobsbawm die demographische Entwicklung auf dem Globus, die Transformation der weltwirtschaftlichen Beziehungen mit ihren schroffen Disparitäten, den Aufstieg und Niedergang der Diktaturen in Rußland und Deutschland, das Schicksal lateinamerikanischer Bauern und Guerilleros, den Sprung der asiatischen „kleinen Tiger“ und die Mutationen des großen Tigers China, die Dekolonisierung und Pauperisierung Afrikas. Wer sonst vermöchte die Geschichte unseres Jahrhunderts mit einer derartigen analytischen Schärfe, mit so wohldosierten, häufig verblüffend prägnanten Informationen, in einer so jargonfreien Prosa zu präsentieren?

Hobsbawm war seit jeher ein aufgeklärter Marxist. Er war in der Tat so unorthodox, daß man diesen Umstand seinen Lesern erklären mußte, da er in seinen wissenschaftlichen Arbeiten kaum erkennbar war. Zwar gehörte er seit seiner Studentenzeit der KP an, zugleich aber blieb er ein unnachsichtiger, immer wieder öffentlich protestierender Kritiker dogmatischer Erstarrung. Sein Lebenswerk zeigt heute, in einer Zeit, da Marx wie ein toter Hund behandelt wird, zu welchen Leistungen ein solcher undogmatischer Marxismus anzuregen vermochte. Mit dieser nahezu 60jährigen Bindung hängt jedoch eine, wie es scheint, schwer überwindbare Grenze der Darstellung zusammen. Denn die politische Standortgebundenheit des Autors tritt in seiner Schilderung und Bewertung des Aufstiegs und Zerfalls der Sowjetunion zutage.

So bleibt z.B. das Bild Lenins rundum positiv getönt. Der Terror Stalins wird hart verurteilt, das jahrzehntelang bestehende System dieser Barbarei aber eigentümlich kühl registriert. Waren das die „Kosten“ einer modernisierungssüchtigen Entwicklungsdiktatur? Das Verhalten der Sowjetunion im Spanischen Bürgerkrieg – offenbar ein politisches Urerlebnis des Verfassers – wird ebenso beschönigt wie die brutale Bolschewisierung des kolonialen Vorfelds nach 1945, als Moskau keineswegs erst seit 1948 auf amerikanischen Druck reagierte, sondern seit Kriegsende offensiv vorging. Überhaupt läßt sich die aufgezwungene Satellitenherrschaft in Osteuropa nicht umstandslos unter der Rubrik „kommunistische Revolutionen“ erfassen. Die Totalitarismustheorie wird von Hobsbawm verworfen, doch die auffällige strukturelle Nähe der roten und der braunen Großdiktaturen wird nicht genauer unter die Lupe genommen, wie immer man dann die Theorie des Diktaturenvergleichs nennen will.

Mit Marx und Engels teilt Hobsbawm ein merkwürdiges Desinteresse am Schicksal der kleinen Nationen. Was mögen Esten und Litauer, Polen und Tschechen, Ungarn und Bulgaren von seinem, von unserem westlichen „Goldenen Zeitalter" halten? Überhaupt wird Hobsbawm, trotz seiner stupenden Sachkenntnis auch auf diesem Gebiet, der Gewalt des Nationalismus als einer klassen- und milieuübergreifenden säkularen „Politischen Religion" nicht gerecht. Der Sowjetunion wird letztlich doch die Zähmung ihrer zahlreichen Nationalitäten zugute gehalten. Aber hat ihr Regime die Konflikte im gesamten Imperium nicht bloß unterdrückt und aufgestaut, so daß sie jetzt um so vehementer explodieren? Mit dem Vorbild einer erfolgreichen Entspannung, dem Schweizer Nationalitätenrecht, vermag Hobsbawm sich nirgendwo anzufreunden.

Die Melancholie, die das Scheitern der kommunistischen Utopie bei ihm ausgelöst hat, färbt auch sein Gesamturteil über das Entwicklungspotential der Menschheit, insbesondere aber des Westens, am Beginn des 21. Jahrhunderts. Während seine Bilanz am Ende des Rückblicks auf das „Lange 19. Jahrhundert" (in Bd. III) noch unverkennbar positiv ausfiel, taucht jetzt manchmal ein geradezu apokalyptischer Ton auf. Drei Riesenprobleme, allesamt Folgen der Erfolgsgeschichte des 20. Jahrhunderts, beherrschen nach Hobsbawms Auffassung den Anfang des dritten Jahrtausends. In einer klassischen dialektischen Interpretation werden alle Dilemmata nicht aus Versagen und Niedergang, sondern aus dem Siegeszug der westlichen Wirtschaft, Wissenschaft und Politik hergeleitet. Bildlich gesprochen: Der endgültig entfesselte Prometheus öffnete unvermeidbar auch die Büchse der Pandora, ihrem verderblichen Inhalt, den nichtintendierten Folgen seiner imponierenden Leistungen, steht er in Todesgefahr, gleichwohl ratlos gegenüber.

Der weltweit wachsenden sozialen Ungleichheit kann nicht mehr, konstatiert Hobsbawm, mit einer ökologisch tödlichen

Steigerung des kapitalistischen Wirtschaftswachstums, vielmehr nur noch mit gezielter Umverteilung begegnet werden. Wo aber sind, da die Marktwirtschaft als solche dieser Aufgabe nicht von ferne gewachsen ist, die durchsetzungsfähigen Staaten, die das gegen mächtige Interessengruppen sowohl in ihrer eigenen Gesellschaft als auch in globalem Maßstab überhaupt tun können? Die rapide Vermehrung der Weltbevölkerung drängt offensichtlich auf eine fatale demographische Krise mit unabsehbaren ökonomischen und politischen Konsequenzen hin. Wer aber vermag dieses Wachstum überhaupt noch zu steuern und zu vermindern? Ökologische Katastrophen zeichnen sich immer deutlicher ab. Wer aber besitzt noch und nutzt dann die politische Durchschlagskraft zu rettenden Eingriffen? Diese Fragen entspringen einer tiefen Skepsis. Denn der „Preis für das Scheitern" eines Umbaus der Weltgesellschaft, das ist nach Hobsbawms Auffassung die „Finsternis".

Hobsbawms Pessimismus ist nicht leichterhand zu entkräften. Doch er gewinnt seine pechschwarze Färbung auch aus der tiefen Enttäuschung, die er mit dem Verlust seiner politischen Ideale erlebt hat. Wechselt man aber die Perspektive, lassen sich zwar die Umweltprobleme, das Bevölkerungsdrama, die Verteilungskämpfe, das Nord-Süd-Gefälle nicht leugnen. Aber es gilt doch auch: Endlich ist die sowjetische Diktatur beseitigt, mehr als 200 Millionen Menschen sind von diesem schrecklichen Joch befreit. Erst recht trifft das auf die osteuropäischen Völker zu. China als die letzte kommunistische Bastion ist einem schleichenden, dennoch dramatischen Wandel ausgesetzt. In Lateinamerika ist die Tendenz zur politischen Stabilisierung in wichtigen Staaten kräftiger als in den Jahrzehnten zuvor, die Ausstrahlungskraft des kubanischen Karibokommunismus ist trotz seiner anfangs imponierenden Leistungen inzwischen erloschen. Ohne Bürgerkrieg ist das Apartheid-Regime in Südafrika gefallen. Der Aufstieg der Pazifikstaaten hält an. Europa zeigt, ungeachtet seiner zweifachen Zerfleischung und aller weiterhin quälenden Probleme, eine im internationalen Vergleich atemberaubende

Regenerationsfähigkeit und Behauptungskraft. Die genuin europäische Zielutopie einer bürgerlichen „Zivilgesellschaft" wirkt auf Abermillionen als eine faszinierende Zukunft, die möglichst schnell beginnen soll.

Zugegeben, die von Hobsbawm unbestechlich nüchtern diagnostizierten Probleme, dazu der Zerfall erst der Sowjetunion und dann Rußlands, der neue Balkankrieg, der islamische Fundamentalismus, die geheime Vermehrung der Atomstaaten – das alles sind in der Tat lebensbedrohende Gefahren. Daher ist kein naiver Optimismus erlaubt, und dennoch kann man den Umwälzungen insbesondere des letzten Jahrzehnts ungleich mehr positive Züge abgewinnen. Das 21. Jahrhundert beginnt nicht nur mit einer erschreckenden Steigerung der Gefahren, vielmehr eröffnet es auch ungeahnte neue Chancen.

Wer könnte zur Zeit das „Kurze 20. Jahrhundert" luzider analysieren, als das Hobsbawm getan hat? Auch wenn man seine Grenzen berücksichtigt – und jedes „Weltbild", dem die Interpretation eines Historikers verpflichtet ist, hat unvermeidbare Grenzen –, ist weit und breit kein Rivale mit überlegener Kompetenz zu erkennen. Wenn wir das 20. Jahrhundert nicht genauer kennenlernen, da ist Hobsbawm ganz der alten Maxime der „historia magistra vitae", der Geschichte als Lehrmeisterin, verpflichtet, können wir auch nicht sein problematisches Erbe verstehen und im 21. Jahrhundert bewältigen lernen.

„Diese Arbeit ist der Versuch einer Interpretation", mit einem derart klassischen Understatement charakterisiert der französische Historiker François Furet seinen soeben ins Deutsche übertragenen groß angelegten Essay.[2] Bisher „Neuling auf dem Gebiet der Geschichte des 20. Jahrhunderts", fraglos aber einer der bedeutendsten Kenner des 18. Jahrhunderts und der Französischen Revolution, deren Interpretation er seit der Mitte der 60er Jahre mit seinem entideologisierenden Ansatz grundlegend beeinflußt hat, will Furet keineswegs das Gesamtphänomen des Kommunismus behandeln, wie das im Untertitel der deutschen Übersetzung fälschlich beansprucht wird. Vielmehr interessiert ihn ausschließlich die langlebige Faszinationskraft der „kommunistischen Idee“, mithin, wie er mehrfach ausdrücklich betont, „die Geschichte der Illusion des Kommunismus“ oder jener „revolutionären Leidenschaft“, die dieser unter seinen Anhängern zu entfachen vermochte. Furet kennt diese Illusion aus eigener Erfahrung, da er aus Protest gegen das Vichy-Regime als junger Student von 1949 bis 1956, bis zum Ungarn-Aufstand, der Kommunistischen Partei angehörte. Inzwischen blickt er auf seine „damalige Verblendung ohne Nachsicht, doch auch ohne Verbitterung“ zurück, so daß er über seinen Gegenstand aus intimer persönlicher Kenntnis, zugleich aber mit der analytischen Distanz des professionellen Historikers schreiben kann.

Das Ergebnis ist ein imponierender Entwurf zur Ideologiegeschichte des 20. Jahrhunderts. Zugrunde liegt der hochgemute Anspruch, eine möglichst umfassende Synthese der welthistorischen Auswirkungen der „kommunistischen Idee“ zu bieten. Ganz unübersehbar bildet aber die Verführbarkeit bürgerlicher Intellektueller einen zweiten, vielleicht sogar den eigentlichen Brennpunkt der Darstellung. Denn an diesem roten Faden hält Furet energisch fest, wenn er seine Probleme durch das Labyrinth des „Kurzen 20. Jahrhunderts“, vom Ersten Weltkrieg bis 1991, verfolgt. Mit anderen Worten: Im Sinne der modernen Sprachanalyse liegt unter Furets Haupttext, seinem Bericht über den Aufstieg und Niedergang der kommunistischen Illusion, noch ein Subtext, in dem es, alles andere als emotionslos, um seine geheime Obsession geht: um die fatale Ausstrahlung des bolschewistischen Kommunismus, selbst des Stalinismus, auf Generationen von französischen Intellektuellen; um die radikale Abrechnung mit den kommunistischen Mandarinen von Paris; um die leidenschaftliche Kritik an ihrer marxistisch-leninistisch-stalinistisch drapierten Sehnsucht, ungeachtet aller erkennbaren barbarischen Menschenfeindlichkeit des sowjetischen Regimes sich auf der Seite des historischen Fortschritts zu wissen.

Man muß daher das Buch gewissermaßen mit zwei Brillen lesen: zum einen als weit ausgreifende Ideengeschichte der totalitären Versuchung von links, zum anderen als schneidende Anklage gegen illustre Galionsfiguren der französischen Intelligenz. Die Entscheidung für eine ideengeschichtliche Analyse ist selbstverständlich Sache des Autors, der sie nach Kräften zu legitimieren versucht. Auch dieser Essay zeigt jedoch, wieder einmal, Glanz und Elend einer reinen Ideengeschichte. Das Leitmotiv, die Verblendung durch die kommunistische Illusion, läßt sich auf diese Weise, unstreitig oft genug in großem Stil, mit eherner Konsequenz verfolgen. Daß aber die sozialen, ökonomischen, politischen, kulturellen Dimensionen ausgeblendet werden, hat gravierende Folgen, da die Welt jener Ideen, welche die „revolutionäre Leidenschaft" inspirierten, in einer eigentümlichen Isolierung als allein ausschlaggebende Antriebskraft erscheint. Wo sind die sozialen und politischen Folgen der Industriellen Revolution in Europa und Rußland? Wo ist die Formierung systemkritischer Arbeiterbewegungen in Europa und Rußland, wo die reformunfähige Rückständigkeit der zaristischen Autokratie, die als einziges Regime eine kompromißlos revolutionäre Linke hervorbrachte? Wo sind die Traditionen des russischen Imperialismus seit dem 19. Jahrhundert, der deutschen Ostexpansion zwischen 1917 und 1945, der westlichen Eindämmungspolitik gegenüber der Sowjetunion seit 1918?

Zugegeben, dramatische Großereignisse wie die beiden Weltkriege werden gebührend berücksichtigt. Insgesamt aber gilt: Die realhistorischen Bedingungsfaktoren, die für den Aufstieg, später für den Verfall des sowjetischen Kommunismus verantwortlich waren, werden gar nicht oder doch nur äußerst selektiv zur Erklärung herangezogen. Ein Beispiel: So exakte Untersuchungen, wie sie Jürgen Falter über „Hitlers Wähler" (1991) angestellt hat, fehlen meines Wissens über die kommunistischen Parteien. Doch im Vergleich mit der proletarischen Mitglied- und Wählerschaft ist die Handvoll kommunistischer Intellektueller in Frankreich, Italien, Deutschland und England, im Rußland vor 1917 rein quantitativ gesehen eine bizarre Restgröße. Von ihr ging trotzdem ein erheblicher parteiinterner und öffentlicher Einfluß aus. Nur: Daß man die

„Illusion des Kommunismus“ und das Scheitern jenes „Gottes, der keiner war“ (Arthur Koestler) primär am Intellektuellenmilieu verfolgt, bleibt, um das Mindeste zu sagen, ein methodisch und politisch dubioses Unternehmen.

Furets Nähe zu Ernst Noltes ideologiehistorischen Schriften drängt sich gelegentlich auf. Auch für Furet sind Faschismus und Nationalsozialismus allein als Reaktionen auf den Kommunismus verständlich. Diese Affinität zu Noltes Denkfiguren wird von Furet nicht nur eingeräumt, sondern mit einer Verteidigung Noltes gegen übertriebene Kritik verbunden. Das hält ihn aber nicht davon ab, Noltesche Pseudoargumente zur Legitimierung des „historischen Rechts“ des Nationalsozialismus, der doch die bürgerliche Welt gegen den Bolschewismus verteidigt habe, „schockierend und falsch“ zu nennen. Zu Recht sieht er in der von Nolte intendierten Aufwertung des „gedemütigten deutschen Nationalismus“ ein „Hauptmotiv seiner Bücher“. Wetten sind erlaubt: Es wird nicht lange dauern, bis Nolte sein Erstgeburtsrecht auf die Ideologiegeschichte der nationalsozialistischen „Antwort“ auf die bolschewistische „Herausforderung“ gegen die Konkurrenz des Pariser Ex-Linken geltend machen, die russischen „Roten“ noch einmal als eigentliche Ursache der deutschen „Braunen“ erfinden und seine übertriebene Verständnisbereitschaft selbst gegenüber dem nationalsozialistischen Antisemitismus erneut bekunden wird.

Daß der Heideggerianer Nolte der konkreten Gesellschaftsgeschichte fremd gegenübersteht, ist hinlänglich bekannt. Auch bei Furet indes, der doch jahrzehntelang empirisch über die französische Gesellschaft gearbeitet hat, fallen seine hochartifiziellen, die Ergebnisse der neueren Bürgertumsforschung souverän ignorierenden Vorstellungen vom Bürgertum auf, das bei ihm mit den kommunistischen Intellektuellen auf die Anklagebank gerät. Das Bürgertum ist z.B. keineswegs, wie Furet meint, ein „Synonym für die moderne Gesellschaft“, die überall sozialhistorisch vielfältigere als nur bürgerliche Strukturen besitzt. Die bürgerlichen Klassen seien „ohne gefestigte Tradition“, heißt es bei ihm, zudem nur durch

„ökonomische Kriterien definiert". Umgekehrt ist richtig, daß die langlebige Stabilität bürgerlicher Traditionen auffällt, und die eminente Bedeutung der kulturellen Konstituierung und anhaltenden kulturellen Formierung des Bürgertums läßt sich ernsthaft nicht bestreiten. Das deutschsprachige Bildungsbürgertum kann keineswegs mit Hilfe „ökonomischer Kriterien" angemessen erfaßt werden. Dieser Einwand gilt auch für die angelsächsischen freien Professionen akademischer Experten. Wie sollte bloß die französische Intelligenz primär ökonomisch definiert werden? Ein paar Schritte zu einem anderen Pariser Institut, und Pierre Bourdieu wüßte das dort besser als Furet.

Soziale Ungleichheit sei, erfährt man bei Furet entgegen dem Anspruch der Menschenrechte, in die bürgerliche Gesellschaft „eingeschmuggelt" worden. Realiter ist diese Ungleichheit ein fundamentales Charakteristikum aller historisch bekannten Gesellschaften. Von Anfang an war sie auch ein Bestandteil der politischen Zielvision einer „bürgerlichen Gesellschaft". Erst die staatsbürgerlichen Gleichheitsrechte, der Sozialstaat und eine demokratische Bildungspolitik versuchen, sie in modernen Bürgergesellschaften abzumildern. Die Französische Revolution wird von Furet verblüffenderweise wieder als „Ursprung der Bourgeoisie" glorifiziert. Tatsächlich setzt jedoch die Entstehung des Bürgertums Jahrhunderte zuvor ein und hat in allen westlichen Ländern bestenfalls vermittelt etwas mit dieser Revolution zu tun. Ein idealisierendes Bild von einer angeblich so jungen politisch engagierten Bourgeoisie führt nur in die Irre.

Kurzum: Nicht nur in der durchweg dominierenden, allenfalls lebensgeschichtlich verständlichen Abrechnung mit Pariser Linksintellektuellen, sondern auch in den allgemeine Gültigkeit beanspruchenden Urteilen über „das" Bürgertum herrscht eine enge frankozentrierte Perspektive vor, die mit dem apodiktischen Generalisierungsanspruch unversöhnlich kontrastiert.

Ja mehr noch, Furets Urteil über das politische Verhalten „des" Bürgertums fällt einer merkwürdigen Verzerrung anheim. Über die hinreichend erwiesene Anfälligkeit großer Teile des deutschen und italienischen Bürgertums für die autoritäre Lösung von Krisen bis hin zur faschistischen und nationalsozialistischen Diktatur braucht man nicht mehr zu streiten. Vom Bürgertum im allgemeinen kann man jedoch schon nicht mehr sprechen, da die politische Kultur und die Belastbarkeit der politischen Institutionen Englands, Hollands, Belgiens, Skandinaviens, der Vereinigten Staaten das Bürgertum dieser Länder gegen die rechtsradikale Versuchung, aufs Ganze gesehen, gefeit hat. Von einer inneren Nachbarschaft „des" Bürgertums zu seinem Todfeind, zum kommunistischen Totalitarismus, hat dagegen bisher nicht einmal ein Prophet in der Wüste gekündet – ganz gleich, ob die extrem unterschiedlichen bürgerlichen Sozialformationen des Wirtschaftsbürgertums, des Bildungsbürgertums, des Kleinbürgertums, der Bourgeoisie und der „classes moyennes", der vielen „middle classes" ins Auge gefaßt werden.

Die genuin bürgerliche Utopie einer „civil society", einer „bürgerlichen Gesellschaft", ist immer der Entwurf eines Gemeinwesens von gleichberechtigten Bürgern im liberalen Verfassungsstaat gewesen und bis heute geblieben. Sie enthält auch keineswegs ein chiliastisches, aus „den Wurzeln ihrer Tradition rührendes Erlösungsversprechen". Diese verblüffende Novität, die Frank Schirrmacher in seiner FAZ-Rezension (2. 4. 1996) von Furets Werk entdeckt hat, ist deshalb auch nicht, ausgerechnet wegen des Scheiterns des Kommunismus, in unserer Gegenwart „abhanden gekommen". Ebenso realitätsfern mutet auch die Behauptung an, die aufbegehrenden Akteure von 1989/91 hätten „aus allen utopischen Geschichtsentwürfen" ausbrechen wollen, wo doch Millionen von ihnen der durchaus utopischen Zielvorstellung, anstelle betonierter Parteidiktaturen endlich eine westliche „Zivilgesellschaft" aufbauen zu können, gefolgt sind.

Furet urteilt gewiß bitter über die verstockte Immunisierung der gläubigen kommunistischen Intellektuellen gegen die Realität eines mörderischen, lernunfähigen Regimes. Aber seine ebenfalls in der FAZ entdeckte „Andeutung", daß Europa ohne die „zivilen Traditionen“ Amerikas „noch in den 70er Jahren auf die andere Seite übergelaufen“ wäre, vermag ich nirgendwo zu finden. Trotz aller abgrundtiefen Skepsis gegenüber seinen Mit-Mandarinen könnte auch ein Historiker mit einem so kühlen Kopf wie Furet nicht ernsthaft an die Panikmache glauben, daß das ökonomisch, sozial und politisch stabile Europa der Nato und EG zum Anschluß an das östliche Lager jemals willens gewesen sei. Offensichtlich aber glaubt er daran, daß seine Illusionsgeschichte mit einem permanenten Anklageplädoyer gegen französische Intellektuelle vereinbar ist. Tatsächlich nimmt es der historischen Analyse nicht wenig von ihrer Überzeugungskraft, denn für viele Leser bildet die Intelligenz des linken Seine-Ufers nicht den Nabel der Welt.

4. Staats- und Nationsbildung in Europa

Zuerst einmal: Hagen Schulzes „Staat und Nation in der europäischen Geschichte“ ist ein sehr gescheites, sorgfältig abwägendes, im intellektuellen Niveau anspruchsvolles und zu alledem noch außerordentlich flüssig geschriebenes Buch, mit dem es dem Berliner Historiker gelungen ist, rund tausend Jahre europäischer Geschichte unter zwei wichtigen Sachgesichtspunkten auf 350 Seiten zu „bändigen“.[1]

Von den bisher erschienenen sieben Bänden der neuen Reihe „Europa Bauen“, in der es erschienen ist, stellt es nach meinem Eindruck die bisher überzeugendste Leistung dar. Schulze konzentriert sich hier auf große Themen: Zum einen ist das die Staatengenese und Staatenentwicklung im Rahmen des europäischen Staatensystems, das welthistorisch ein Unikat gewesen ist; zum anderen ist das die Nationsbildung und die Entwicklung eines Staatstypus sui generis, des Nationalstaats. Beide Themen werden bis in die unmittelbare Gegenwart hinein verfolgt. Schulze setzt um A.D. 1000 ein und hält bis zur Erörterung der EU-Probleme eine eher die gemeineuropäischen Phänomene betonende, weniger eine streng komparative Analyse durch, die Gemeinsamkeiten und Unterschiede gleichgewichtig diskutiert und erklärt hätte.

Das Buch ist in vier Kapitel von ungleicher Länge unterteilt: Staaten – Nationen – Nationalstaaten – Nationen und Europa heute. Die Entstehung des westlichen Staats setzt Schulze auffällig früh an. In der frühmittelalterlichen Personenverbandsherrschaft, dann im gleitenden Übergang zur Territorialherrschaft sieht er wichtige Grundlagen, obwohl beide politischen Systeme von ihrer inneren Verfassung, insbesondere von ihrer Herrschaftsdichte her, mit dem neuzeitlichen Staat, der auf seinem „stehenden" Heer und der Konfessionshoheit, auf seinen Finanzbehörden und Verwaltungsräten beruht, noch nichts gemein hatten. Diese Herrschaftsformen gab es auch in anderen Kulturkreisen, ohne daß es dort zur Ausbildung von Staaten in ihrer spezifisch okzidentalen Ausprägung gekommen wäre. Erst die gestrafftere Landesherrschaft im Spätmittelalter und in der Frühen Neuzeit hat – wie man rückblickend erkennt – einige Fundamente gelegt, die später dem Aufbau eines Staates, der diesen Namen verdient, zustatten kamen.

Für ihn bedurfte es an erster Stelle nicht der berühmten oberitalienischen Stadtstaaten, die ebenfalls einen Vorläuferstatus besitzen. Vielmehr bedurfte es der konfessionellen Bürgerkriege des 16. und 17. Jahrhunderts und des Frühkapitalismus, um die entscheidenden Evolutionsschübe auszulösen. Die Fürsten gingen dazu über, anstelle einer ad hoc aufgebotenen und dann wieder aufgelösten Streitmacht sich dauerhaft ein „stehendes" Heer zu halten, um den endemischen Konflikten der Feudalgesellschaft besser gewachsen zu sein. Um von der Bewilligung der Militärkosten durch die Ständeversammlungen unabhängig zu werden, wurden fürstliche Finanzbehörden, die Steuern eintrieben, ebenso aufgebaut wie eine rudimentäre Bürokratie geschaffen, die den monarchischen Einfluß gegen die konkurrierende Adels- und Städtemacht auszudehnen versuchte. Im Zeichen des protestantischen Landeskirchenregiments regulierten auch Organe des fürstlichen Summepiskopats das religiöse Leben. Die abgehobene Fürstenmacht, die mit ausschlaggebender Schlichtungsgewalt die tödlichen Konflikte der Konfessionsparteien zu entschärfen beanspruchte, wurde durch die neue, von Bodin klassisch ausgeführte Doktrin der inneren Souveränität ideologisch legitimiert.

Gleichzeitig entfaltete sich diese potenzierte Fürstenmacht mit ihrem allmählich institutionalisierten Staatsapparat in engster wechselseitiger Verschränkung mit dem Frühkapitalismus jener Jahrhunderte. Große Bankhäuser unterstützten mit ihren Anleihen die kostspielige Aktivität der Fürsten und damit auch die Gewinnung von mehr Autonomie gegenüber den Ständen. Zugleich hob die Ausbreitung des Gewerbe- und Agrarkapitalismus das Wohlstandsniveau so an, daß dank der expandierenden Geldwirtschaft Steuern in wachsender Höhe abgeschöpft werden konnten. Andrerseits haben die politischen Herrschaftsträger geholfen, mit ihren Gerichten und Juristen die notwendige Rechtssicherheit, die Eigentumsrechte und die Vertragserfüllung zu gewährleisten – Stabilitätsbedingungen also, auf die auch und gerade das frühkapitalistische Wachstum angewiesen war. Dieser Nexus zwischen dem Aufstieg des Staats und des Kapitalismus – ein Zusammenhang, den Max Weber, Otto Hintze, Werner Sombart u.a. bereits vor hundert Jahren erhellend analysiert haben – scheint Schulze aber wenig gereizt zu haben, denn er liegt bei ihm weithin im Dunkeln.

Dem Ausbau des neuzeitlichen Staates bleibt Schulze auf der Spur bis hin zum vergleichsweise zentralisierten Staat des aufgeklärten Absolutismus, des napoleonischen Frankreich und der deutschen Reformstaaten. England ging währenddessen seinen Sonderweg einer Mischform von Adelsherrschaft und Königsmacht mit dem Verbindungsscharnier des Parlaments bis weit in das 19. Jahrhundert hinein weiter.

Bei der Entstehungsgeschichte der Nationen greift Schulze ebenfalls weit zurück, da er mit der früh- und hochmittelalterlichen Ausdifferenzierung von kulturellen und ethnischen, politischen und sozialen Unterschieden einsetzt. Dabei geht er aber nicht der antiquierten Lehre auf den Leim, die bis hin zu Friedrich Meinecke (und bis zu manchem Handbuch für den Universitätsbetrieb und manchem Geschichtsbuch für den

Schulunterricht der Gegenwart) verfochten worden ist, wonach bereits in den Personenverbandsherrschaften der Übergangszeit nach der Völkerwanderung die europäischen Nationen gewissermaßen keimhaft angelegt gewesen seien und sich dann im Mittelalter nur klarer herausgebildet hätten, bis sie im Nationalstaat – er galt als das Telos ihrer Entfaltung – die angeblich endgültige Verfassungsform fanden; die Italiener und Deutschen als „verspätete" Nationen freilich erst zwischen 1859 und 1871.

Fern von dieser kaum verkappten Geschichtstheologie betont Schulze vielmehr in einer präzisen Begriffsgeschichte, daß z.B. die Adels-, Konzils- und Studenten-„Nationen" des Spätmittelalters mit Nationen im modernen Verständnis nichts gemein hatten außer dem Umstand, daß sie Unterschiede zwischen Einheimischen und Fremden, zwischen Privilegierten und Benachteiligten rechtlich fixierten. Allerdings erkennt er schon im 16. und 17. Jahrhundert die Existenz von europäischen Staats- und Kulturnationen an.

Was Jacob Burckhardt und Friedrich Engels, ganz unabhängig voneinander, das Zeitalter der „Doppelrevolution", der englischen industriellen und der französischen politischen Revolution, genannt haben, was Reinhart Koselleck als „Sattelzeit" der Moderne (1750–1850) charakterisiert, das heißt bei Schulze im Anschluß an Karl Jaspers und Shmuel Eisenstadt die „Achsenzeit". Erst in dieser Epoche siedelt auch er das Aufkommen des Nationalismus als moderner Integrations- und Mobilisierungsideologie an, die sich schließlich zur mächtigsten „politischen Religion" des 19. und 20. Jahrhunderts – wie inzwischen der Vergleich mit dem Kommunismus, Faschismus und Nationalsozialismus lehrt – steigern sollte. Die Verfechter des Frühnationalismus, und hier schließt sich Schulze an die fruchtbare Debatte der englischen und amerikanischen Kulturanthropologen und Historiker über die „invention of traditions" an, erfanden jetzt die „Volksnation". Der Mythos ihrer glorreichen Vergangenheit wurde immer weiter rückwärts ausgedehnt und die Utopie ihrer noch glänzenderen Zukunft mit dem Sendungsbewußtsein einer universalhistorischen Mission, der säkularisierten Variante des alttestamentarischen „Auserwählten Volkes", aufs engste verknüpft.

Dieses ideologische Konstrukt kontrastiert Schulze, der dafür auf die neuere Sozialgeschichte zur Expansion der Trägerschichten des Nationalismus kenntnisreich zurückgreift, mit dem realhistorischen Vordringen des Nationalismus, bis er in der Mentalität der Mehrheit verankert, in ihrer sozialkulturellen Persönlichkeit verinnerlicht war. Der Regelfall blieb allerdings, und das muß man dem herrischen Monopolanspruch des Nationalismus und seiner Historiker stets entgegenhalten, die Koexistenz mehrerer Loyalitätsbindungen in der Brust des Individuums, denn dort lebte die Loyalität gegenüber der Heimatstadt, der historischen Region, der Dynastie neben derjenigen gegenüber der Nation weiter. Zu kurz kommen bei Schulze jene Millionen, die sich bis zum Beginn des 20. Jahrhunderts in ganz Europa gegen die zugemutete „Nationalisierung" sträubten, in Deutschland etwa viele Bayern, die welfentreuen Hannoveraner, die Altpreußen. An der Spitze ihrer Loyalitätshierarchie hielten sich bemerkenswert lang ältere Verpflichtungen.

In drei Schritten verfolgt Schulze die Entwicklung des modernen Nationalstaats, wobei seiner Argumentation offenbar die im Prinzip evolutionstheoretische Vorstellung von einer immanenten Tendenz zur Steigerung des Herrschaftsanspruchs nach innen und außen zugrunde liegt. Er beginnt mit einer Periode der „revolutionären Nationalstaaten" von 1815 bis 1871, an deren Ende die Gründung des großpreußisch-kleindeutschen Reiches steht, die – wie Benjamin Disraeli sie sogleich treffend kommentierte – durchaus eine „deutsche Revolution" im europäischen Staatensystem bedeutete. Daran schließt sich nach Schulzes Meinung die Epoche der „imperialen Nationalstaaten" von 1871 bis 1914 an, die aber in England, Frankreich und Rußland erheblich früher begonnen hat. Zwischen 1914 und 1945 habe dann die Ära des „totalen Nationalstaats" gelegen.

Alle derartigen Periodisierungsversuche sind unverzichtbar, bleiben aber auch bestreitbar. Hier ist entscheidend, daß es

Schulze gelingt, eine Vielzahl von wichtigen Phänomenen der Innen- und Außenpolitik, der Sozial- und Mentalitätsgeschichte vergleichend zu erörtern, sie zu verknüpfen und in den Kontext der Entwicklung von Nationen und Nationalstaat einzubetten. Über manche Interpretation können sich die Fachgelehrten noch ausgiebig streiten. Aufschlußreich ist aber z.B., wie hoch Schulze den prägenden und stimulierenden Einfluß des deutschen Radikalnationalismus auf den Nationalsozialismus veranschlagt, in wie hohem Maße er daraus zu Recht seine Durchsetzungsfähigkeit und seine „Erfolge" erklärt. Ohne direkte polemische Auseinandersetzung wirft Schulze damit Ernst Noltes gesamte Konstruktion eines Duells zwischen Bolschewismus und Nationalsozialismus, das angeblich die erste Hälfte des „Kurzen 20. Jahrhunderts" von 1914 bis 1991 bestimmt habe, dorthin, wo sie hingehört: auf den Abfallhaufen gescheiterter geschichtsphilosophischer Projekte.

Im Schlußteil zieht Schulze die Grundlinien der europäischen Nachkriegsgeschichte aus – bis hinein in die unmittelbare Gegenwart des Streits um die Weiterentwicklung der EU, des Zerfalls des Sowjetimperiums und Jugoslawiens, des Wiederauftauchens eines atavistischen Nationalismus. Sein prognostisches Urteil bleibt ambivalent. Zum einen sieht er im Nationalismus, in der Nation und im Nationalstaat völlig zu Recht durch und durch historische Phänomene, die kommen und gehen. Der Aberglauben an den Ewigkeitswert eines „normalen" Nationalismus und Nationalstaats ist Schulze fremd. Das ist gerade heutzutage und hierzulande eine erquickliche Grundauffassung, die auch ihre unmittelbare politische Aktualität besitzt. Zum anderen kann sich Schulze aber auch eine engmaschiger integrierte EU nur als ein Europa der Nationalstaaten vorstellen.

Daran ist soviel richtig, daß in den meisten Mitgliedsstaaten der EU ein Maß an demokratischer Politik, rechtsstaatlicher Sicherheit und sozialstaatlicher Daseinsvorsorge herrscht, das eine EU à la Maastricht schlechthin noch nicht zu bieten vermag. Eine simple Kosten-Nutzen-Abwägung läßt daher das derzeitige „Angebot" der EU unterlegen, die existierenden

Staaten überlegen erscheinen. Erst wenn die EU eine zumindest gleichwertige Leistungskapazität besäße, könnte sich die Bevölkerung der Mitgliedsstaaten mit dem Status von historischen Regionen in einer europäischen Föderation bereitwillig zufriedengeben. Es ist ein gravierendes Dilemma der gegenwärtigen, auch der deutschen Europapolitik, daß sie diese Problematik weder in einer offensiv geführten Diskussion noch in der praktischen Einigungspolitik überzeugend angeht.

Hagen Schulze gelingt es, narrative Geschichtsschreibung mit komprimierter Gedankenführung und klarer Prosa zu verbinden. Das ist bei diesem Gewaltmarsch durch ein Jahrtausend eine respektheischende Leistung. Weniger interessiert ist der Autor an der kausalen oder funktionalen Erklärung der wichtigen Probleme, die bei der Beschäftigung mit der Entstehung, Entwicklung und Verwandlung der europäischen Staaten und Nationen auftauchen. Das ist vielleicht der Preis für diese Darstellungsart und ihren Stil, denn Erklärungsversuche könnten nicht leicht auf das verzichten, was bereits Johann Gustav Droysen in der Mitte des 19. Jahrhunderts die „analytische Geschichte" genannt hat, mithin auf eine strengere, diskursive Argumentation. Für diese Zurückhaltung zwei Beispiele.

Die historische Genese des okzidentalen Staates wird, zum Teil treffend, beschrieben. Aber weder wird dieser langgestreckte Vorgang selber noch die Abfolge der späteren Transformationen hinreichend erklärt. Der innere Staatsbildungsprozeß, der im allgemeinen nicht vor dem ausgehenden 15. und frühen 16. Jahrhundert identifiziert werden kann, läuft ja in den folgenden Jahrhunderten weiter. In Deutschland hat dieser Prozeß seit den 1870er/80er Jahren zur Herausbildung des modernen Interventions- und Sozialstaats geführt und damit auf eine Entwicklungsstufe mit einer zuvor unbekannten Daseinsvorsorge und Präventivpolitik, Leistungskapazität und Verstaatlichung der Gesellschaft und ihrer Bürger. Dadurch hat sich aber auch der Charakter des Nationalstaats grundlegend verändert, da sich die Legitimationsbasis seines politischen Systems verwandelte: Wohlfahrtssteigerung, Dauerkonjunktur und soziale Sicherheit müssen in der modernen Massendemokratie die Legitimationszufuhr gewährleisten, sonst gerät die Glaubwürdigkeit des Systems und die Zufriedenheit mit seinen Leistungen in Krisenzeiten in Gefahr. Die Radikalisierung am rechten und linken Rand des politischen Spektrums zeigt das gewöhnlich untrüglich an. Sich in dieser Situation wortreich auf die Solidarität der Nation und auf die Integration durch ein „gesundes Nationalgefühl" zu berufen, genügt dann mitnichten.

Schulze beschreibt die Radikalisierung des Nationalismus bis hin zum „totalen" Nationalismus. Aber dem Leser wird nicht hinreichend erklärt, welche Antriebskräfte, ob nun politischer oder sozialökonomischer oder psychischer Natur, die Ursachen dieser fatalen Veränderung sind. Von welchen äußeren Konstellationen hing die immense Durchsetzungs- und Steigerungsfähigkeit des Nationalismus ab? Von den Legitimations- und Integrationsbedürfnissen des modernen Staates? Von der Suche nach einer neuen Identität, die nach den traditionssprengenden Auswirkungen der „Achsenzeit" dem einzelnen wieder Selbstbewußtsein und die Sicherheit eines Zugehörigkeitsgefühls verlieh? Von einer psychomotorischen Dynamik, die nach dem Zerfall alter Bindungen das neue Loyalitätsgefühl bis zum extremen, zum integralen Nationalismus weiter steigerte? Von der Suche nach einem Religionsersatz, die im Zeichen der voranschreitenden Säkularisierung zur „Zivilreligion" des Nationalismus führte? Kompensierte der radikalisierte Nationalismus die schmerzhaften Begleiterscheinungen des Modernisierungsprozesses, indem er über wirtschaftliche Notlagen, soziale Statusängste und die psychischen Belastungen durch den enormen Druck der Anpassungszwänge hinweghalf? Ist der „totale" Nationalismus im Sinne der Denkfigur von „Challenge" und „Response" die fatale Reaktion auf die strapaziösen Herausforderungen der Moderne? Eine Antwort möchte man nur zu gerne wissen.

Auf jeden Fall wird von Schulzes Buch eine nachhaltige Anregung für eine zur Zeit einsetzende Kontroverse ausgehen. Bei ihr geht es um die Grundfrage, ob der Nationalismus ein

Phänomen der politischen Neuzeit, des Revolutionszeitalters ist (einschließlich natürlich der Englischen und Amerikanischen Revolution) oder aber ob seine Geltungsmacht schon für eine viel weiter zurückliegende Zeit, etwa die Frühe Neuzeit oder sogar das Spätmittelalter, anerkannt werden muß. So hat etwa soeben Wolfgang Hardtwig[2] argumentiert, und auch Schulze unterstützt offensichtlich eine Position, die dem Nationalismus eine historische Tiefendimension von fünf bis sechs Jahrhunderten zuerkennt.

Daß auch vor dem 18. Jahrhundert Gemeinsamkeiten der historischen Tradition und Sprache, überhaupt der Kultur (im weiten Verständnis der Sozialanthropologie), der Kriege, Siege und Niederlagen feststellbare Loyalitäts- und Identitätsgefühle genährt haben, ist unbestritten. Aber diese Gemeinsamkeiten waren m.E. noch nicht nationale im strengen Wortsinn. Mit Begriffen wie Nationalismus, Nation und Nationalstaat tut man dieser vornationalen Welt Gewalt an und mißachtet eine Grundregel des Historismus, eine Vergangenheit zuerst einmal unter ihren eigenen Bedingungen zu verstehen. Erst mit dem Nationalismus des Revolutionszeitalters tritt diese qualitativ neuartige Bewegungsmacht in der westlichen Geschichte auf.

Die Gegenposition, die – wie gesagt – im Prinzip von Schulze und Hardtwig aufs neue argumentativ skizziert wird, besteht zwar nicht mehr auf jener legendären Kontinuität der nationalen Entwicklung seit dem Frühen Mittelalter, wie sie die nationalliberale Geschichtsschreibung des 19. Jahrhunderts erfunden hat. Aber sie tritt doch für die Anerkennung eines spätmittelalterlich-frühneuzeitlichen Protonationalismus, für die bereitwilligere Anerkennung von frühnationalen Traditionsbeständen ein, aus denen der moderne Nationalismus hervorgehen oder an die er sich zumindest mühelos anschließen konnte. Sie ist skeptisch gegenüber einer allzu starken Betonung der „Erfindung von Traditionen" in der „Achsenzeit". Diese grundsätzliche Alternative wird, wenn nicht alles täuscht, künftig die neue Nationalismusdebatte vorantreiben. Man wird sehen, wer die überzeugenderen, erklärungskräftigeren Argumente auf seiner Seite hat.

„Staat und Nation in der europäischen Geschichte" – das ist das hochkarätige Buch eines reflektierten, problemorientierten, aufgeklärten Konservativen, das wegen seiner eindrucksvollen Syntheseleistung und wegen seiner Anregung für die gegenwärtige Nationalismusforschung vielleicht sogar ein bedeutendes Werk genannt werden wird.

Den wissenschaftlichen Skandal – es gibt ihn doch noch! Oft zu Unrecht beschworen, oft ausgerufen, weil das eigene Vorurteil verletzt ist, ist trotzdem der genuine Skandal gelegentlich da. Diesmal steckt er in Liah Greenfelds neuem Buch über den Nationalismus.[3] Als Vertreterin der Historischen Soziologie hat die Autorin die Entstehungsgeschichte des englischen, französischen, russischen, deutschen und amerikanischen Nationalismus verfolgt, begleitet von den Hymnen der Harvard-Gurus und Möchtegern-Experten.

Notizen eines Lesers, der mit zunehmendem Kopfschütteln reagiert: Die Ausgangsposition, daß der Nationalismus den westlichen Modernisierungsprozeß eröffne, ja ihn schlechthin verkörpere, ist rundum falsch. Alles andere folge daraus – also nicht der Hauch einer Ahnung von der autonomen Entwicklung des Kapitalismus, der Staatsbildung, der wissenschaftlichen Revolution.

Aller Anerkennung wert, aber auch außerordentlich anspruchsvoll ist der Vergleich von fünf Nationalismen. Für eine Sozialwissenschaftlerin, die sich dafür freilich mit der umfangreichen historischen Literatur zumindest selektiv hätte vertraut machen müssen, hätte es nahegelegen, sowohl auf strukturelle Gemeinsamkeiten als auch auf historische Unterschiede zu achten. Statt dessen folgen unverknüpfte Länderstudien ohne jeden nennenswerten Versuch, diese Vorzüge eines jeden Vergleichs zu nutzen und die Ergebnisse zur Belehrung des Lesers zu präsentieren.

Der englische und der amerikanische Nationalismus werden durchweg in lichten Farben gemalt. Als Motto diente offenbar der Titel von Karl Mays greulichem Schmöker: „Empor ins Reich der Edelmenschen". Die in den Nationalismen beider

Länder tief verwurzelte Fremdenfeindschaft, die Radikalisierung des englischen Nationalismus zum Jingoismus, des amerikanischen Pendants zum rabiaten „New Nationalism", die unverändert fortbestehende Anfälligkeit für einen sowohl naiven als auch vulgären Massennationalismus, die nationalistische Arroganz, die aus dem Sendungsbewußtsein „auserwählter Völker" fließt – nichts davon wird präzis erörtert und erklärt.

Überdies zeigen sich bereits hier die eklatanten Mängel einer im Grunde ziemlich altertümlichen Ideengeschichte, welche die Verfasserin durchweg praktiziert, während sie aus rätselhaften Gründen auf die – bei der Analyse eines Komplexphänomens wie des Nationalismus gebotene – Kombination von Kultur- und Politikgeschichte, von Ideologie- und Sozialgeschichte und so fort umstandslos verzichtet.

Das Kapitel über Frankreich fällt einigermaßen konventionell aus, hier hat die Forschung auch am besten vorgearbeitet, ohne daß die damit eröffneten Interpretationschancen, die allerdings die Kombination der soeben genannten Ansätze erfordern, genutzt würden. Ein rundum bizarres Szenario wird dagegen für Rußland entworfen. Hier soll sich, mirabile dictu, der moderne Nationalismus schon im nachpetrinischen Reich zwischen der Mitte und dem Ende des 18. Jahrhunderts, jedenfalls ein rundes halbes Jahrhundert vor dem deutschen Nationalismus, entwickelt haben. Das russische Selbstbewußtsein beim kriegerischen Aufbau eines multi-ethnischen Imperiums wird mit dem modernen Nationalismus verwechselt, dessen Entfaltung in die Phase nach dem Schock des Krimkrieges fällt – mithin ein ganzes Jahrhundert später anzusetzen ist, als uns Liah Greenfeld weismachen will.

Der absolute Tiefpunkt aber wird mit dem ausführlichen Kapitel über den deutschen Nationalismus erreicht. Schon die Überschrift ist perfide: „The Final Solution of Infinite Longing" – von Anfang an war der „Holocaust" unentrinnbar in den deutschen Nationalismus „eingebaut". Auch und gerade deshalb sei er „einzigartig". Auf jede Erörterung der strukturellen Gemeinsamkeiten der Nationalismen, und es gibt sie zuhauf, verzichtet ausgerechnet die Soziologin.

Richtig sieht sie zwar, daß der frühe deutsche Intellektuellennationalismus vom Bildungsbürgertum getragen wurde. Aber diese eigentümliche Sozialformation kennt sie nicht. Da die gesamte Sozialgeschichte der Bürgertumsforschung souverän ignoriert wird, weiß sie nicht, daß die allermeisten Bildungsbürger Akademiker im Staatsdienst waren. Statt dessen sind es lauter „Schriftsteller" mit einer ungesicherten Existenz, die angeblich ihre Statusängste durch die Verfechtung des Nationalismus kompensieren wollten. Aufgrund dieses peinlichen Mißverständnisses wird die historische Eigenart einer zentralen Trägerschicht des deutschen Nationalismus völlig verfehlt.

Pietismus und Romantik hätten, heißt es quälend langatmig, den deutschen Nationalismus zutiefst geprägt. Der Pietismus wird maßlos überschätzt, die Debatte über den Nationalismus als „politische Religion" aber gar nicht erst aufgenommen. Der literaturgeschichtliche Begriff der „Romantik" wird auch hier mißhandelt. Die „Politische Romantik" kennt die Autorin indes offenbar auch nicht, obwohl einige Repräsentanten dieser Strömung ohne Gefühl für die Proportionen zu Schlüsselfiguren hochstilisiert werden. Da jeder Versuch fehlt, den Übergang vom Elitennationalismus zum Massennationalismus plausibel zu erklären, treiben weiterhin immer nur Schriftsteller, Pietisten, Romantiker ihr sinistres Werk.

Der Antisemitismus habe, heißt es weiter, von Anbeginn an zum Kern des deutschen Nationalismus gehört. Wieder fehlt jede Kenntnis, daß sich erst der neue, der politische und rassistische Antisemitismus seit den späten 1870er Jahren in den deutschen Reichsnationalismus hineingefressen hat.

Für jede pointierte Kritik an der neueren deutschen Geschichte bin ich zu haben. Ein Minimum an Sachkunde ist freilich die unabdingbare Voraussetzung. Die gesamte historische Nationalismusforschung schlichtweg zu ignorieren, ist bei diesem Thema ein starkes Stück. Merke: Belesenheit schützt nicht nur vor Neuentdeckungen, sondern auch vor eklatanten Fehlern. Soviel Ahnungslosigkeit, soviel irreführender Wirrwar, soviel bösartiger Dogmatismus im Hinblick auf die Einbahnstraße zur „Endlösung", von Herder zum Holocaust –

nein, es bleibt ein Skandal. Wo, um Clios willen, ist die Kontrolle und unumgängliche Korrektur durch die im Vorwort reichlich genannten illustren Köpfe der „Community of Scholars" geblieben?

5. Die Chimäre einer allgemeinen Theorie der europäischen Revolutionen

„Europa Bauen" – das ist die erste wissenschaftliche Buchreihe, die gleichzeitig von fünf Verlagen in Deutschland, England, Frankreich, Italien und Spanien (von Beck, Blackwell, Le Seuil, Laterza und Critica) gemeinsam veröffentlicht wird. Unter der Herausgeberschaft von Jacques Le Goff, einem bedeutenden Repräsentanten der „Annales"-Schule, werden große Themen der europäischen Geschichte oder herausragende Epochen von profilierten Historikern dargestellt. Eine Vorstellung von diesem ehrgeizigen Projekt vermitteln bisher erschienene Titel wie „Die Stadt in der europäischen Geschichte", „Das Europa der Aufklärung", „Europa und das Meer" oder angekündigte Bände wie „Der Hunger und der Überfluß", „Die Bauern in der europäischen Geschichte", „Europa und seine Umwelt", „Die Geburt des Individuums in Europa".

Im Rahmen dieser Reihe kann das neue Buch von Charles Tilly über die „Europäischen Revolutionen" mit einem besonderen Interesse rechnen.[1] Tilly ist seit zwei Jahrzehnten einer der bekanntesten Soziologen der Vereinigten Staaten, der zur Zeit an der „New School of Social Research" in New York lehrt. Vor allem aber gehört er zu den wenigen in seiner Zunft, die ein ausgeprägtes historisches Interesse besitzen, das er immer wieder empirisch und theoretisch verfolgt hat. Daraus sind außer zahlreichen Aufsätzen bekannte, natürlich auch umstrittene Bücher wie das über die „Vendée", die klassische Konterrevolution von 1793 (1964), „The Rebellious Century", über den sozialen Protest in Europa von 1830 bis 1930 (1975), „From Mobilization to Revolution" (1978), „As Sociology Meets History" (1981), „Big Structures, Large Processes, Huge

Comparisons" (1984), „The Contentious French" (1986), „Coercion, Capital, and European States 990–1990" (1990) und andere mehr hervorgegangen. Ein vielfältig ausgewiesener Gelehrter mithin, der dank seines weiten Interessenhorizonts als ein vielversprechender Autor erscheint, der sich hier dem Riesenthema der europäischen Revolutionen in dem halben Jahrtausend zwischen 1492 und 1992 zugewendet hat.

Tilly beginnt, wie bei ihm nicht anders zu erwarten, mit dem, was seine Stärke ist: mit der konzeptionellen Strukturierung seiner Problematik. In zwei langen Kapiteln werden derartige Überlegungen über den Charakter von Revolutionen, den Unterschied von revolutionären „Situationen" und „Ergebnissen" ausführlich angestellt, ehe er, begleitet von viel abstraktem Begriffsgeklingel, die folgenschwere Entscheidung trifft, was unter Revolution verstanden werden soll. Revolution soll heißen, definiert Tilly, ein „mit Gewalt herbeigeführter Machtwechsel innerhalb eines Staates", wobei zwei rivalisierende „Blöcke" so lange „unvereinbare Ansprüche auf die Macht im Staat stellen", bis ein Block schließlich die Hegemonie erringt.

Diese handliche Formel ist ganz und gar an der modernen Geschichte orientiert. Sie setzt z.B. stillschweigend den jahrhundertelangen Staatsbildungsprozeß, die Zentralisierung von Herrschaft in legitimierten Institutionen, die Formierung von großen innergesellschaftlichen Kampfkoalitionen voraus; darüber hinaus auch, wie sich herausstellt, die Ausbildung des europäischen Staatensystems mit seinen „Großmächten", die Durchsetzung von zentralstaatlicher Souveränität, den Aufstieg der Bürokratie, die soziopolitische Polarisierung beim Kampf um die Durchsetzung einer Legitimationsbasis gegen eine andere. Deshalb taucht sogleich die Frage auf, wie Tilly mit solchen Kategorien und Prämissen der alteuropäischen Welt vor der zweiten Hälfte des 18. Jahrhunderts gerecht werden will.

Das Kolumbus-Jahr (1492) ist ein willkürlich gewähltes Anfangsdatum – vermutlich um das Thema über die volle Zeitspanne eines halben Jahrtausends hinweg verfolgen zu können.

Denn für den Beginn der europäischen Revolutionsgeschichte kann es eine derart scharfe Zäsur schlechthin nicht geben. Faktisch beginnt Tilly mit dem Aufstand der Niederlande gegen das spanische Weltreich, dem angeblich „klassischen" Beginn der „bürgerlichen Revolution".

Im Nu taucht jetzt ein Problem nach dem anderen auf. Die unorthodoxe Geschichtswissenschaft hat den geschichtsphilosophisch, ja geschichtstheologisch befrachteten Begriff der „bürgerlichen Revolution" aufgegeben. Gerade im Hinblick auf die „klassischen" Revolutionen in den Niederlanden, in England, Nordamerika und Frankreich verfehlt diese schlichte Eindeutigkeit die Ursachen und Trägerschichten der Revolutionen, ihre verfassungspolitischen Ergebnisse und die bewirkte soziale Transformation. In der niederländischen Gemengelage von patrizischem Stadtregiment, Kleinrepubliken und Adelsherrschaften gab es weder einen „Staat" im modernen Sinn noch eine „zentrale Autorität", weder zwei rivalisierende Blöcke noch am Ende eine bürgerliche Hegemonie.

Wie bei der Analyse der niederländischen Revolution zeigt der Verfasser auch bei der „Puritanischen Revolution" im England der 1640er Jahre kein Gespür für den explosiven Charakter der konfessionellen Konflikte, da überhaupt sein Interessenbegriff viel zu eng auf sozialökonomische und politische Antriebskräfte zugeschnitten ist. Außerdem: Der Kampf zwischen Königstruppen und Privatarmeen von Adligen, der Pluralismus von Machtzentren auf den unterschiedlichen Ebenen der lokalen, regionalen und schwach ausgebildeten zentralstaatlichen Herrschaft, Cromwells kurzlebige Diktatur und die Restauration der Monarchie – sie passen in Tillys Schema nicht hinein. Und die Legende vom Aufstieg der „Gentry" oder des Bürgertums als Sprengsatz der ersten englischen Revolution hat die jüngere Forschung schon längst demoliert.

Während der zweiten englischen Revolution von 1688 fehlen ebenfalls die konkurrierenden Blöcke. Vielmehr erkämpften Adelscliquen, die noch fast zwei Jahrhunderte lang das Parlament beherrschen sollten, einen Kompromiß mit dem importierten Oranier zu ihren Gunsten. Überdies wurde diese

„Glorreiche Revolution" noch durchaus im traditionalen Sinn als „revolutio", als Rückkehr zu einer verklärten früheren Ordnung, nicht aber als Realisierung einer radikalen Zukunftsutopie verstanden.

Seinen Pariser Kollegen François Furet nennt Tilly nur mit einem Hauch von Ironie einen „Störenfried", da er den Globalmythos der Großen Französischen Revolution endlich effektiv in Frage gestellt, die Revolution selber radikal historisiert hat. Es geht um Furets anregende Neuinterpretation, anstelle eines kompakten Revolutionsmolochs zunächst drei Revolutionen oder explosive Modernisierungskrisen zu unterscheiden – die Revolution der pauperisierten städtischen Unterschichten, die Revolution in der ländlichen Gesellschaft und die Revolution der reformwilligen bürgerlich-adligen Eliten. Danach ist zu verfolgen, wie diese drei Ströme allmählich zusammenlaufen und zu welchen Ergebnissen das führt. All das wird nicht einmal erörtert, geschweige denn zu widerlegen versucht.

Daß trotz des unleugbaren Bruchs, den die 1790er Jahre im Bewußtsein, in der Mentalitäts- und Verfassungsgeschichte geschaffen haben, die soziale Zäsur erst seit der zweiten Revolution von 1830 einsetzte, mithin eine erstaunliche Kontinuität der Eliten, Stadtbürger und Grundbesitzer vom Ancien Régime über die Jakobinerherrschaft und Napoleons Kaiserreich hinweg bis in die neue Monarchie erklärungsbedürftig ist, taucht nicht einmal als Problem auf.

Während der Russischen Revolution gab es in der Tat die Polarisierung in „Rote" und „Weiße", auch ihren langen Bürgerkrieg im Kampf um die staatliche Zentralgewalt. Aber wo bleibt die ungeheure Schubkraft der Bauernrevolution, ohne die Lenins bolschewistische Kader das Riesenreich schwerlich hätten erobern können? Wo bleibt die Kronstädter Gegenrevolution? Wo ein klares Urteil über den ungeheuren Preis, den das Land seither für die Hegemonie der KP gezahlt hat und noch lange zahlen wird?

Der Ausblick auf die bisher überwiegend „friedlichen Revolutionen" im Osten seit 1985/89 vermag die innere Krise der

Sowjetunion nicht klarzumachen, die wegen der fehlenden Elastizität ihrer Institutionen und wegen der fehlenden Lernfähigkeit ihres politischen Systems die selbstgeschaffenen Probleme nicht mehr bewältigen, die eigenen Fehler nicht mehr korrigieren konnte. Die aus diesen Gründen resultierende Unfähigkeit, etwa die immens folgenreichen Ölkrisen seit den siebziger Jahren zu „verarbeiten“, müßte Tilly angesichts seiner Privilegierung der sozialökonomischen Dimension eigentlich gereizt haben. Der Politikwissenschaftler hätte auch das Phänomen aufgreifen müssen, daß im Augenblick der existentiellen Krise die Nomenklatura eine faszinierende Führungsfigur hervorbrachte, die durch ihre Reformversuche das Gesamtsystem in die Selbstauflösung und den Zerfall trieb. Denn diese Transformation erwies sich als nicht mehr steuerbar.

Der Abfall des informellen Imperiums, das die Sowjetunion mit den Satellitenstaaten von 1945 in ihrem westlichen Vorfeld gewonnen hatte, entzieht sich ebenfalls dem Schema des gewaltsamen Machtkampfes zwischen zwei gesellschaftlichen Blöcken. Um die Faszination erfassen zu können, die von der Verbindung des nationalistischen Protestes gegen die Russifizierung und Bolschewisierung mit dem Kampf um liberale Freiheitsrechte einschließlich der Selbstbestimmung über staatliche Autonomie und Souveränität ausgeht, bedarf es offenbar anderer Begriffe. Und die atemberaubende Anziehungskraft sowohl der verklärten westlichen „Zivilgesellschaft“ als auch des sozialstaatlich gezähmten Industriekapitalismus in Europa (nicht etwa des noch immer sozialdarwinistisch geprägten in Amerika) entgeht dem Verfasser ebenso wie die Religionskonflikte der Niederländer und Engländer.

Tilly beschränkt sich nun aber keineswegs auf die „klassischen“ Revolutionen, sie sind hier nur zuerst ins Auge gefaßt worden, da sich an ihnen sein Revolutionskonzept zuallererst bewähren müßte. Vielmehr scheint es Tillys Ziel zu sein, einen möglichst ausführlichen Anschauungsunterricht darin zu erteilen, daß es verfehlt ist, die wenigen „klassischen“ Revolutionen Europas hochzustilisieren. Im Gegenteil, sie werden von ihm nivelliert, dadurch auch um die welthistorische Bedeutung gebracht, welche etwa die Französische Revolution trotz aller Kritik fraglos bis heute behalten hat. Statt dessen soll der Leser offenbar endlich einsehen, daß während eines halben Jahrtausends Europa durch Aberhunderte von Rebellionen, Bauernaufständen, Adelsrevolten, Elitenkonflikten, städtischen Erhebungen, Widerstandsaktionen gegen Getreidepreise und Steuern und so fort erschüttert worden ist. Die Folge ist jedoch, daß das Buch über lange Strecken hinweg wie ein umgekippter Zettelkasten wirkt, da eine unübersehbare Vielzahl von „Fällen" mehr oder minder massiven sozialen Protestes bis hin zur Revolution knapp skizziert wird. Ein roter Faden ist da nicht mehr zu finden. Wer soll das bloß alles – und zu welchem Zweck – lesen und behalten?

Ein Fazit: Die allgemeine Revolutionstheorie Tillys, seine konsequent generalisierende Revolutionsgeschichte scheitern an der Komplexität der historischen Realität. Daraus ist unabweisbar eine Folgerung zu ziehen: Nur konsequent historische Revolutionstheorien können der unterschiedlichen Wirklichkeit der niederländischen und englischen, der französischen und russischen Revolution, der Aufstände, Revolten und Erhebungen gerecht werden. Frühneuzeitliche Revolutionen bleiben eben durch und durch etwas anderes als die kommunistischen Revolutionen des 20. Jahrhunderts. Schon deshalb sollte auch Tilly auf den Glauben an allgemeine „historische Gesetzmäßigkeiten" in der Revolutionsgenese verzichten. Wie es ein von ihm hochgeschätzter Autor des 19. Jahrhunderts ausgedrückt hat: „Wir kennen nur eine einzige Wissenschaft, die Wissenschaft der Geschichte", selbst ihre „abstraktesten Kategorien" besitzen „ihre Vollgültigkeit" nur innerhalb der „historischen Verhältnisse", deshalb muß „die wahre Theorie" jeweils „innerhalb konkreter Zustände", mithin aus den historischen Verhältnissen „entwickelt werden". Dixit Marx, vor hundertfünfzig Jahren.

6. Europäischer Adel im „Langen 19. Jahrhundert"

Kein Zweifel, die vergleichende Geschichte des Adels im Europa des 19. und 20. Jahrhunderts ist mehr als stiefmütterlich behandelt worden. Im Grunde gab es bisher nur den asketisch knappen Überblick von Michael Bush (1983/88) und Jerome Blum (1978). Überdies hat die Erforschung der verschiedenen Adelsformationen in den größeren europäischen Staaten dieser Zeit zu extrem unterschiedlichen Ergebnissen geführt. In Frankreich z.B. enden die wichtigsten Studien mit der noch immer dramatisierten Zäsur von 1789, über die sich nur eine Handvoll Historiker hinausgewagt hat. Im Hinblick auf Rußland sind es noch nicht einmal so viele, da sich die Totaldiskriminierung seit 1917 auch auf die Geschichtswissenschaft lähmend ausgewirkt hat. Und der moderne Adel in Preußen, Deutschland, Österreich, Italien? Er bildet weithin eine Terra Incognita, die durch gerade ein Dutzend Monographien erkundet worden ist. Die klarsten Konturen sind dagegen durch die intensive Adelsforschung in England geschaffen worden – ein Spiegelbild der historischen Bedeutung, welche die Aristokratie und Gentry dort jahrhundertelang besessen haben. Im Grunde aber bleibt es noch immer eine außerordentlich irritierende Rückständigkeit, daß über die Geschichte einer tausendjährigen Machtelite mit ihren variationsreichen, länderspezifischen Ausprägungen während des „Langen 19. Jahrhunderts" von 1789 bis 1914 und des „Kurzen 20. Jahrhunderts" von 1914 bis 1991 so wenige gesicherte Kenntnisse vorliegen.

Deshalb bedeutete es einen großen Schritt nach vorn, als der englische Osteuropahistoriker Dominic Lieven 1992 die mit Abstand beste vergleichende Analyse des englischen, russischen und deutschen Adels im 19. Jahrhundert vorlegte; sie ist jetzt endlich in deutscher Übersetzung erschienen.[1] Aus einer baltendeutschen Adelsfamilie stammend, die im Zarenreich keine unbedeutende Rolle gespielt hat, in England als Rußlandexperte ausgebildet, besitzt Lieven nicht nur die seltene Kompetenz, sich in der den allermeisten Historikern unbekannten

Welt des russischen Adels mit Sicherheit zu bewegen. Vielmehr bringt er auch ein diszipliniertes persönliches Vorverständnis für diese längst untergegangene herrschende Klasse mit. Beim englischen Adel kann er sich auf einem sicheren Terrain bewegen, und die schmale Literatur über die deutschen Edelleute hat er sich unschwer angeeignet.

Das Ergebnis ist ein gelungenes Beispiel komparativer Geschichtsschreibung: Die Gemeinsamkeiten und die Unterschiede der verschiedenartigen Adelsklassen werden gleichgewichtig herausgearbeitet; einige einleuchtende Sachgesichtspunkte strukturieren den Text; das Urteil ist verständnisvoll, gleichwohl nicht unkritisch, gegen Verdammung wie Apologetik gleichermaßen auf das Herausarbeiten des historischen Kontextes, der Konstellationsabhängigkeit bedacht. Darüber hinaus ist das Buch frei von jedem überflüssigen Jargon, in unverschnörkeltem Stil geschrieben, kurzum: eine respektheischende Synthese, die sich gewöhnlich an der vordersten Linie der Forschung bewegt. Zu Beginn des 19. Jahrhunderts sah sich der Adel, davon geht auch Lieven aus, mit einer dreifachen Herausforderung konfrontiert: mit dem inneren Staatsbildungsprozeß, den der allmählich bürokratisierte Zentralstaat unaufhaltsam gegen die ehemals autonomen Adelsherren vorantrieb, mit der Durchsetzungskraft des Industriekapitalismus und mit dem allgegenwärtigen Einfluß der Aufklärung, des wissenschaftlichen Rationalismus, der „Ideen von 1789“. Vereint haben diese drei historischen Potenzen den Niedergang des Adels überall besiegelt, obwohl die machtbewußte Herrschaftselite zu einem langgedehnten Defensivkampf, auch zu mancher erstaunlichen Transformation imstande war. Bleibt man bei der von Lieven bevorzugten Denkfigur von „Challenge“ und „Response“, erwies sich nach einer qualvollen Agonie die „Herausforderung“ als übermächtig, die „Antwort“ des Adels mündete in sein Scheitern.

Innerhalb dieses weiten Rahmens erörtert der Verfasser mit bestechender Sachkunde fünf zentrale Dimensionen der adligen Lebenswelt. An erster Stelle schildert er ihre materielle Basis, das Einkommen aus Landwirtschaft und Forsten, aus städtischem Immobilienbesitz, aus industrieller Aktivität. Trotz aller klassenspezifischen Aversionen, die bei der Verteidigung seiner ökonomischen Grundlagen zutage traten, zeigte das Wirtschaftsverhalten des Hoch- und Niederadels vielfach doch eine bemerkenswerte Bereitschaft und Fähigkeit zur Anpassung an den Agrarkapitalismus, an die Urbanisierung, an den Siegeszug der Fabriken und Bergwerke.

„Lebensstil und Mentalität", dann „Erziehung und Bildung" behandelt Lieven in zwei getrennten Kapiteln, die seine intime Vertrautheit mit diesen teilweise bizarren Aspekten des uns ferngerückten Adels zeigen. Ihn hat der Schriftsteller Heinrich Laube bereits 1833 mit einem exotischen Indianerstamm verglichen, der bald nur noch als naturhistorische Merkwürdigkeit klassifiziert werden könne. An Verständnisbereitschaft fehlt es dem Autor nicht. Aber seine Vorstellungen von der Sozialisation und dem Habitus des Adligen sind merkwürdig eng.

Der prägende Einfluß der Familie etwa, den Heinz Reif in seiner Pionierstudie über den westfälischen Adel (1979) mustergültig herausgearbeitet hat, bleibt ebenso blaß wie die Einwirkung von Schule oder Privatlehrer, von Kadettenanstalt oder Universität, von Offizierkorps und Hofleben. Überhaupt kommt die Sozialisation durch die privilegierten Adelsberufe selber zu kurz. Und die neue Debatte über die Renaissance der Kulturgeschichte hat Lieven nicht dazu verlockt, die immense Bedeutung der Symbolik und des Rituals auch und gerade für den Adel genauer zu untersuchen. Dabei beruhte etwa die Herrenstellung des Adels in seinen ländlichen Machtzentren keineswegs allein auf Repression und ökonomischer Überlegenheit, sondern weithin auf der klugen Handhabung symbolischer Politik, in deren Tradition und Technik er von Kind auf eingeführt wurde. Nicht einmal das archaische Ritual des Duells, dessen deutsche Variante Ute Frevert (1991) eindringlicher als zuvor erschlossen hat, wird ausführlich behandelt, wie überhaupt der spätfeudalistische Ehrenkodex namentlich des preußischen und russischen Adels eigentümlich unterbelichtet bleibt.

In diesem Zusammenhang hätte man auch eine abwägende Stellungnahme zu der strittigen Problematik der „Feudalisierung" des Bürgertums erwartet. So sehr diese auch inzwischen mit triftigen empirischen Gründen für Deutschland in Frage gestellt worden ist, wäre doch die Kontroverse Anlaß genug gewesen, das gemeineuropäische Phänomen der „Aristokratisierung" der oberen städtischen Bürgerklassen seit der Frühen Neuzeit ins Auge zu fassen, um dem Leser ihre Fixierung auf das attraktive Vorbild der Adelseliten zu erläutern.

Im vierten Teil über die Rolle des Adels im Militär durchmißt Lieven vertrautes Gelände. Trotzdem läßt er sich die ganz und gar unvorhersehbare Aufwertung entgehen, die der deutsche Adel aufgrund der drei siegreichen Kriege zwischen 1864 und 1871 erlebte. Nach einer langlebigen Abstiegsphase wurde erst dadurch seine Stellung an der Spitze der gesellschaftlichen Hierarchie wider Erwarten noch einmal bestätigt. Gewissermaßen entgegen dem Langzeittrend genoß er eine artifizielle Lebensverlängerung mit fatalen Folgen nicht nur für die Reichsdeutschen. Erst diese drei Kriegserfolge haben auch die Grundlage für den neuen Militarismus des Kaiserreichs und die Sonderstellung des Adels in ihm gelegt. Anfechtbar bleibt auch Lievens Urteil über die Rolle des Adels in der Politik. Zählebig verteidigte er überall seine Bastion, traditionsbewußt und machterfahren. Ob aber der russische Adel eine so wohlwollende Bilanz verdient, wie sie hier für ihn gezogen wird, vermag ich nicht zu überprüfen. Den englischen Adel, gleich ob die geschlossene Aristokratie der obersten vierhundert Familienclans oder die sozial weit geöffnete Gentry, beurteilt Lieven, wie es einem fest etablierten Konsens entspricht, rundum positiv. In der Tat nötigt seine Fähigkeit zur pragmatischen Anpassung an neue wirtschaftliche und politische Bedingungen, sein souveränes Krisenmanagement an der Spitze eines Weltreiches Respekt ab. Häufig wird aber unterschätzt, daß sein Verzicht auf die totale Reformblockade auch ein Ergebnis starken Drucks oder doch der Furcht davor war: der Furcht vor einem neuen Bürgerkrieg, vor einem englischen Jakobinertum, vor der Massenbewegung des Chartismus, vor dem neuen

Liberalismus. Dennoch, die weltkluge Konzessionsbereitschaft besticht gerade im Vergleich. Hat aber nicht auch die lange Vorherrschaft des Adels die tiefen Gräben der sozialen Ungleichheit in England maßgeblich mitgeschaffen und die klassengesellschaftlichen Gegensätze bis heute überformt?

Daß der deutsche „Sonderweg“ in den Nationalsozialismus in hohem Maße vom preußischen Adel beeinflußt worden ist, will Lieven nicht einleuchten. „Naive Historiker“ seien, wird der apologetische Grundton plötzlich schrill, geradezu „besessen“ von dieser „Anklage“. Tatsächlich hat sich jedoch der preußische Adel bis 1918 als unbelehrbar erwiesen, die längst überfälligen politischen Reformen hinzunehmen. Das Risiko eines „heißen Krieges“ ist 1914 von maßgeblichen adligen Konservativen bewußt übernommen worden, um dank des erhofften Sieges die Immobilität des inneren Status quo weiter verteidigen zu können. Durch die Niederlage, den Zusammenbruch der Monarchie, die verhaßte Republik tief traumatisiert, haben seine Repräsentanten zu jener informellen konservativen Allianz gehört, die Hitler als Steigbügelhalter diente, um mit Hilfe des grandios unterschätzten, angeblich zähmbaren „großen Trommlers“ die anstehenden Probleme autoritär zu lösen. Fraglos gibt es ein breites Geflecht von Bedingungen und Ursachen, um den deutschen Absturz in die Barbarei zu erklären. Aber was „causa“ und „culpa“, was historische Ursache und historische Schuld angeht, hat keine soziale Klasse mit derart strategischen Positionen im politischen Entscheidungsprozeß siebzig Jahre lang so versagt wie der preußische Adel. Auch das lehrt der Vergleich, mit dem Lieven sonst so vorzüglich umzugehen versteht.

II.

7. „Deutscher Sonderweg" oder allgemeine Probleme des westlichen Kapitalismus?

Vor dem Ersten Weltkrieg war die selbstbewußte Vorstellung von einer preußisch-deutschen Sonderstellung im System der europäischen Staaten in der Öffentlichkeit, insbesondere unter der akademischen Intelligenz, weit verbreitet. Ein berühmter Nationalökonom wie Gustav Schmoller stimmte mit einem angesehenen Verfassungshistoriker wie Otto Hintze und vielen anderen darin überein, daß die starke Monarchie mit ihrer Militärmacht und Bürokratie, ihrem Bildungswesen und Industrialisierungserfolg den westlichen parlamentarisch-demokratischen Staaten überlegen sei – und bleiben werde. Dieses Superioritätsgefühl hat sich in den Kriegsjahren nach 1914 verhärtet (am deutschen Wesen sollte alle Welt genesen), seine tiefe Verletzung durch die Niederlage wurde bald vom neuen Rechtsradikalismus der zwanziger Jahre ausgenutzt, und das NS-Regime hat die ältere dünkelhafte Neigung zur Sendungsideologie einer arisch-deutschen Herrenrasse maßlos übersteigert.

Nach 1945 hat sich demgegenüber aus guten Gründen eine negativ besetzte Vorstellung vom „deutschen Sonderweg" ziemlich schnell ausgebreitet. Unter dieser Abkürzung wurde jetzt im Aus- und Inland der Versuch verstanden, aus bestimmten Traditionen und Ursachenkomplexen der neueren deutschen Geschichte die Bedingungen der Möglichkeit des verhängnisvollen Absturzes in die Katastrophe des Nationalsozialismus herzuleiten. Diese Kritik ging von der Grundtatsache aus, daß zwar in Deutschland, doch in keinem anderen der hochentwickelten Industrieländer der Zwischenkriegszeit der Nationalsozialismus als hochradikalisierte Form des gemeineuropäischen Rechtsradikalismus, des Faschismus, eine Diktatur errichten konnte, die ihre Herrschaftsziele, ihre Lebensraumutopie und ihre rassistische Vernichtungspolitik in einem zweiten Weltkrieg, wo immer möglich, verwirklicht hat. Wurde diese Denkfigur eines „deutschen Sonderwegs“ in den Abgrund akzeptiert, lenkte sie notwendig auf die aus der Vergangenheit stammenden Belastungen zurück: auf die Bürde der Weimarer Republik, des Kaiserreichs, des 19. Jahrhunderts.

Die Forschung ist diesem Sog im Krebsgang gefolgt. Sie hat die Wirkungen der gescheiterten 1848er Revolution und von Bismarcks dreißigjährigem autoritären Regime, die Schwäche der Parteien und des parlamentarischen Systems, die Stärke der alten Machteliten der Großagrarier, der Bürokratie und des Militärs, den Einfluß traditionaler Werte und Normen auch noch in einer Zeit, welche durch die rapide ökonomische Modernisierung Deutschlands gekennzeichnet ist, herausgearbeitet. Gerade in diesem Aufeinandertreffen von traditionalen Elementen und einem rasanten wirtschaftlichen Fortschritt mit gravierenden soziopolitischen Folgen, in den offenen Konflikten und der spannungsreichen Koexistenz von Altem und Neuem hat sie das brisante Gemisch zu bestimmen versucht, das zusammen mit den unmittelbaren Folgen des Ersten Weltkriegs und der Weltwirtschaftskrise den Aufstieg und Sieg des Nationalsozialismus mit all seinen Konsequenzen ermöglicht hat. Schließlich war es ja die aus Angehörigen der alten Eliten bestehende konservative Allianz, die – wie zehn Jahre vorher in Italien für Mussolini – im Winter 1932/1933 als Steigbügelhalter für Hitler fungierte und für die Illusion der Zähmungstaktik verantwortlich war. Nicht jedoch war es in erster Linie, wie eine Legende es wahrhaben will, „die“ Industrie oder „der“ Kapitalismus, obschon kein ernst zu nehmender Wissenschaftler den wichtigen Kausalnexus, der zwischen der Depression und dem Aufstieg der NSDAP zur Massenbewegung besteht, je geleugnet hat.

Es ist unbestritten, daß für die Beurteilung des „deutschen Sonderwegs“ die Entwicklung Englands, Westeuropas, Amerikas als positiver Vergleichsmaßstab gedient hat. Von ihrem, wie es schien, glücklicher verlaufenen „Normalweg“ in die moderne Welt war Deutschland abgewichen. Der Vorwurf einer gewissen Idealisierung dieser Vorbilder ist berechtigt, wenn es auch, politisch und psychologisch gesehen, verständlich war, daß nach zwei verlorenen totalen Kriegen und der Barbarei des NS-Regimes in einer über die deutsche Vergangenheit kritisch urteilenden Generation das Bedürfnis stark ausgeprägt war, überlegene bzw. vergleichbare „Bezugsgesellschaften“ für die eigene Orientierung und die Fundierung des historischen Urteils anzuerkennen. Die methodische Fragwürdigkeit einer „westlichen Normalität“ ist jedoch inzwischen längst erkannt. Man hat deshalb versucht, sie z.B. durch den Vergleich zwischen „Pionierländern“ (wie England), die im Bewußtsein der Zeitgenossen den ökonomischen und politischen Fortschritt verkörperten, und „relativ rückständigen Nachfolgeländern“ (wie Deutschland) zu korrigieren, die zum Teil mit neuen Methoden den westlichen Vorsprung einzuholen sich anstrengten. Oder aber man hat, gemäß der Forderung Max Webers, die Grundlage der eigenen Werturteile – den liberal-demokratischen Verfassungs- und Rechtsstaat etwa oder die sozialstaatliche Massendemokratie – als normatives Ideal explizit zur Debatte gestellt und die historische Wirklichkeit daran gemessen, wie eng sie sich ihm angenähert hatte oder welches Defizit sie weiterhin aufwies.

In diese Debatte über den „deutschen Sonderweg“, die sich wie ein roter Faden durch die nunmehr dreißig Jahre lang anhaltenden Kontroversen ausländischer wie westdeutscher Geschichts- und Sozialwissenschaftler hindurchzieht, haben sich jetzt zwei junge englische Historiker eingeschaltet.[1] Für dieselbe Problematik hat sich auch ein amerikanischer Politikwissenschaftler interessiert, dessen Buch „The German Question Reconsidered“ endlich ins Deutsche übersetzt worden ist.[2]

Blackbourns Essay unter der Rankes berühmtes Diktum ironisierenden Überschrift „Wie es eigentlich nicht gewesen“ trägt die Kritik an der angeblichen Mythologie vom „deutschen Sonderweg“ am gescheitesten vor; er löst eine produktive Reaktion aus, denn seine Überlegungen erzwingen Nachdenklichkeit, und viele seiner kritischen Einwände sind willkommen, da sie eingerastete Interpretationen in Frage stellen – kenntnisreich, abwägend, um den Vergleich bemüht. Blackbourn plädiert dafür, das Kaiserreich weder in irreführendem Reduktionismus als Spätphase eines großpreußischen Neoabsolutismus noch als Vorphase des Nationalsozialismus, sondern aus den Bedingungen seiner Zeit als historisches Gebilde aus eigenem Recht zu verstehen. Besonders der politische Einfluß und das Verhalten des Bürgertums müßten differenzierter und positiver als bisher mit Hilfe komparativer Fragen bestimmt werden. Der Fluchtpunkt von 1933 sei heutzutage zum guten Teil überlebt. Die deutsche Geschichte seit 1871 enthalte viele Optionen. Angebliche Eigentümlichkeiten würden durch den Vergleich relativiert.

Mancher Gedanke ist einem aus den Diskussionsbeiträgen westdeutscher Fachwissenschaftler vertraut, Thomas Nipperdey hat mehrfach derartige Forderungen vertreten, aber Blackbourn steuert zahlreiche neue, bedenkenswerte Ideen bei. Manches bleibt freilich auch bei ihm unscharf. Was heißt es etwa, genaugenommen, daß die neunziger Jahre des vergangenen Jahrhunderts aus ihrer eigenen Konstellation heraus zu verstehen seien? Auf das unentbehrliche genetische Prinzip kann kein Historiker verzichten, und wie weit er die treibenden Kräfte, die Richtung bestimmenden oder hemmenden Prozesse und Strukturen zurückverfolgt, wie tief er den Erfahrungshorizont der Zeitgenossen ausleuchtet, hängt ganz von seinen Interessen, seinen Kriterien und seinen Gründen ab, die dafür sprechen, die formative Phase vor den neunziger Jahren nicht zu eng zu fassen.

Völlig anders sieht es bei Eley aus. Profilierungshungrig beginnt er mit einem Rundum-Kahlschlag: Karl Dietrich Bracher, Ralf Dahrendorf, Fritz Stern, M. Rainer Lepsius, Ernst Fraenkel, Fritz Fischer, Gerhard A. Ritter, sämtliche Historiker der sogenannten „kritischen“ Geschichtswissenschaft, eine in sich wiederum sehr heterogene Gruppe von Fachwissenschaftlern vor allem der mittleren Generation, die seit längerem ihr Augenmerk auf die politische Sozialgeschichte, auf die

Wirtschafts- und Verfassungsgeschichte und insbesondere auf die deutsche Modernisierungsproblematik gerichtet hat – kurzum alle, die sich mit den deutschen Sonderbedingungen im 19. und 20. Jahrhundert im Sinne der vorn charakterisierten explosiven Mischung beschäftigt haben, sind – endlich wissen wir's – pure Tölpel, engstirnige Ideologen, ein Häuflein törichter Narren: „naiv", „formalistisch", „unredlich". Keiner von ihnen besitzt nämlich jenen Universalschlüssel zu allen dornigen Problemen der neueren deutschen Geschichte, den Gralsritter Eley bei seiner Attacke auf den „Glauben an den deutschen Sonderweg" mit unbeirrbarer Heilsgewißheit offeriert: die „Logik des Monopolkapitalismus", die „besondere Form von kapitalistischer Rationalität" in der deutschen Industrialisierung. Wer diesen öden Schematismus akzeptiert, bewegt sich allerdings schnell in jener Nacht, in der nicht nur alle Katzen (sprich: Probleme) gleich grau werden, sondern auch der Eule der Minerva die Lust zum Fliegen vergeht. Vorher baut sich Eley eilfertig einen Popanz als Gegner auf, der dann mühelos zu demolieren ist, da Eley von seiner edelmarxistischen Position aus (man nehme ein wenig Poulantzas, ein bißchen Gramsci, ein Tröpfchen Stamokap und als Prise etwas E. P. Thompson) mit der Wunderwaffe seines rigoristischen Dogmatismus die vermeintlich unreflektierte Naivität der Kritisierten mühelos aufzuspießen vermag.

Ihre Hauptsünde besteht ihm zufolge darin, daß insbesondere die „kritischen" Historiker, die in der Tat jeder Art von Dogmatismus skeptisch gegenüberstehen, in ihrem berechtigten Wunsch nach Kooperation mit den benachbarten Humanwissenschaften der „Weisheit der Sozialwissenschaften", dem „Vokabular der liberalen" und das heißt: der „orthodoxen Politikwissenschaft", also – Altvater Karl sei's geklagt – der „nichtmarxistischen Soziologie" mit ihrer „akademischen Rhetorik von ‚Demokratisierung' und ‚sozialer Emanzipation'" aufgesessen sind. Das ist natürlich für jemand, der offenbar mit einem erklecklichen Fundus ewig besserwisserischer Arroganz ausgestattet ist und auf die kläglichen intellektuellen Anstrengungen in den ehemaligen amerikanischen

Kolonien herabsieht, ein unverzeihlicher Fehltritt. Dafür werden ihnen dann auch ordentlich die Leviten gelesen.

Im Eifer des Gefechts bleibt die Argumentationsbasis jedoch oft zu schmal, und krasse Fehlurteile gibt es zuhauf. Von den geringen Leistungen der ersten Sozialversicherungsgesetze der achtziger Jahre des vorigen Jahrhunderts z.B. hat Eley offenbar keine Ahnung. Auch geht ihm jedes Verständnis für den Einfluß soziokultureller Faktoren ab, etwa für die alte paternalistische „Herr-im-Haus"-Ideologie der Gestaltung und Legitimierung sozialer Beziehungen im Betrieb, wo nicht nur nackte Kapitalisten regierten. Stadtbürgertum, Bürgerliche und Bourgeoisie kann er nicht auseinanderhalten. Von der westdeutschen Geschichtswissenschaft zeichnet er ein völlig verzerrtes Bild: Angeblich herrschen dort Idealismus (Bewußtseinsgeschichte) und Vulgärmaterialismus zugleich. Eine „neue Orthodoxie" schwingt ihr Zepter, obwohl es sich tatsächlich um eine kleine, aber rege Minderheit handelt, die Eley im Auge hat. Offenbar haben wir die Berufswelt der Historiker bisher völlig falsch wahrgenommen, oder trägt Eley eine Brille aus „Alices Wunderland"? Bismarcks militärische „Revolution von oben" zwischen 1864 und 1871 war, erfahren wir jetzt, in Wirklichkeit eine „bürgerliche Revolution", welche die „Vorherrschaft der Bourgeoisie" sicherstellte. Den Durchbruch der deutschen Industriellen Revolution, bestechende Erfolge der Liberalen, ihre grundlegenden Gesetzeswerke, welche in den sechziger und siebziger Jahren des 19. Jahrhunderts Grundpfeiler der bürgerlich- kapitalistischen Entwicklung geschaffen haben, wird kaum jemand bestreiten. Aber war das auf dem Höhepunkt Bismarckscher Autorität wirklich die „politische Hegemonie" des Bürgertums? In plattem Funktionalismus wird die Reichsgründung als Ergebnis einer folgsamen Politik, die unter dem Imperativ „kapitalistischer Interessen" gestanden habe, gründlich mißverstanden. Selbst die DDR-Historiographie spricht zunehmend von einer „bürgerlichen Umwälzung" in Deutschland und räumt diesem Prozeß immerhin die hundert Jahre nach 1789 ein!

Hoffentlich verstellt sich Eley mit seinem Mythos von der Vormacht der inneren „Logik des Monopolkapitalismus“ nicht noch länger den Blick auf die realhistorischen Probleme der modernen deutschen Geschichte. Anlaß zu dieser Hoffnung ist gegeben, denn auch er formuliert, das sollte trotz seiner linken Illiberalität nicht übersehen werden, einige Einwände, die es unbedingt zu diskutieren lohnt: Er kritisiert, wie Blackbourn, das Verhältnis von idealisierter westlicher Geschichte und deutscher „Fehlentwicklung“; er stellt die Gleichung von Bürgertum gleich politisch siegreichem Liberalismus in Frage; er bestreitet zu Recht die Sachangemessenheit des Konzepts der „bürgerlichen Revolution“; er nimmt den Vergleich, vor allem mit der englischen Geschichte, ernst und läßt sich konkret darauf ein. Hier muß die Diskussion sicher weiter vorangetrieben werden.[3]

Im Vergleich mit den beiden englischen Historikern, die soeben (1980) auch bemerkenswerte Bücher zur deutschen Geschichte veröffentlicht haben (Blackbourn über das württembergische Zentrum, Eley über die Kampfverbände der „Neuen Rechten“ vor 1914) und daher mit Sachkunde, wenn auch mit unterschiedlicher Überzeugungskraft, argumentieren können, mutet Calleos Überblick, der im Geschwindschritt einherkommt, eher wie ein auf Verblüffungseffekte bedachtes Geplänkel in seichtem Wasser an. Durchweg aus zweiter oder dritter Hand gearbeitet, stellt sein Buch zwar einige erstarrte Klischeevorstellungen mit erfrischender Verve in Frage. Leser mit apologetischem Bedürfnis werden nach der Lektüre wohlige Zufriedenheit verspüren (die anderen waren auch keinen Deut besser – mit diesem beabsichtigten oder ungewollten Effekt muß jeder unpräzise Vergleich rechnen). Allenthalben fehlt es jedoch an genaueren Kenntnissen, auch der wissenschaftlichen Streitfragen, und die Umwandlung aller erörterten deutschen Fragen in gemeineuropäische Phänomene führt zu einer Problemnivellierung, die das noch immer Erklärungsbedürftige nicht mehr erkennen läßt.

Predigt Eley den „kritischen“ Historikern, deren eher weberianische oder offen eklektizistische Haltung ihm ein Greuel ist, das Evangelium seines „marxistischen Ansatzes“, erscheint dieselbe Gruppe bei Calleo, der sich von den der CDU nahestehenden, eher konservativen Kölner Sozialwissenschaftlern Hans-Peter Schwarz und Andreas Hillgruber (laut Vorwort) hat „informieren“ lassen, als „Schule mit ausgeprägter marxistischer Überzeugung“ wieder.

Da könnte nun die Verwirrung darüber, wer Recht besitzt, groß sein. Immerhin zwingen die Folgen des Meinungspluralismus (oder, wie ich glaube, fehlender Sachkenntnis) den geneigten Leser dazu, sich selber ein Urteil zu bilden, wenn die Experten so diametral entgegengesetzte Auffassungen verkünden.

Schwächen in der Argumentation der drei Autoren ändern gleichwohl nichts daran, daß die Frage nach dem „deutschen Sonderweg“ weiterhin ein diskussionsbedürftiges Thema bleibt, zu dem sich einige allgemeine Überlegungen lohnen.

Nicht nur Sozial- und Wirtschaftshistoriker teilen heutzutage die Überzeugung, daß die Entfaltung des deutschen Industriekapitalismus, die Veränderungen der Sozialstruktur und die Einflüsse dieser Prozesse auf die Politik angemessen analysiert werden müssen. Gerade weil seit zwanzig Jahren soviel Gewicht auf die Klärung dieser Fragen gelegt wird, wollen ja die Vorwürfe der orthodoxen Politikhistoriker gegen eine derartige Betonung der sozioökonomischen Faktoren nicht verstummen. Heute zu postulieren, daß die „kontinuierlich wirkende Alltagsmacht“ (Max Weber) des Industriekapitalismus endlich ernst zu nehmen sei, heißt auch in der Bundesrepublik Eulen nach Athen tragen. Daß ihm dagegen ständig die absolute Vorrangigkeit einzuräumen sei, wird, da die Forderung der Glaubensbereitschaft Argumente nicht ersetzen kann, stets auf begründete Kritik stoßen.

Es steht weiterhin außer Frage, daß mit wachsender zeitlicher Distanz zum Nationalsozialismus vergleichende Untersuchungen als immer dringlicher empfunden werden. Auch besteht Einigkeit darüber, daß Historiker und Sozialwissenschaftler die vergleichende Analyse schon deshalb brauchen, um präziser als bisher entscheiden zu können, welche Gemeinsamkeiten die westliche Entwicklung, etwa im 19. und 20. Jahrhundert, charakterisieren oder ob nationalhistorische Unterschiede die ausschlaggebende Rolle spielen. Betont man auf der Linie des älteren Historismus primär diese Unterschiede, wird das Individualitätsprinzip leicht ad absurdum geführt. Unterstreicht man nur die gemeinsamen Elemente, verliert man ebenso leicht die Tatsache aus dem Auge, daß es doch häufig die spezifischen Konstellationen sind, die besonders der Erklärung bedürfen. Selbstverständlich hängt hierbei viel von der Wahl der Perspektive ab: Der innereuropäische Vergleich lenkt den Blick eher auf die Unterschiede; wählt man die Vogelperspektive eines universalhistorischen Vergleichs zwischen okzidentalem und chinesischem Kulturkreis, rücken die europäischen Staaten mit ihren gemeinsamen Eigenarten eng aneinander.

Das eigentliche Problem der wissenschaftlichen Praxis besteht indessen nicht darin, sich entweder ausschließlich für transnationale oder nur für nationalgeschichtliche Phänomene zu entscheiden, sondern überzeugend nachzuweisen, welches größere oder geringere Maß an Einfluß die grenzübergreifenden Gemeinsamkeiten oder aber nationale Unterschiede im historischen Prozeß besessen haben oder noch immer besitzen.

Eine weitere schwierige Frage wird dadurch aufgeworfen, ob man binnennationalen Unterschieden, also Eigenarten der historischen Landschaften, Regionen, Städte zusätzlich gerecht werden kann, spielen doch auch und gerade in der deutschen Geschichte Ostelbien, der Südwesten, die Hansestädte ihre je eigene Rolle. Außerdem hat eine komparative Geschichte, die diesen Namen wirklich verdient, selbstredend genau zu prüfen, wie groß die Unterschiede zwischen den westlichen Ländern waren, ob also England, Frankreich, Belgien, die Vereinigten Staaten usw. nicht auch auf manchen Gebieten ihren „Sonderweg“ gingen. Und nicht zuletzt bleibt zu präzisieren, auf welche unterschiedliche Weise sich Deutschland von jedem dieser Länder unterschied oder charakteristische Züge mit ihnen teilte.

Das von Eley so harsch kritisierte Fähnlein der Mythenerzähler hat die prägende Kraft gemeinsamer westlicher Erfahrungen (wie Staatsbildung, Industrialisierung, Imperialismus, Interessenorganisation, Bürokratisierung) keineswegs geleugnet, sondern sich vielmehr auch mit außerdeutscher Geschichte intensiv beschäftigt und wie wenige andere die Maxime der vergleichenden Argumentation beherzigt, ohne den deutschen Sonderbedingungen ihr besonderes Gewicht abzusprechen. Daß vor allem die folgenreichen Eigentümlichkeiten der modernen deutschen Geschichte, und zwar sowohl die positiven als auch die negativen, mit Hilfe der deutschen Spezifika befriedigender erklärt werden können, ja müssen, als das primär mit dem Rückgriff auf gemeineuropäische Erscheinungen möglich ist, soll hier noch einmal dezidiert verfochten werden. Einige Beispiele mögen diese These illustrieren.

1. Wenn die deutsche Universität und Wissenschaft im 19. Jahrhundert zum weltweit anerkannten Vorbild wurde, lag das primär nicht an der überall vorhandenen europäischen Institution der Universität und derselben Art des rationalen Denkens. Ausschlaggebend waren vielmehr folgende Faktorenbündel: Das dezentralisierte, breit gefächerte System von rund vier Dutzend deutschen Universitäten förderte einen lebhaften Wettbewerb, bot Ausweichmöglichkeiten für umstrittene Gelehrte und sorgte damit zugleich für die schnelle Ausbreitung von Innovationen – im krassen Gegensatz zu den beiden englischen Universitäten, die fast bis 1900 in dumpfer Orthodoxie erstarrt dalagen, während intellektuelles Leben nur an den von der Aufklärung bestimmten schottischen Universitäten herrschte. Die deutschen Universitäten waren ein Ergebnis der „Fürstenrevolution" im Reformationszeitalter, als erst die protestantischen, dann die katholischen Landesherren ihre akademisch geschulten Juristen und Theologen jeweils auf eigenen Hochschulen heranbilden ließen. Die protestantische Lese- und Schriftkultur, die aus der Pflicht zur Lektüre der Heiligen Schrift hervorging, verschaffte den evangelischen Universitäten einen gewaltigen Vorsprung – von 400 Jahren, übertrieb der große D'Alembert nach einer Deutschlandreise. Und das vom Neuhumanismus geprägte protestantische Bildungsbürgertum, das in dieser Form nur im deutschsprachigen

Mitteleuropa vorkommt, bildete das unerschöpfliche soziale Reservoir, aus welchem die nach Göttingens Vorbild reformierten Universitäten des 19. Jahrhunderts den auf Gelehrtenkarriere eingestellten Nachwuchs für alle Wissenschaftsdisziplinen rekrutieren konnten.

2. Mit der Annahme, daß fortschreitende Bürokratisierung ein in allen modernen Gesellschaften, unabhängig vom Charakter ihres politischen Regimes, systemneutral fortschreitender Prozeß sei, hat Weber sicher recht behalten. In den deutschen Staaten hat sich bekanntlich eine bürokratische Verwaltung mit all ihren Vorzügen und Nachteilen frühzeitig und zählebig herausgebildet. Wer z.B. nach längerem Aufenthalt in den Vereinigten Staaten in die Bundesrepublik zurückkehrt, erlebt aufs neue einiges von der Realität eines Beamtenstaats. Die Kritik an ihm: an dem obrigkeitlich-herablassenden Regieren vom grünen Tisch, an der skrupellosen politischen Anpassungskunst, an dem Dünkel bürgerferner Planung usw., diese Kritik hat, zumal aus englischer und amerikanischer Perspektive, seit langem leichtes Spiel gehabt. Zugleich haben aber die tiefverwurzelten Traditionen einer aktiven Bürokratie auch einen Vorsprung für den Ausbau des – unvermeidbar bürokratisierten – Sozialstaats in der Bundesrepublik bedeutet. Das Fehlen bürokratischer Tradition andrerseits erklärt nicht wenig von der amerikanischen Verspätung im Bereich der staatlichen Sozialpolitik – immerhin fünfzig Jahre, wenn man bis zu Roosevelts „New Deal“, sogar achtzig Jahre, wenn man bis zu Johnsons Reformgesetzgebung rechnet.

Vielleicht war das Modell der deutschen Verwaltung auch ein Vorteil für die Ausbildung der Einheitsgewerkschaften, die durch die erzwungene Anpassung an die bürokratisierte Gegenmacht der Unternehmer und des Staates eine effektivere Organisation und ein weit dichter gewebtes Sozialrecht als etwa in England erreicht haben.

3. Wer den Konflikt zwischen Kapital und Arbeit für einen wichtigen Gegenstand geschichtswissenschaftlicher Forschung hält, trifft in der deutschen Geschichte auf die folgenschwere Trennung von früher Arbeiterbewegung und Liberalismus in

den sechziger Jahren des vorigen Jahrhunderts. Das sehen auch Blackbourn und Eley sehr deutlich. Beide Bewegungen gingen lange Zeit getrennte Wege, denn eine sozial-liberale Koalition kam weder bis 1912 noch dauerhaft nach 1919, sondern erst hundert Jahre nach dieser Weggabelung zustande. Deutsche Sozialdemokratie und deutscher politischer Liberalismus sind durch die Entscheidungen der sechziger Jahre des vorigen Jahrhunderts auf eine sehr spezifische Weise anhaltend beeinflußt worden, während es in England den Liberalen und Konservativen gelang, einen Großteil der Arbeiterwähler bis 1906, ja weit darüber hinaus bis hin zum gegenwärtigen proletarischen Tory-Wähler, an sich zu binden. Erst danach mußten sie einen wachsenden Anteil an die neue Labour Party abtreten. Und in den Vereinigten Staaten hat es niemals eine sozialistische Arbeiterpartei gegeben, die zu einem Konkurrenten der Demokraten und Republikaner hätte werden können.

4. Bei den deutschen, englischen, französischen, amerikanischen Angestellten wiederum hat das ihnen unbestreitbare Gemeinsame – nämlich daß die Funktionsdifferenzierung moderner Unternehmen und Dienstleistungsbetriebe ein wachsendes Verwaltungspersonal und spezifische Arbeitnehmerleistungen erfordert – ein gleichartiges politisches Verhalten und Bewußtsein keineswegs hervorgebracht; vielmehr haben unterschiedliche soziopolitische und soziokulturelle Traditionen ihrer Länder – in Deutschland gehörte dazu vor allem die frühe Fixierung auf das Leitbild des angesehenen, sichergestellten Staatsbeamten – zahlreiche deutsche Angestellte als Teil des „neuen Mittelstandes" dem Nationalsozialismus in die Arme getrieben, während die amerikanischen Angestellten trotz der Belastungen der Weltwirtschaftskrise für die systemstabilisierende Reformpolitik der Demokraten votierten.

5. Der Nationalsozialismus, Crux und Angelpunkt aller Debatten über den „deutschen Sonderweg", kann, da er in Deutschland als einzigem fortgeschrittenen Industrieland gesiegt und sich nach sechs Friedensjahren auch noch sechs Kriegsjahre lang als Radikalfaschismus behauptet hat, eben nicht – simpelste aller logischen Überlegungen – in erster Linie

aus gemeinsamen Problemen des westlichen Industriekapitalismus abgeleitet werden, da auf den Druck der überall pressierenden „Großen Krise“ mit dem „New Deal“ F. D. Roosevelts, dem weiterfunktionierenden Parlamentarismus Großbritanniens oder der Volksfront Leon Blums reagiert werden konnte, während der Weg in die NS-Diktatur ohne die spezifischen, in den anderen Ländern in dieser Konfiguration nicht vorhandenen Bedingungen der deutschen Geschichte nicht einmal ansatzweise erklärt werden kann.

Keine einzige der allgemeinen Faschismustheorien vermag die beispiellose Radikalität des Nationalsozialismus angemessen zu erfassen. Gerade die außergewöhnliche Sprengkraft und Barbarei, die ihn kennzeichnen, fallen in der Regel durch das Sieb einer nur generalisierenden Definition hindurch. Gewiß war der Nationalsozialismus auch Teil jenes Rechtsradikalismus der Zwischenkriegszeit, den wir wegen gewisser gemeinsamer Züge und mangels eines besseren Begriffs weiter Faschismus nennen. Aber alle historisch entscheidenden Charakteristika des Nationalsozialismus zeigen gewissermaßen einen Überschuß an Zerstörungskraft, dem die ausschließlich verallgemeinernde Begriffsbestimmung nicht gerecht wird. Max Horkheimer sprach 1939 eine Teilwahrheit aus, als er forderte, daß vom Faschismus schweigen solle, wer nicht vom Kapitalismus reden wolle. Schweigen soll aber auch, wer beim Nationalsozialismus nicht von den vorindustriellen Traditionen, dem Defizit an Bürgerlichkeit und parlamentarisch-politischer Macht des Bürgertums reden will.

6. Auch die „Ultrastabilität“ der Bundesrepublik in ihren ersten dreißig Jahren, in denen sie von lang anhaltenden internationalen Konjunkturphasen zweifellos begünstigt worden ist, kann nicht aus den Gemeinsamkeiten der Serie westeuropäischer „Wirtschaftswunder“ hergeleitet, sondern nur mit Hilfe jenes Kranzes von Bedingungen erklärt werden, die man auf die Kurzform bringen kann, daß Auswirkungen des Nationalsozialismus und der Nachkriegsjahre einen Großteil der traditionellen Belastungen für ein neues Experiment mit einer deutschen Demokratie beseitigt haben. Bonn ist auch deshalb

nicht Weimar, weil der Einfluß der alten Machteliten der Großagrarier und Militärs gebrochen, weil der preußische Militarismus ausgelöscht (und allenfalls in irritierenden Traditionsritualen noch einmal gespenstisch aufleuchtet), weil der Konfessionskonflikt entschärft, weil das regionale Wohlstandsgefälle abgemildert ist, weil erstarrte soziale Strukturen verflüssigt worden sind usw. Diese Ergebnisse sind nicht das Verdienst einzelner, sondern um den Preis eines Weltkrieges und der anschließenden Elendsjahre zustande gekommen. Aus Gründen dieser Art besaß jedoch der zweite Anlauf, eine Demokratie auf deutschem Boden zu verankern, objektiv bessere Entwicklungschancen für eine solide Fundamentierung der Republik und ihre Funktionsfähigkeit als 1919 der Staat von Weimar.

Kurzum: Eine wirklich vergleichende Geschichts- und Sozialwissenschaft wird, soweit ich sehe, überall Zustimmung finden, obwohl und weil sie hohe Ansprüche an die Sachkompetenz, die Methoden und Theorien des Wissenschaftlers stellt. Nur diejenigen Ergebnisse, welche das scharfe Säurebad des Vergleichs, dieses einzigen, unübertrefflichen Ersatzes für das naturwissenschaftliche Experiment, überstehen, geben verläßliche Auskunft über den transnationalen oder nationalen Charakter von Problemen. Im Hinblick auf die neuere deutsche Geschichte wird jedoch gerade durch den Vergleich die empirisch bereits vielfältig bestätigte Position erneut unterstützt, daß es in erster Linie spezifisch deutsche Bedingungen, nicht jedoch die natürlich ebenfalls vorhandenen, aber weniger wirksamen westlich-gemeineuropäischen Antriebskräfte und Einrichtungen waren, die auf einen derart verstandenen „deutschen Sonderweg" geführt haben.

Zugegeben, Politik kann überall entarten, nicht nur im Hitlerreich oder im Stalinschen Rußland, sondern auch in Irland, Algerien und Vietnam. Aber Irland ist zum größten Teil selbständig, Algerien in die Unabhängigkeit entlassen, der Vietnam-Krieg letztlich dank der inneramerikanischen Opposition abgebrochen worden. Für uns aber bleibt der Stachel eines auch in universalgeschichtlicher Perspektive einzigartigen

Zerstörungswerks und damit die Frage bestehen, warum nur Deutschland einen Nationalsozialismus bis zum April 1945 ermöglicht, ertragen und mit äußerster Konsequenz praktiziert hat. Den Unterschied zu anderen Entartungsformen politischer Herrschaft kann der Vergleich niemals auflösen, wohl aber noch schärfer herausheben. Das Ergebnis wird man weiterhin, ohne Arroganz, ohne Mythenbildung, sondern nüchtern zusammenfassend, einen „deutschen Sonderweg" in der Welt des 19. und 20. Jahrhunderts, bis 1945 und vermutlich auch noch einmal in der Bundesrepublik seit 1949 nennen können.

8. Renaissance der „Geopolitik"

Die Anfänge jener Denkrichtung, die man „Geopolitik" zu nennen sich später angewöhnte, reichen bis weit in die Zeit vor dem Ersten Weltkrieg zurück. Der bedeutende britische Geograph Sir Halford McKinder z.B. hat um die Jahrhundertwende Vorstellungen popularisiert, etwa 1904 in seinem auch in Deutschland einflußreichen Aufsatz über den „geographischen Angelpunkt der Geschichte", die wesentliche Ideen der umstrittenen deutschen politischen Geographie vorwegnahmen.[1] Eine erhebliche Breitenwirkung aber gewannen Sache und Terminologie in Deutschland erst durch den Geographieprofessor Karl Ernst Haushofer (1869–1946), der von Friedrich Ratzel, dem Schweden Robert Kjellen und McKinder nachhaltig angeregt worden war, zugleich aber auch aus seinen Erfahrungen als Stabsoffizier eine eigentümliche Bilanz zog. Haushofer brachte in den zwanziger und dreißiger Jahren in zahlreichen Veröffentlichungen, seit 1924 auch in seiner „Zeitschrift für Geopolitik", den Begriff der Geopolitik weithin in Umlauf. Er verstand darunter, starren Denkschemata folgend, die „Raumgebundenheit" aller politischen Vorgänge bis hin zu einem unbeeinflußbaren Ensemble natürlicher Bedingungen, deren Primat jede Politik unterworfen blieb. Von Anfang an schwebte ihm, während er intensiv und relativ erfolgreich für seine Konzeption warb, als eigentliche Aufgabe die Politikberatung vor: Geopolitik sollte, hieß das in seiner verquollenen Sprache, zum „geographischen Gewissen des Staates“ werden. Haushofer fand frühzeitig Kontakt zum Nationalsozialismus und erlebte mit Genugtuung, daß seine Gedanken, z.B. auch seine spezifische Vorstellung vom deutschen „Lebensraum“ mit all ihren expansionistischen Konnotationen, in das wüste ideologische Konglomerat der nationalsozialistischen Zielvorstellungen und Denkfiguren aufgenommen wurden.

In Wahrheit stellte sich dieser Erfolg als Pyrrhussieg heraus. Denn als sich das NS-Regime daran machte, auch seine geopolitischen Ideen in die Wirklichkeit zu übersetzen, und in einem zweiten totalen Weltkrieg ein vom „Herzland“ Europas aus dirigiertes „großgermanisches Reich“ mit den barbarischen Methoden der Völkerwanderungszeit und zugleich den Mitteln der modernsten Technologie aufrichten wollte, scheiterte es vollständig, und damit wurden auch die kruden Ideen der Geopolitik radikal diskreditiert.[2]

Auf unabsehbare Zeit schienen ihre einseitigen Konzeptionen, ihre plakativen Begriffe, ihre skurrilen Schriften in die abgelegenen Schafte der Bibliotheken verbannt. Das gedankliche Arsenal dieser Strömung war ohnehin so dürftig bestückt gewesen, daß es keinerlei intellektuelle Attraktivität mehr auszustrahlen vermochte. Die dennoch wiederauflebende „Zeitschrift für Geopolitik“ fristete, unbeachtetes Relikt vergangenen Einflusses, in den fünfziger Jahren ein Schattendasein. Politiker und Publizisten dachten nach 1945 in den Begriffen verfeindeter ideologischer Blöcke, eines bipolaren Weltmächtesystems, vom freien Westen und totalitären Osten, schließlich vom Nord-Süd-Konflikt, nicht aber in denen der Geopolitik.

In letzter Zeit tauchen jedoch unverkennbar Begriffe der geopolitischen Denkströmung erneut auf, und auch von der Geopolitik selber wird wieder wie von einem honorigen wissenschaftlichen Konzept gesprochen. Dieser eigentümliche Vorgang ist erklärungsbedürftig. Die geographische Situation als solche erklärt, entgegen dem prinzipiellen Anspruch der Geopolitik, in aller Regel wenig genug, allein für sich genommen so gut wie gar nichts. So ist etwa die geographische Lage der deutschsprachigen Länder Mitteleuropas mit zahlreichen politischen Regimeformen und denkbar unterschiedlichen politischen Verhaltensweisen vereinbar gewesen. Im Heiligen Römischen Reich bis 1806 konnten rund 1789 Herrschaftseinheiten zusammenleben, und die archaische Gestalt dieses Reiches hat zeitweilig nicht wenig zum europäischen Frieden beigetragen. Der Deutsche Bund aus knapp vierzig Staaten und Stadtrepubliken von 1815 bis 1866, das großpreußische Kaiserreich von 1867/71 bis 1918, die Weimarer Republik, die NS-Diktatur, die beiden Nachfolgestaaten des hypertrophen „Großdeutschen Reiches" – kein anderes westliches Gebiet hat in so kurzer Zeit einen derart abrupten Wechsel der politischen Herrschaftsformen erlebt. Mit einem Primat der Geographie hat all dies nicht das Geringste zu tun. Vielmehr zeigt gerade die deutsche Geschichte eine erstaunliche Plastizität bei gleichbleibender Geographie. Von den Problemen der politischen, sozialökonomischen, kulturellen Kontinuität braucht hier nicht gehandelt zu werden, aber auch zu ihrer Diskussion trüge die Geographie, wie sie von der geopolitischen Schule verstanden wurde, kaum etwas bei.

Natürlich können Militärs von der begrenzenden oder begünstigenden Rolle geographischer Faktoren bei der Ausarbeitung oder Realisierung einer bestimmten Strategie nicht absehen: Ein Panzervorstoß ist nun einmal durch die nordosteuropäische Tiefebene, nach Osten oder Westen, leichter durchzuführen als über die Vogesen oder durch die Karpaten. Insofern läßt sich von geostrategischen Bedingungen in der Tat sprechen. Gemeinhin aber ist es eher banal als erleuchtend, unter Kennern oder ernsthaft Interessierten ausgerechnet an diesen Tatbestand zu erinnern. Die Expertendiskussion über geostrategische Probleme ist auch nicht gemeint, wenn hier von einem Wiederaufleben der Geopolitik die Rede ist. Dafür nur drei Beispiele aus einer wachsenden Anzahl von Äußerungen.

Der amerikanische Politikwissenschaftler David P. Calleo z.B. verbreitet sich in seinem Traktat über „Legende und

Wirklichkeit der deutschen Gefahr" seitenlang über die „geopolitischen" Ziele, Bedürfnisse und Fragen in Deutschland, hält „geopolitische Interessen" selbst für den Agrarprotektionismus für wesentlich und scheut nicht davor zurück, den Nationalsozialismus zum guten Teil als eine „Folge des intensiven Druckes, der von außen her auf Deutschland lastete", hinzustellen.[3] Solch eine Formulierung knüpft, bewußt oder unbewußt, sowohl an die schematischen Konstruktionen der neorankeanischen Historikerschule vor 1914 als auch an die Geopolitik an.

Wie es in der Einleitung heißt, hat Calleo sich bei seinem Projekt u.a. von dem dezidiert konservativen Kölner Historiker Andreas Hillgruber beraten lassen. Hillgruber selber hat sich seit vielen Jahren intensiv mit den geostrategischen Plänen Hitlers – als einem wesentlichen Bestandteil seines angeblichen „Stufenprogramms" – beschäftigt. Der Einfluß, den auch die Geopolitik auf diese Pläne ausgeübt hat, ist schlechterdings nicht zu übersehen; insofern muß die Analyse der Ergebnisse, zu denen das pervertierte Denken Hitlers in solchen Begriffen führte, einen breiteren Raum einnehmen. Inzwischen hat aber Hillgruber in seinem neuesten Buch über die „gescheiterte Großmacht", nämlich das Deutsche Reich von 1871 bis 1945, Begriffe der Geopolitik nicht nur referiert, sondern als analytische Kategorien selber übernommen. Da ist von „Großraumvorstellungen" die Rede, als ob Carl Schmitt höchstpersönlich dozierte. Im „Herzen Europas" ist – ganz in der Sprache McKinders und Haushofers – das Reich von 1871 geschaffen worden, ständig bedroht aufgrund seiner „geostrategischen Mittellage", die Hitlers „Großreich" in seiner Hybris sträflich mißachtete.[4]

In einer Sprache, die seit längerem eine fatale Lust am Manierismus verrät, spricht der Erlanger Historiker Michael Stürmer sogar davon, daß zur sogenannten „Conditio Borussiae" die Grundtatsache der preußischen Geschichte gehöre, „mit dem Fluch seiner Geographie beladen" ins europäische Mächtesystem eingetreten zu sein. Seither blieb es „verkeilt in der Mittellage". Soll man mit derartigen geopolitischen Metaphern über die „Flüssigkeit“ der mitteleuropäischen Staatsbildungsprozesse bis 1871 und über die politischen Handlungsspielräume, die ungeachtet der geographischen Bedingungen vorher und nachher bestanden, flugs hinweghuschen? Da sind wir dann auch bald wieder bei dem geopolitischen Glaubenssatz, daß die Zwänge der geographischen Lage und der damit zusammenhängende Druck auswärtiger Mächte der deutschen Innenpolitik ihr Gesetz gäben. Wer diese Klischees in Frage stellt und auch nach den innenpolitischen Bedingungen für die preußisch-deutsche Außenpolitik fragt, folgt keineswegs „selbstauferlegten Denkverboten“, da die „Blickrichtung auf die Mittellage Preußens und den außenpolitischen Druck“ fehle, „ohne den der innere Gegendruck“ – schon wird die alte funktionale Abhängigkeit der Innen- von der Außenpolitik wieder beschworen! – „schwer erklärbar wäre“. Vielmehr ist eine gute Portion Skepsis gegenüber solchen angeblichen geopolitischen Konstanten der preußischen „Via Dolorosa“ unverändert angebracht, und dem Problem der wechselseitigen Verschränkung von Innen-und Außenpolitik wird man mit den leeren Worthülsen der Neorankeaner und Geopolitiker ohnehin nie gerecht werden können.[5]

Um keine Mißverständnisse aufkommen zu lassen: Es geht hier nicht darum, Calleo, Hillgruber, Stürmer u.a. vorzuhalten, daß sie in die Argumentationsrichtung der alten Geopolitik voll eingeschwenkt seien. Das irritierende Problem ist vielmehr, warum in den letzten Jahren aus der Geopolitik vertraute Begriffe und Überlegungen wieder in die Sprache der Wissenschaft und Publizistik eindringen.

In der Bundesrepublik scheint, ideologiekritisch gesehen, nach der sogenannten „konservativen Tendenzwende“ ein gewisses Meinungsklima auch die Orientierung an relativ statischen Zuständen, das Denken in statischen Begriffen anstatt in Bewegungskategorien zu bevorzugen. Das wird etwa an den Auseinandersetzungen in der Pädagogik über den „Mut zur Erziehung“ (an der vernünftige Eltern ohnehin nie gezweifelt haben) ganz deutlich. Verwandte Phänomene sind auch in den Geschichts- und Sozialwissenschaften zu beobachten.

Wer jedoch an geopolitische Bedingungen wie an unabwendbar vorfixierte Gegebenheiten ständig erinnert, setzt sich dem Vorwurf aus, die Reaktionsfähigkeit großer und kleiner menschlicher Gruppen, die Gestaltungsfähigkeit handelnder Politiker, Parteien und Interessenverbände so weit zu unterschätzen, daß ein völlig verzerrtes Bild von den Bewegungs- und Beharrungskräften in der Geschichte entsteht.

Wer sich mit wenigen geopolitischen Konstanten zufriedengibt, kapituliert vor der schwierigen Aufgabe einer präzisen historischen Analyse komplexer Probleme, die manchmal als ein Element unter vielen anderen auch die geographisch-strategische Lage enthalten.

Wer geopolitische Begriffe wieder bevorzugt, begünstigt eine Erstarrung des Denkens und eine vorschnelle Zufriedenheit mit dem Rückgriff auf wenige simple, leicht handhabbare Größen. Die internationalen Beziehungen mit Hilfe dieses Instrumentariums zu analysieren, muß zu ähnlich platten Ergebnissen führen, wie jener Vulgärmarxismus sie erzielt, der ebenfalls mit möglichst wenigen Konstanten auszukommen glaubt.

Wer geopolitisch argumentiert und das für die angemessene Art von „politischer Pädagogik" hält, muß mit einer verhängnisvollen Wirkung rechnen, da die relative Offenheit der Geschichte extrem reduziert wird. Zahlreiche Optionen entfallen aufgrund der restriktiven geopolitischen Bedingungen. Und „eherne" geopolitische Gesetzmäßigkeiten, wie es früher hieß, engen den Spielraum aktiv gestaltender Politik irreversibel ein.

Wer geopolitisch diskutiert, läuft auch Gefahr, alte, glücklicherweise untergegangene Klischees wieder heraufzubeschwören. Da ist dann erneut von der „Einkreisung" Deutschlands vor 1914 die Rede; alle Pfeile sind stets auf das „Herz Europas" gerichtet gewesen, und die Deutschen wurden von den „Fesseln ihrer geopolitischen Lage" abgewürgt.[6] Anstatt die wechselnden Konstellationen von Herrschaft und Interesse, die Verschränkung von Innen- und Außenpolitik sorgsam zu untersuchen, wird eine mechanistische Bewegungsphysik blutleerer Schemen heraufbeschworen, so daß eigentlich nur noch die ominöse „Vorsehung" fehlt, welche die Menschen in dieses stählerne Gespinst der geopolitischen Bedingungen einbindet. Starrer läßt sich „Kontinuität" schwerlich verstehen.

Kurzum, wer heute wiederum in die stereotypisierten Denkmuster der Geopolitik verfällt, fördert eine folgenschwere Verengung des wissenschaftlichen Denkens, ersetzt die unumgängliche Differenzierung durch die selbstgenügsame Schlichtheit einiger grobschlächtiger Begriffe und zwingt, blickt man auf den unvermeidbaren Gegenwartsbezug aller Humanwissenschaften, die historische Analyse in ein Prokrustesbett, das jede realistische, nuancierte Aufklärung über die Geschichte der Gegenwart unmöglich macht. Wenn diese Diagnose einigermaßen begründet und berechtigt ist, braucht man die Spannung nicht zu verhehlen, wie die neuen Verfechter der geopolitischen Begriffe die Vorzüge ihrer Denkweise mit stichhaltigen Argumenten verteidigen wollen. Explizit versucht hat es meines Wissens bisher noch keiner. Die stillschweigend eingeschmuggelten, antiquierten Schlagworte markieren bislang nur den Weg in eine bekannte Sackgasse. Warum nur sollte man freiwillig in sie hineinlaufen?

9. Aufbruch oder Sackgasse?
Das Kaiserreich auf dem Prüfstand

Als Fanfarenstoß war sie offenbar gedacht, jene Konferenz vom Februar 1990 in Philadelphia über „The Kaiserreich in the 1990s: New Research, New Directions, New Agendas". Über die Bedeutung des Themas braucht, daran kann kein Zweifel aufkommen, nicht gestritten zu werden. Denn seit mehr als drei Jahrzehnten steht das Deutsche Kaiserreich im Mittelpunkt einer lebhaften internationalen Kontroverse. Sie bezieht ihre Brisanz aus der Frage nach der Kontinuität in der neueren deutschen Geschichte, aus der Vorgeschichte des Nationalsozialismus und aus dem Zivilisationsbruch seit 1933. Doch jetzt, da die Konferenzbeiträge zu diesem Streit endlich (seit dem Frühjahr 1996) gedruckt vorliegen, ist bestenfalls der Klang einer gestopften Trompete zu hören: mit zahlreichen Mißtönen, welche die beanspruchte Neuartigkeit dieser Hymne auf lauter vermeintliche Innovationen in Frage stellen.

Vereinigt sind hier die allermeisten ursprünglichen Beiträge – nur zwei von ihnen fehlen – in einem stattlichen, mehr als fünfhundert Seiten umfassenden Sammelband, den Geoff Eley organisiert, herausgegeben und in seiner Reihe „Social History, Popular Culture, and Politics in Germany" veröffentlicht hat.[1] Fast die Hälfte (7) der sechzehn Aufsätze ist bereits vorher gedruckt worden und seither bequem zugänglich.[2]

Dieser Umstand verweist auf ein erstes Dilemma des Bandes. Er hätte unbedingt im Herbst 1990, allerspätestens im Frühjahr 1991 gedruckt vorliegen müssen, wenn denn sein hochgespannter Anspruch in praktische Wirkung umgesetzt werden sollte. Statt dessen sind aus unerfindlichen Gründen sechs lange Jahre versäumt worden. Inzwischen ist mehr als die Hälfte der 90er Jahre vergangen, eine Vielzahl von Neuerscheinungen gedruckt worden, überall befinden sich die wichtigsten abgeschlossenen Arbeiten auch für 1997 schon im Druck. Daher bleiben nur noch knapp drei Jahre für den erhofften und beanspruchten Einfluß auf das gegenwärtige Jahrzehnt.

Die entscheidende Frage aber lautet natürlich: Lohnt sich dieser Band überhaupt als Zwischenbilanz, als Einflußquelle, als Ideenspender heutzutage und eventuell auch über die ominöse Jahrtausendwende hinaus? Oder sind in ihm eklatante Blindstellen so stark ausgeprägt, modische Schwächen so klar erkennbar, enge Grenzen so deutlich gezogen, daß man dem verspäteten Erscheinen keine Träne nachzuweinen braucht?

Manche Beiträge sind seit 1990 verblüffenderweise völlig unverändert geblieben. Andere Autoren jedoch haben ihre Texte so sorgfältig überarbeitet, daß die Literatur bis Ende 1995 noch berücksichtigt ist. Technisch war es demzufolge offenbar durchaus möglich, die Aufsätze vor dem Druck auf jenen letzten Stand zu bringen, dem solch ein programmatischer Anspruch nach Möglichkeit gerecht werden muß. Da diese Chance bestand, hätte der Herausgeber, nachdem er schon nicht rechtzeitig Druck für ein früheres Erscheinen ausgeübt hat, sie an erster Stelle nutzen müssen, um sich mit seiner Charakterisierung des Forschungsstandes und der lohnenden Forschungsaufgaben auf der Höhe der gegenwärtigen Diskussion und ihres Reflexionsniveaus zu bewegen. Wenn er das getan hätte, hätten freilich seine Schilderungen der Forschungslage, seine Resümees, seine kritischen Urteile an nicht gerade wenigen Stellen völlig anders ausfallen müssen.

Der Reihe nach sollen zuerst die beiden Einleitungen von Geoff Eley und Jean H. Quataert sowie die einzelnen Beiträge jeweils kommentiert werden, ehe auf einige offene allgemeine Fragen und unbeachtete Probleme hingewiesen wird. Eleys Einleitung kann, um Wiederholungen zu vermeiden, zusammen mit seinem eigenen Beitrag[3] unter einigen Sachgesichtspunkten erörtert werden, um einen Eindruck sowohl von der Qualität der Argumente als auch von manchem auffälligen Defizit zu vermitteln.

I. Natürlich gibt es, um das vorweg zu schicken, nicht die Geschichte des Kaiserreichs, sondern eine Reihe heftig konkurrierender älterer und neuerer Darstellungen. So soll das auch sein, damit der Leser sich auf dem liberalen Markt rivalisierender Interpretationen unterschiedlich informieren und seine Präferenzentscheidungen treffen kann. Wenn Eley aber neue Synthesen vermißt und 1996 auf Projekte hinweist, die 1990 noch im Statu nascendi waren (wie die von Blackbourn und Childers), liegt das an seinem Versäumnis, die Neuerscheinungen zwischen der Konferenz von 1990 und dem Imprimatur für den Druck seinen Lesern mit einer knappen Beurteilung zur Kenntnis zu bringen.[4]

Eley fordert eine Verflüssigung der Periodisierung (40), daher rührt die Option für die merkwürdige Zeitspanne von 1870 bis 1930 anstatt für die konventionelle Einteilung: 1867/71 bis 1918. Doch der Gewinn des neuen, unbegründet und willkürlich wirkenden Vorschlags bleibt ganz unklar. Viel plausibler wäre es gewesen, wenn denn schon eine größere Zeiteinheit um das Kaiserreich herum gebildet werden sollte, von der Koinzidenz der deutschen Industriellen Revolution und der

Nationalstaatsgründung auszugehen und mit der Zäsur von 1933 zu schließen – mithin über die Epoche von 1848/49 bis 1933 zu diskutieren.

Eley stellt fünf allgemeine Postulate für die Historiker und Historikerinnen auch der neueren deutschen Geschichte auf (41f.).

1. Sie sollten expliziter argumentieren, als das bisher geschehen sei. Applaudite cuncti. Aber: Wer hat denn bloß bisher implizit argumentiert? Die Frontlinien, um es etwas martialisch auszudrücken, sind doch überaus klar zu erkennen. Manch einer glaubt sogar, daß wegen des Lärms der argumentativen Waffen die Gemeinsamkeiten zu wenig beachtet würden.

2. Sie sollten spezifischer und zugleich auch noch vergleichend argumentieren. Dem wird nicht jeder zustimmen können, denn prägnantere Individualisierung als eine Aufgabe steht zuerst einmal im Kontrast zum Vergleich, obwohl dessen Durchführung dann eine willkommene Spezifizierung ergeben kann. Außerdem wird mit dem Vergleich bekanntlich die schwierigste aller historiographischen Leistungen verlangt. Wenn er aber, ganz unbestritten, von so zentraler Bedeutung ist, verblüfft der Umstand, daß sich in dem gesamten Band keine einzige vergleichende Studie findet, die als Konsequenz dieses Appells erscheinen könnte. Überdies werden sämtliche neuen komparativen Arbeiten der deutschen Neuzeithistoriker und -historikerinnen überhaupt nicht zur Kenntnis genommen, so daß auch ihr Ertrag nicht beurteilt werden kann (dazu unten 124f.).

3. Die neuen historischen Studien sollten im historiographischen Kontext noch tiefer verankert sein. Nun gut, das wird vom Proseminar ab aufwärts gelehrt. Aber es gibt modische und vergangene Phänomene, von denen es gerade in diesem Band, wie noch gezeigt wird, nur so wimmelt. Eine Einbettung in diese Trends bedeutete nur Zeitvergeudung. Kein Wort fällt dagegen über die unabdingbaren Entscheidungskriterien, welche die Wahl zwischen einem außerordentlich wichtigen Kontext und anderen Strömungen, die unbesorgt vernachlässigt werden können, erleichtern helfen.

4. Fortab solle noch sorgfältiger „historisiert" werden, anstatt in der Abhängigkeit von der „ahistorischen Typologisierung einer universalistischen Sozialwissenschaft" (42) zu verharren. Eley selber hat nie Soziologie studiert, sich nie intensiv mit ihr beschäftigt, nie Sympathie für ihre reichen Traditionen entwickelt, sich nie von ihr anregen lassen. (Steckt in seiner Warnung noch immer etwas vom Horror englischer Geisteswissenschaftler vor der angeblich naiven amerikanischen Soziologie?) Wie auch immer, der neue Ausfall kommt angesichts ähnlicher früherer Fehlurteile Eleys nicht überraschend. Wer aber sollen, zum einen, die Tölpel sein, die in der historiographischen Praxis jenen Maximen gefolgt sind, die seinem Zerrbild von den Jüngern einer ahistorisch typisierenden universalistischen Soziologie entsprechen? Sind denn Weber und Bourdieu, Elias und Habermas, Dahrendorf und Giddens und viele andere so entsetzlich irreführend, ahistorisch, universalistisch? Haben neomarxistische Wissenschaftler nicht viel angreifbarer typisiert und generalisiert? Welcher reflektierte Historiker, welche Historikerin kann zum andern überhaupt ohne Typisierung und Generalisierung, über die man bei den herausragenden Sozialwissenschaftlern immer noch am meisten lernen kann, auskommen?

5. Schließlich sollten sich Historiker und Historikerinnen „selbstbewußter" an die gegenwärtige Theoriedebatte anschließen. Damit läuft Eley in Europa, insbesondere in Deutschland, offene Türen ein. Dagegen mag sein Appell in den Vereinigten Staaten wegen ihrer zählebigen positivistischen Wissenschaftstraditionen vielleicht noch immer angebracht sein. Wichtiger ist jedoch: Diese Theoriedebatte ist zur Zeit sehr diffus, so daß man die interessantesten Diskussionsfelder kennen und plausible Optionskriterien verfechten muß.[5]

Hier wie an vielen anderen Stellen leiden Eleys Einleitung und sein Beitrag daran, daß der Autor offensichtlich eine unstillbare Neigung besitzt, im Ton eines Pontifex Maximus zu urteilen, anstatt nüchtern zu referieren, offene Aufgaben zu beschreiben, theoretische Positionen mit guten Gründen zu empfehlen – anstatt auch endlich einmal selbst ein theoretisch durchdachtes, neues eigenes Projekt zur Debatte zu stellen. (Angekündigt hat er eine Geschichte der europäischen Linken, des deutschen Nationalismus, des deutschen Liberalismus. Und was noch?)

Dieser Eindruck wird dadurch verstärkt, daß er, nicht ohne Selbstgefälligkeit, sich selber gern, ja am häufigsten zitiert, als ob die neueste Forschungslinie zu allererst jeweils über seinen Schreibtisch verliefe. Realiter aber lernt man von anderen, von Eley abgekanzelten oder gar nicht erwähnten Autoren ungleich mehr. Und vor allem werden große kontroverse Forschungsfelder und -bewegungen im Banne der eigenen Idiosynkrasien völlig ausgeblendet (vgl. hinten, 122–27).

Welche spezifischen Forschungsansätze sollen aber nun nach Eleys Meinung fortab privilegiert werden? Das sind vor allem drei, unscharf voneinander abgegrenzte Strömungen.

1. An erster Stelle steht bei ihm wieder die Geschlechtergeschichte (16–24). Für sie beansprucht er seit einiger Zeit ganz so den Vorrang wie früher für seine kapitalismuskritische Politikgeschichte. Dabei verzichtet er allerdings zum einen mit einer gerade bei ihm merkwürdigen Scheu auf die Berücksichtigung überzeugender Kritik. So weist er etwa mehrfach (16, 21) auf das extrem fragwürdige, ziemlich abstruse Buch von Claudia Koonz hin; Gisela Bock hat es einer so zugreifenden und schlüssigen Kritik unterworfen, daß eigentlich einmal ein „Historikerinnenstreit“ hätte entstehen müssen, wenn sich denn überhaupt sachkundige Verteidigerinnen gefunden hätten.[6] Sofern der wissenschaftlichen Kritik eine ihrer zentralen Funktionen: mit Hilfe überzeugender Argumente im Diskurs der internationalen „Community of Scholars“ die Spreu vom Weizen zu trennen, nicht grundsätzlich bestritten wird, ist dieses Buch an die Peripherie der seriösen Literatur gerückt. Eley indes zitiert Koonz so unbefangen, als wenn sie der Kritik standgehalten hätte, und vermeidet wohlweislich jede eigene Stellungnahme.

Zum andern teilt Eley eigentümlich vorbehaltlos die häufig vorgetragene feministische Kritik an den meisten Sozialtheoretikern der „Bürgerlichen Gesellschaft“, welche die Frauen aus dem Kreis der politisch und sozial gleichberechtigten Staatsbürger ausgeschlossen hätten (18). Er verweigert sich aber in seiner Kritik der Einsicht, daß gerade unter Berufung auf die universalistischen Prinzipien dieses großartigen Projektes der Aufklärungsphilosophie im politischen Kampf das Defizit der Exklusion formalrechtlich allmählich weithin beseitigt werden konnte – und zwar zuerst und am dauerhaftesten nur in eben jenen von der Aufklärung und ihrer Zielutopie einer „Bürgerlichen Gesellschaft" geprägten westlichen Gesellschaften.

Und schließlich hat Eley keinen Ratschlag anzubieten, was denn die Geschlechtergeschichte zur präziseren Klärung wesentlicher Probleme der neueren deutschen Geschichte beitragen könnte. Man denke z.B. an ein Dutzend Probleme, die einem sofort (wie z.T. auch Eley selber, 20) einfallen: die drei großpreußischen Hegemonialkriege der 1860er Jahre; der Prozeß der Nationalstaatsgründung; die „Sonderwegs"-Debatte; der Imperialismus; das Interessenverbandswesen; der Ausbruch des Ersten Weltkriegs; die Revolution von 1918; der Zusammenbruch des Kaiserreichs und die Gründung der ersten deutschen Republik; der Aufstieg des Nationalsozialismus; die charismatische Herrschaft der Diktatur Hitlers; die Ursachen des Zweiten Weltkriegs und der Charakter des zweiten totalen Krieges usw.

Zugegeben, wir haben inzwischen wichtige neue Aspekte, etwa aus der Männergeschichte des Nationalismus, der Nationsbildung, des „Alldeutschen Verbandes", aus der Frauengeschichte der „Heimatfront" im Ersten und Zweiten Weltkrieg kennengelernt.[7] Jeder wird diesen Gewinn begrüßen. Aber eine an erster Stelle zu nennende Wunderwaffe ist die Geschlechtergeschichte keineswegs, da zentrale Dimensionen der vorn genannten Probleme – und viele andere mehr – eine Kombination von anderen Ansätzen verlangen. Erleben wir hier anstelle überzeugender Argumente die Kapitulation vor einem Trend des historiographischen „Zeitgeistes"?

2. An zweiter Stelle fordert Eley den Anschluß an die Analysen und Denkfiguren von Michel Foucault (24–31). Noch

entschiedener als bei seinem ersten Postulat erfolgt das in Gestalt eines nahezu enthusiastischen Plädoyers, das völlig kritiklos und daher ziemlich naiv-pathetisch ausfällt. Weder die bis heute nicht überholten kritischen Einwände von Jürgen Habermas noch diejenigen von wenigstens einigen sachkundigen Historikern und Soziologen werden irgendwo zur Kenntnis genommen, geschweige denn berücksichtigt oder gar zu entkräften versucht. Deshalb bleiben dann auch manche längst bekannten Kritikpunkte unwiderlegt, von denen hier nur einige knapp erwähnt seien.

Foucaults Diskursuniversen bestehen unverbunden nebeneinander. Es gibt bei ihm keinen einzigen ernsthaften Versuch einer historisch-genetischen, kausalen oder funktionalen Erklärung ihres Aufstiegs, ihrer Vorherrschaft und ihres Niedergangs. Wie und warum sie, historisch genau, ihre Machtkapazität gewinnen und verlieren, bleibt offen, obwohl doch sie, nicht etwa gesellschaftliche Akteure, zu den eigentlichen Protagonisten des historischen Prozesses erhoben werden. Das Auf- und Abtauchen der Diskursströme ist eine „Abfolge anonymer Übewältigungsprozesse", Geschichte und Gesellschaft werden zu einem sozialdarwinistischen „Verdrängungswettbewerb" von Diskursen, zu einem „Welten aus sich heraussetzenden und Welten verschlingenden Sprachgeschehen". Der Diskurs wird, eine fatale Entscheidung, zum „Subjekt und Schöpfer seiner eigenen Ordnung verdinglicht und essentialisiert". Gesellschaft erschöpft sich daher in der blinden Dynamik von regierenden und untergehenden Diskursen. Aus der Sicht des Historikers: eine verblüffende Kapitulation vor schwierigen Erklärungsaufgaben, ein noch verblüffenderer Beifall von seiten mancher Historiker, die es besser wissen müßten, und die methodische Konsequenz, sofern sie in folgerichtiger Verehrung gezogen würde: tausende von unverbundenen Diskursmonographien.

Foucault ist nicht als Historiker ausgebildet worden, und wenn er historisch argumentieren möchte, ist er – wie er selber mehrfach offenherzig betont hat – ein enttäuschend praktizierender Amateurhistoriker. Er beherrscht keine Quellenkritik.

Er reißt unablässig Stücke aus ihrem Kontext, verallgemeinert sie aber mit der Großzügigkeit des Philosophen. Er hat keine Ahnung von den Forschungsergebnissen renommierter Historiker und Kulturwissenschaftler inner- und außerhalb Frankreichs, nicht einmal zu einem seiner Lieblingsthemen: der Sozialdisziplinierung. Auch hier trifft offenbar Hermann Heimpels ironisch warnendes Diktum zu: „Belesenheit schützt vor Neuentdeckungen". Nicht zuletzt frönt Foucault einem solchen Machtmonismus, daß wichtige Differenzierungen, wie sie in Webers Soziologie und in Elias' Zivilisationstheorie längst erreicht worden waren und von Giddens und Luhmann weiter ausdifferenziert wurden, wieder verlorengehen.[8] – Trotz aller Kritik bleibt Foucault selbstverständlich ein anregender Geist. Seine radikalisierte Wissenssoziologie geht nicht von der Sozialgeschichte, sondern von den Denk- und Artikulationsfiguren der Diskurse als Konstitutionsbedingungen von „Realität" aus. Indem er so vertraute Phänomene gewissermaßen gegen den Strich bürstet, kann man manches mit neuen Augen sehen, und es bleibt der Trost, daß die Überzeugungskraft dieses Ansatzes von Historikern theoretisch-empirisch überprüft werden kann. Er bleibt aber auch, weil seine Kritik ständig über das Ziel hinausschießt und trotz der ursprünglichen Aufmachung als historische „Archäologie" zutiefst ahistorisch ist, nicht nur ein Kritiker, sondern auch ein Verächter der Aufklärung, der Wissenschaft und der von beiden geprägten und „disziplinierten" westlichen Welt. Daran kann der modische Pessimismus von Eley (und von anderen Autoren und Autorinnen des Bandes) anknüpfen: Nachdem die Attraktion der Marxschen Lehre und ihrer Fundamentalkritik erloschen ist, bietet Foucault unverhofft die neue Chance zu einer dauerhaften Zivilisationskritik, mit deren diffusen Verallgemeinerungen man das Fähnlein einer fundamentalistischen Opposition genüßlich weiter schwenken kann.

Mit Foucaults Besessenheit, nur die vermeintlichen Irrwege der neuzeitlichen medizinischen Wissenschaft aufzudecken, hängt an dieser Stelle vermutlich auch Eleys Überschätzung der reichsdeutschen Eugenik-Debatte als kausaler Antrieb für die Anziehungskraft, Durchsetzungsfähigkeit und rassenpolitische Vernichtungspraxis des Nationalsozialismus zusammen. Hier befindet er sich in Übereinstimmung mit jener einseitigen Interpretation, wie sie von den versprengten Resten der marxistischen Orthodoxie im Hamburger „Institut für Sozialforschung" unerschütterlich verfochen wird. Tatsächlich geht es um wenige tausend Teilnehmer an der Eugenik-Diskussion, um die partielle Legitimierung einiger Ziele der Nationalsozialisten und um die politische Mobilisierung einiger anfälliger Funktionseliten, etwa der Mediziner. Alle anderen strukturellen historischen Bedingungen und der Prozeß der allmählich voranschreitenden „kumulativen Radikalisierung" (H. Mommsen) der nationalsozialistischen Politik werden souverän übergangen. Auf diese Weise kann jede Klärung und Gewichtung der verschiedenartigen Einflüsse vermieden werden.

Abgesehen von diesen Mängeln hängt alles von einer glaubwürdigen Rezeptionsgeschichte der Eugenik-Ideologie im Hinblick auf die braunen Eliten und auf die behauptete Massenwirksamkeit ab. Eine wirklich umfassende Monographie gibt es noch immer nicht, und die bisher mit Abstand beste, sorgfältig abwägende und nicht flink pauschalisierende Studie wird von Eley nicht ausgewertet.[9] Auch in seiner Problemskizze wiederholt sich ein typischer Fehler der Foucaultschen Diskursanalyse: Sie gerät zu einer umfrisierten, altertümlichen Ideengeschichte, die sich von zahlreichen realhistorischen Bedingungen abhebt. Oft wird nur alter Inhalt in neue Sprachschläuche gegossen.

3. Als drittes vielversprechendes Potential empfiehlt Eley die „kulturwissenschaftlichen Studien" (31–38). Nach meinem Verständnis gehören die Geschlechtergeschichte und die Foucaultsche Analytik durchaus zu jener breiten Strömung, die seit geraumer Zeit als „neue Kulturgeschichte" oder neue „Historische Kulturwissenschaft" zusammengebündelt wird. Plausible Kriterien für die hier vollzogene Unterscheidung werden von Eley wieder nicht genannt. Sei's drum, aber man erwartet an dieser Stelle selbstverständlich ein Plädoyer für den vielfach nachweisbaren, belebenden Einfluß der Kulturanthro-

pologie, von den Klassikern bis hin zu Geertz, Douglas und Turner, für den Einfluß der Mentalitätsgeschichte, der Sprachanalyse, der Kultursoziologie, vor allem des Denkens von Pierre Bourdieu usw.

Doch nichts von alledem. Statt dessen: das antiquierte Fehlurteil, fixiert auf die Sympathie in seit langem vergangenen Jahren, daß ausgerechnet die „Alltagsgeschichte" das größte Potential besitze. Dabei ist diese doch, wie jedermann sehen kann, inzwischen rundum gescheitert, da sie weder von ihren Erkenntnisinteressen noch von der Methode, geschweige denn von der Theorie her ein belastbares Fundament gewinnen konnte. Deshalb sind auch in Deutschland alle aufgeweckten Köpfe längst zur „neuen Kulturgeschichte" übergeschwenkt. Manche haben sich an die Erfahrungsgeschichte angeschlossen.[10] Andere wiederum suchen ihre alten Sympathien in der neuen Bastion der Mikrogeschichte zu pflegen.[11] Über beide Strömungen erfährt man übrigens von Eley kein einziges Wort. Das gilt auch für die an der Kulturgeschichte orientierte neuere Katholizismusforschung,[12] für die kulturwissenschaftlich angelegte Wahlforschung, wie sie etwa von Karl Rohe repräsentiert wird,[13] und für die neuere deutsche Nationalismusforschung.

Nein, es bleibt beim Schnee von gestern, der „Alltagsgeschichte", und alle jene kulturgeschichtlichen Felder, auf denen sich die große innovatorische Herausforderung der Sozialgeschichte in den 1970/80er Jahren angemeldet hat, bleiben – bis auf die Geschlechter- und Foucaultsche Diskursgeschichte – unsichtbar im Schatten. Welche weiteren fatalen Lücken Eleys anspruchsvoller programmatischer Überblick sonst noch besitzt, wird abschließend im Zusammenhang der offenen Fragen noch einmal erörtert.

Eley verficht aber nicht nur, gesinnungsstark und überzeugungsschwach, seine arg reduzierten Postulate. Vielmehr äußert er sich auch, nicht weniger aufschlußreich, zur gegenwärtigen und künftigen Geschichtsschreibung über das Kaiserreich. Wiederum sollen einige seiner Gesichtspunkte und Vorschläge prüfend herausgegriffen werden.

Die neue Herausforderung für die historische Analyse der deutschen Moderne sieht Eley im „philosophischen und kulturellen Diskurs des Postmodernismus" (69). Das Wort ist in vieler Munde, entspricht mithin ganz seinem angestrengten Bemühen um „Trendiness". Wird auch deshalb kein Wort auf die Begründung von trennscharfen Kriterien verwendet, die es gestatten, die angeblich vergangene Moderne von einer neuen „Postmoderne" zu unterscheiden? Dasselbe gilt natürlich auch für ein anderes Modewort, den „Postindustrialismus", ausgerechnet in einem Zeitalter geradezu furios gesteigerter globaler Industrialisierung. Die gestiegene Skepsis gegenüber dem optimistischen Fortschrittsdenken und dem Glauben an das seligmachende Wirtschaftswachstum, die Beschwörung „postmaterieller" Werte durch sozialstaatlich abgesicherte Jungakademiker – sie können für die Geschichtswissenschaft schwerlich einen Epochenbegriff begründen. Denn Einwände dieser Art haben seit der Aufklärung und dem Durchbruch der Industrialisierung zum Standardrepertoire kritischer Argumente in westlichen Gesellschaften gehört, sie sind alles andere als neu. Was aber konstituiert dann bloß das „Post"? Und ist es wirklich wieder ein Diskurs im Foucaultschen Sinn oder nur eine ganz ordinäre Diskussion, die zur Zeit darüber geführt wird?

Eley leitet jedenfalls aus der verschwommenen Prämisse des „postmodernen Diskurses" drei mit offener Sympathie bedachte Kritikansätze für Historiker und Historikerinnen ab:

1. die Kritik an der Vorstellung von den universalistischen Werten der Aufklärung;

2. die Kritik an den großen „Meistererzählungen" der Modernisierung, des Fortschritts, der Emanzipation;

3. die Kritik an der Idee des rational handelnden individuellen Subjekts.

1. An der folgenreichsten Utopie der Aufklärung, der „bürgerlichen Gesellschaft", ist in der Tat von feministischen Historikerinnen und Vertretern sehr unterschiedlicher Minoritäten entschiedene Kritik dahingehend geübt worden, daß ihre universalistischen Werte zu lange auf beruflich selbständige

weiße Männer eingeschränkt worden seien, während gegenüber der weiblichen Hälfte der Menschheit und mißliebigen Minderheiten ein hartes Exklusionsprinzip vorgeherrscht habe. Fatale Gefahren entsprängen daher, so Eley wieder in seinem hohepriesterlichen Ton, aus „dem Kern der Aufklärungsideen" selber. Das intellektuelle Establishment, das diese „westlichen Werte" verfechte – und in Deutschland seien sie seit 1945/49 „besonders tief verankert" –, stelle sich, behauptet er, dieser grundsätzlichen Kritik an seinem Normenhimmel keineswegs in einer angemessenen Form.

Dazu nur knapp vier Bemerkungen.

a) Die zeitbedingte Engstirnigkeit von Theoretikern des 18. Jahrhunderts mit dennoch hochgemuten Ansprüchen wird keiner ernsthaft verteidigen. Doch seit der Aufklärungskritik des späten 18. und des 19. Jahrhunderts, allerspätestens seit Theodor Adornos und Max Horkheimers „Dialektik der Aufklärung" (1947) sind die aufklärungsimmanenten Gefahren ein geradezu berühmter Topos der Diskussion. Viele vorgeblich brandneue Argumente rennen daher nur seit langem offene Türen ein.

b) Wo man die Kritik, etwa von sachkundigen feministischen Historikerinnen ernst nehmen muß, bleibt trotzdem, wie vorn bereits erwähnt, die historisch vorzüglich begründbare Antwort bestehen, daß jene westlichen Gesellschaften, die mit den universalistischen Leitideen der Aufklärung Schritt für Schritt Ernst gemacht haben, am frühesten und bisher am überzeugendsten Exklusionsschranken aufgebrochen und allmählich formalrechtlich, wenn auch noch immer nicht in der täglichen Praxis, beseitigt haben. Natürlich dauern solche Stückwerk-Reformen ihre Zeit. Natürlich bedarf es starken politischen Drucks, um sie endlich durchzusetzen. Und natürlich bleiben die meisten Reformen in der Regel letztlich quälend unvollendet – man kann aus den besten Gründen geschlechtsspezifische, überhaupt Soziale Ungleichheit bekämpfen und wird doch die utopische Gesellschaft der Gleichen auf dieser Welt nie heraufführen. Trotzdem: Die universalistischen Ideen der Aufklärung bleiben eine unentbehrliche Legitimationsbasis, ein unersetzlicher Stachel, um ihre Verwirklichung anzumahnen. Könnte man ausgerechnet in den Vereinigten Staaten, dem Land der „angewandten Aufklärung“ (Dahrendorf), auf dieses kostbare Erbe verzichten?

c) Eleys boshafte Kritik vom hohen Foucaultschen Kothurn vermag, nachdem ihm selber zugegebenermaßen die marxistische Vision abhanden gekommen ist,[14] nicht von fern eine überlegene alternative Utopie aufzuzeigen. Das ist für jeden Kritiker die bequemste aller Lösungen. Dieser Verzicht impliziert aber nicht nur eine politische Kapitulation. Vielmehr verletzt er zugleich aufs schärfste Max Webers Appell, die erkenntnisleitenden Interessen, die „Wertideen“, immer so explizit wie nur möglich diskussionsfähig zu machen. Und er ignoriert, last but not least, Wilhelm Diltheys unwiderlegbare Maxime für jede reflektierte Geschichtswissenschaft: „Was wir unserer Zukunft als Zweck setzen, bedingt die Bestimmung der Bedeutung des Vergangenen.“[15] Kommt die Zukunftsvorstellung des Historikers Eley tatsächlich ohne zeitgemäß adaptierte Ziele der Aufklärung aus?

d) Und was die Polemik gegen die vermeintliche deutsche Aufklärungsorthodoxie angeht, gibt es glücklicherweise nicht wenige Deutsche (zu denen ich mich auch zähle), die es für einen mit barbarischen Kosten zwischen 1914 und 1949 erkauften, seither aber unschätzbaren Gewinn halten, daß auch in Deutschland endlich diese „westlichen Werte“ tiefer als je zuvor Fuß gefaßt zu haben scheinen.

2. Die „postmodernistische“ Kritik an den „Meistererzählungen“ wird im Augenblick wohlfeil, da denkfaul angeboten. Doch auch in dieser Hinsicht sind die überlegenen Alternativen mehr als verschwommen. Erkenntnistheoretisch ist es ein banaler Tatbestand, daß jede historische Untersuchung, in gesteigertem Maße natürlich jede Synthese, expliziter erkenntnisleitender Interessen und eines klaren theoretischen Strukturierungsschemas bedarf. Sie lassen sich aus ganz unterschiedlichen Traditionsbeständen gewinnen. Man kann sich an sehr verschiedenartigen „Wertideen“ orientieren, und man kann sich wissenschaftlich an Weber oder selbstverständlich

noch immer an Marx, an Freud, an Burckhardt, an die großen Politik-, Verfassungs-, Kulturhistoriker anschließen. Und selbstverständlich kann man auch ein Experiment mit Bourdieu oder Geertz riskieren. In jedem Fall ist eine Bewertung unvermeidbar, da der an ihre „Wertideen" gebundene Konstruktivismus der Historiker und Historikerinnen und die Natur der menschlichen Sprache eine keimfreie Neutralität überhaupt nicht zulassen. Die von mir geteilte, unverändert überzeugende Konsequenz Webers lautet: Die Wertideen und Bewertungsmaßstäbe müssen so klar wie nur eben möglich expliziert und der kritischen Diskussion ausgesetzt werden.

Das Ergebnis kann eine im Grundton eher optimistische Interpretation der Moderne sein. Sie als fortschrittsgläubige „Meistererzählung" abzuqualifizieren, bringt außer möglicherweise berechtigter Kritik an verklärenden Zügen und außer der Befriedigung, die manch einer aus einem totalen Kahlschlag mit denunziatorischem Gestus gewinnen mag, wenig ein. Auf jeden Fall muß sich das Ergebnis unter vielen Qualitätskriterien im intellektuellen und politischen Konkurrenzkampf behaupten, oder es wird untergehen.

Den Gegenpol bildet eine eher skeptische Interpretation der Moderne. Auf ihrer Linie wäre aber die dezidierte Orientierung an den Heroen des „Postmodernismus", etwa an Foucault, wegen ihres allumfassenden Anspruchs nicht weniger eine „Meistererzählung", nur wäre sie durchweg negativ akzentuiert. Worin aber sollen, noch einmal, außer in der Befriedigung eines modischen Zeitgefühls, historisch und politisch die Vorzüge ihres durchlaufenden abgrundschwarzen Pessimismus liegen?

3. Die Kritik an der Vorstellung vom rational handelnden individuellen Subjekt kommt reichlich verspätet daher. Nietzsche, der Historismus, die Kulturanthropologie haben diesen Idealtypus doch längst effektiv in Frage gestellt. Die zeitgenössische Kritik stößt mit ihrem antirationalen Skeptizismus nur noch einmal übertreibend nach. Ob rationalem Kalkül oder irrational wirkenden „Weltbildern" folgend – die historischen Akteure wird auch die gegenwärtige Geschichtswissen-

schaft weiterhin so intensiv und umfassend wie nur möglich im Sinne der hermeneutischen Tradition zu „verstehen" versuchen.

Schließlich sieht es so aus, als ob Eley sich auf der Linie eines trendgerechten „Postmodernismus" der Aufgabe zuwenden wolle, die „Modernität" des Kaiserreichs mit neuen Augen zu erkunden. Tatsächlich präsentiert er aber eine bizarre Melange von Altem und Neuem (77–102).

1. Die modernisierungstheoretische Interpretation begrenze, behauptet er, den Erkenntnishorizont, anstatt ihn zu erweitern. Zwar sieht er die Notwendigkeit, überlegene Alternativen zur Historischen Modernisierungstheorie zu präsentieren, verfällt aber zunächst nur wieder auf Foucault (78), der das Verständnis der Moderne, insbesondere durch seine Machttheoreme, fundamental umgestaltet habe, und es sei ja gerade das Machtverhältnis zwischen Staat und Gesellschaft im deutschen Kontext, das bisher angeblich noch immer „untertheoretisiert" sei. Indes: Für die methodische Anleitung und die empirische historische Arbeit werden die allgemeinen Spekulationen Foucaults wiederum nicht präzisiert.

2. Produktive Fragen generieren – das hat die von Weber herkommende Modernisierungsforschung (diese Webersche Variante bleibt für Eley noch immer ein Buch mit sieben Siegeln) stets gekonnt.[16] Den naiven Modernisierungstheorien, die amerikanische Soziologen und Ökonomen in den 1950er/60er Jahren in Umlauf gebracht haben, ist, soweit ich zu sehen vermag, in Deutschland kein Historiker erlegen. Der zeitweilig feststellbare Einfluß Rostows auf einige Wirtschaftshistoriker beruhte nicht auf seinem „Antikommunistischen Manifest", sondern ganz und gar auf seiner anregenden, auf souveräner Kenntnis beruhenden Systematisierung der neueren Konjunkturgeschichte.

Zähneknirschend räumt Eley ein, daß die weithin auf modernisierungstheoretischen Prämissen beruhende „Sonderwegs"-Interpretation „noch immer intakt" sei (83f.). Warum wohl? Könnte es nicht doch weiterhin an den einleuchtenden und verfeinerten Argumenten liegen? Wie dem auch sein mag,

Eley beklagt den (aus analytischen Gründen natürlich immer idealtypisch stilisierten) modernisierungstheoretischen Gegensatz von traditionalen und modernen Elementen und bezweifelt seine interpretatorische Ergiebigkeit.

Diesem heuristisch und methodisch nützlichen Konstrukt setzt er drei Behauptungen entgegen.

a) Die reaktionären Elemente seien, findet er, im politischen System des Kaiserreichs zunehmend isoliert gewesen. Tatsächlich aber standen sie, wie die Verhinderung der Parlamentarisierung des Reiches, der Demokratisierung des Wahlrechts im preußischen „Empire State", die Reformblockade der Sammlungspolitik bis 1918 zeigt, mitten im Zentrum, und ihr letztes Sammelbecken, die „Deutsche Vaterlandspartei", war mit ihrer Massenwirkung alles andere als isoliert.

b) Die Verfassung sei, glaubt Eley, flexibler gewesen, als ihre gegenwärtigen Kritiker behaupteten. Tatsächlich hätte sie ein machthungriges Parlament, das es bei der Verfassung mit einem Bündel von dilatorischen Herrschaftskompromissen zu tun hatte, flexibilisieren und für sich ausnutzen können. Aber die Probe auf Exempel wurde, allen modischen Parlamentarisierungslegenden zum Trotz, bis zum Oktober 1918 nicht ernsthaft unternommen.

c) Die „modernisierenden" Kräfte hätten, konstatiert Eley, das System des Kaiserreichs viel tiefer penetriert, als von den Kritikern konzediert werde. Tatsächlich hat keiner die Modernisierungskräfte in der Industrie und Wirtschaft, im korporativistischen Interessenmanagement und in der Kultur geleugnet. Aber anderswo: in der politischen Machthierarchie, in der Sozialmentalität und in manchem Klassenhabitus nehmen sich die Bedeutung der Tradition und die Grenzen der Penetration ganz anders aus. Und immer ging es, sowohl in der modernisierungstheoretisch fundierten Kritik als auch in der „Sonderwegs"-Debatte, um die relative Stärke der traditionalen Faktoren in den soziopolitischen Machtsystemen. Beiläufig gefragt: Was könnte man für diese vertrauten, vieldiskutierten Probleme aus Foucaults Diskurs- und Machtdogmatik eigentlich Neues lernen?

3. Aus heiterem Himmel möchte uns Eley mit fast charmanter Starrsinnigkeit die Rückkehr zur Marxschen Bonapartismustheorie ans Herz legen (92). Zugegeben, das ist eine gescheite, aus dem Stegreif entwickelte Interpretation autoritärer Politik in einer relativ jungen Industriegesellschaft. Früher habe ich selber einmal damit experimentiert, doch ziemlich schnell die Überlegenheit der Gegenargumente anerkennen müssen.[17] Das Konzept ist ausgereizt, letztlich am Vergleich gescheitert. Nichts, aber auch gar nichts an neuen Gedanken hat die kritischen Einwände inzwischen zu entkräften vermocht. Warum also soll diese Leiche noch einmal wiederbelebt werden? Wegen der nostalgischen Fixierung auf eine alte Vorliebe für Marx, von dem anderes weit besser zu verteidigen ist? Trotz der alles andere als stimulierenden Aussicht, bei der Befolgung dieses Ratschlags erneut in eine klar erkennbare Sackgasse zu laufen?

4. Der deutsche Radikalnationalismus spiegle, meint Eley (96 f.), die Modernität des Kaiserreichs wider, habe sich aus ihr genährt und müsse daher auch in diesem Licht neu analysiert werden. Wer hat aber bloß die überwiegende Neuartigkeit des deutschen Radikalnationalismus in den letzten Jahrzehnten bestritten? Tatsächlich sieht man heute sehr klar seine ambivalente Mischung seit den 1880er Jahren. Bestimmte langlebige Strukturelemente des seit dem ausgehenden 18. Jahrhundert entstehenden deutschen Nationalismus waren von Anfang an radikalisierbar und sind auch radikalisiert worden, die Feindstereotypen etwa und das Sendungsbewußtsein. Aktuelle Elemente wie der Darwinismus, der Rassismus, der moderne Antisemitismus haben dann die entscheidende neue Radikalisierung bewirkt, etwa die Naturalisierung des völkischen Nationsbegriffs – das kann eine saubere Diskursanalyse in der Tat zeigen. Dazu erscheinen jetzt, wie überhaupt zum deutschen Nationalismus zwischen den 1770er und den 1940er Jahren, endlich die seit langem fehlenden empirischen Studien.[18]

Bisher hat Roger Chickering die produktivste historische Analyse des Phänomens am Beispiel der „Alldeutschen" vorangetrieben.[19] Ihm gegenüber beansprucht Eley aber mit markanter Bescheidenheit und auffälliger Fähigkeit zur Selbstkritik, daß gerade dieser Historiker zur Problematik „wenig Substantielles" (13, Anm. 15) beigetragen habe, das über sein eigenes Buch von 1980 hinausführe.[20] Richtig ist vielmehr, daß Chickering heute die mit großem Abstand beste Verbandsstudie bietet, die methodisch, inhaltlich und interpretatorisch über Eleys erstes Buch, die erweiterte Dissertation von 1974, weit hinausführt. Die ebenfalls herablassend abgekanzelte Studie des Berner Historikers Stig Förster[21] hat die Militarismus-Debatte mit dem idealtypisch zugespitzten Kontrast zwischen „altem" und „neuem" Militarismus endlich ein gutes Stück, ebenfalls über Eley hinaus, vorangebracht. Und der als dritten kritisierten Marilyn Coetzee[22] wird offenbar die gut begründete kritische Distanz zu Eley in ihrer Studie über den „Wehrverein" nicht verziehen. Warum bloß ist Eley, ein hochbegabter, fulminanter Kritiker, so empfindlich, wenn er selber mit einleuchtenden Gründen kritisiert wird?

5. Im Hinblick auf die Kritik an der paternalistisch-autoritären Unternehmensverfassung, am „Herr-im-Haus"-Stil, ist Eley ebenfalls unbelehrbar. Er verwirft diese historisch gut abgesicherte Interpretation, weil sie ihm zu sehr nach dem – in der Tat aus dem ländlichen, militärischen und großbürgerlichen Herrenleben stammenden – Überhang traditionaler Elemente schmeckt. Statt dessen möchte er sich erneut mit der mächtigen Herrschaftslogik des industriekapitalistischen Betriebes bescheiden. Diese Deutung reicht aber, gerade im Vergleich,[23] der bisher die von ihm bekämpfte Position immer wieder bestätigt hat, für die Erfassung der Herrschaftsverhältnisse namentlich in den deutschen Großbetrieben der älteren Leitsektoren keineswegs aus.

6. Das von Eley früher lebhaft kritisierte Interpretationskonzept des Sozialimperialismus, das vor allem auf Webers Legitimationstheorie zurückgriff, um die innenpolitisch legitimierende Funktion äußerer Erfolge zu erfassen, möchte Eley jetzt doch noch einmal aufgreifen, und zwar im Hinblick auf die angebliche Affinität von liberaler und sozialdemokratischer Reformpolitik zum Imperialismus. Nun ist dieser Nexus bei

den imperialistischen Liberalen oder liberalen Imperialisten vom Schlage Webers und Naumanns genauso bekannt wie im englischen und amerikanischen Fall.[24] Und die braven Sozialdemokraten haben, von wenigen Außenseitern auf dem rechten Flügel abgesehen, hundertdreißig Jahre lang wirklich nicht an den Imperialismus zur Unterstützung ihrer Reformziele und zur Ableitung innerer Spannungen nach außen geglaubt. Eleys Ratschlag kommt bestenfalls dreißig Jahre zu spät. Lohnend bleibt dagegen immer noch, den Zusammenhang zwischen Sozialimperialismus und faschistischen Bewegungen, insbesondere – wie das Karl Dietrich Bracher früh angeregt hat[25] – an der Expansionspolitik der Hitler-Diktatur zu untersuchen.

7. Danach werden die Vorschläge noch matter. Wiederum empfiehlt Eley die Geschlechtergeschichte (100), besonders im Hinblick auf die „soziale Frage", der sich die städtische Wohlfahrtspolitik stellte. Der Hinweis ist rundum konventionell, über das Thema wird auch längst mancherorts gearbeitet.[26]

8. Und schließlich soll, noch einmal, die Disziplinierungsgeschichte der deutschen Moderne im Sinne Foucaults geschrieben werden (101 f.). Angeblich hat der wissenschaftlich verkleidete, technokratisch ambitiöse Disziplinierungsdiskurs über die Sozial- und Gesellschaftspolitik dem Nationalsozialismus den Weg direkt geebnet. Die nationalsozialistische Rassen- und Vernichtungspolitik sei daher „aus dem Geist der Wissenschaft" (D. Peukert) und der „technokratischen Vernunft" hervorgegangen. Dem deutschen Modernisierungsdefizit wird keine Erklärungskraft mehr zugestanden. Vielmehr tritt die dunkle Seite einer wissenschaftlich und administrativ hochentwickelten Moderne an seine Stelle. Foucault wäre das ganz recht gewesen, und in seine Fallgrube stolpert auch Eley wie vor ihm mancher andere.

Kein Wort mehr über den äußerst heterogenen Komplex von Antriebskräften: den wüsten Antisemitismus, die vulgarisierte Rassendoktrin, die Brutalisierung von Millionen in zwei Weltkriegen, die archaischen, pseudowissenschaftlichen Züge von Dogmatik und politischer Praxis, die Revision des Versailler Systems, das pragmatische Moment der „kumulativen Radikalisierung", die Fiktion zielgerichteter Handlungsrationalität – und wie sich das alles verband mit der Ausnutzung des hohen wirtschaftlichen Entwicklungsniveaus, der Ausbeutung wissenschaftlicher Ergebnisse, dem Einsatz eines leistungsfähigen bürokratischen Apparates, der militärischen Effizienz usw. Die trügerische Eindeutigkeit, mit welcher der Erfolg des Nationalsozialismus und die Barbarei der „Endlösung" aus der rabenschwarzen Foucaultschen Modernität der Wissenschaft und der Disziplinierungserfolge hergeleitet werden sollen, versagt genauso wie die ebenso einseitige, inzwischen dahingeschiedene Faschismusanalyse der marxistisch-politökonomischen Kapitalismuskritik.

II. Die zweite Einleitung aus der Feder von Jean Quataert[27] ist im Thema und Anspruch wohltuend begrenzter und nüchterner, so daß sie ungleich knapper kommentiert werden kann. Ihre zentrale Stoßrichtung: die Aufwertung der Geschlechtergeschichte des Kaiserreichs, ist ohnehin unstrittig. Einige schiefe Urteile bedürfen jedoch der Korrektur.

1. Die Frauenforschung in Deutschland, für die in den letzten Jahren eine Professur nach der anderen eingerichtet worden ist (allein im Bundesland Nordrhein-Westfalen zwanzig Stellen), ist nicht mehr eine „Außenseiterin" unter den historischen Disziplinen. Infolgedessen teilt sie auch nicht diesen Status mit der „Alltagsgeschichte". Diese wird als die eigentliche „theoretische Herausforderung", als vielversprechende Alternative zur Sozialgeschichte, als vorbildliches „Interpretationsmodell" für die Frauengeschichte wieder einmal gründlich mißverstanden (46f., 60). All diese Urteile sind irreführend, denn die „Alltagsgeschichte" ist, wie bereits gesagt, passé. Die Herausforderung wird längst in ungleich reflektierterer Form von der neuen Kulturgeschichte repräsentiert. Die Frauengeschichte, die von ihr am meisten lernen kann, ist im Aufschwung und in der Konsolidierung begriffen.

2. Die Historische Sozialwissenschaft habe sich, klagt Quataert pauschal (44), gegenüber der „interpretatorischen und me-

thodologischen Herausforderung" der Geschlechtergeschichte verschlossen gezeigt. Kein Wunder, da ihre männlichen Vertreter zu der „unleugbar konservativen deutschen Professorenschaft" gehören (46).[28] Hier bedarf einiges der Richtigstellung, zumal es auch eine Verteidigung in eigener Sache ist.

a) In den zweiundzwanzig Jahrgängen von „Geschichte und Gesellschaft" (1975–1996) sind in den hundertvier Heften (in 88 Einzel- und 16 Sonderheften) sechsundachtzig Beiträge von Historikerinnen veröffentlicht worden. Das entspricht einem guten Zehntel von knapp achthundert (612/185) Autoren und Autorinnen. Achtundvierzig von diesen Beiträgen haben allerdings nicht Themen der Geschlechtergeschichte behandelt. Das hängt zum Teil auch mit dem unübersehbaren und sehr verständlichen Trend unter jüngeren Historikerinnen zusammen, sich nicht allein auf die Frauen- oder Geschlechtergeschichte festzulegen, sondern je nach Neigung prinzipiell in alle Fachrichtungen der Geschichtswissenschaft hineinzugehen. Zugegeben, der Anteil der Verfasserinnen ist noch kein hinreißendes Ergebnis. Aber es kann sich unter den deutschen Entwicklungsbedingungen sehen lassen. Keine deutsche Zeitschrift hat im selben Zeitraum mehr Beiträge von Historikerinnen gedruckt. Das ist kein Zufall, denn ohne das Engagement des Herausgebergremiums von „Geschichte und Gesellschaft", erklärtermaßen einer „Zeitschrift für Historische Sozialwissenschaft", wäre das nicht möglich gewesen.

b) In den „Kritischen Studien zur Geschichtswissenschaft" – nach zwanzig Jahren mit Abstand die größte historische Reihe in Deutschland – ist die Bilanz weniger positiv. Von bisher hundertsechzehn Bänden (1972–1996) stammen sechzehn von Historikerinnen, und nur sieben von ihnen behandeln Probleme der Geschlechtergeschichte. Dieser Tatbestand hängt nur teilweise mit den scharfen Selektionskriterien der vier Herausgeber zusammen (in derselben Zeit sind mehr als 700 angebotene Manuskripte abgelehnt worden). Vielmehr verweist er auf einen unleugbaren Nachholbedarf der deutschen Geschichtswissenschaft. In der Höhenlage der Promotions- und Habilitationsarbeiten wird die Luft für junge Historikerinnen noch immer sehr dünn – ein Manko, das nur durch die konzentrierte Anstrengung der Fachbereiche und Fakultäten, der Hochschulen und Stipendiengeber vermindert werden kann.

c) Einige der wichtigsten Vertreterinnen der deutschen Geschlechtergeschichte sind im Umfeld der Historischen Sozialwissenschaft herangewachsen. Über eine mangelhafte Förderung werden sich diese Historikerinnen kaum beschweren können. Trotzdem: Angesichts der noch immer viel zu begrenzten Rekrutierung von weiblichem Nachwuchs wäre eine selbstgerechte Zufriedenheit ganz unangebracht.

d) Ins Schwarze trifft dagegen die Kritik von Quataert bei den männlichen Vertretern der Historischen Sozialwissenschaft. Probleme und Aspekte der Geschlechtergeschichte sind von ihnen in der Tat nur langsam beachtet, bisher auch nur selten angemessen in ihre Arbeiten integriert worden. Das hat nichts mit Grundsatzopposition, dagegen viel mit der Beharrungskraft vertrauter Problemstellungen und der großen zusätzlichen Arbeit zu tun.[29] Die Veränderung hat aber auch hier eingesetzt, wie sich das etwa an den beiden ersten Bänden von Jürgen Kockas Synthese zur Arbeitergeschichte des 19. Jahrhunderts erkennen läßt.[30]

3. Ganz unverständlich ist die hochmütige Kritik an Ute Freverts exzellentem Experiment mit einer knappen Darstellung deutscher Frauengeschichte über zwei Jahrhunderte hinweg.[31] Eine konventionelle Chronologie herrsche dort ebenso vor, heißt es, wie der Verzicht auf neue theoretische Einsichten und das vorhandene Potential zum Umdenken. Da wird auf einmal scharf geschossen, wie man sich das bei dem Fauxpas von Koonz gewünscht hätte. Durchweg ist diese Kritik unbegründet. Natürlich ließe sich heute aufgrund der lebhaften Forschung der letzten Zeit manches differenzieren und ergänzen. Doch ebenso steht fest: Auch zehn Jahre nach dem Erscheinen von Freverts Buch, das nicht zufällig sofort ins Englische übersetzt worden ist, gibt es noch immer keine gleichwertige, geschweige denn eine überlegene Übersicht und Einführung in zahlreiche Probleme aus der Feder einer amerikanischen Historikerin.

4. Die Frauengeschichte sei, erklärt Quataert (61 f.), für die Nationalismusforschung ein vielversprechender Themenbereich. Das stimmt. Viel wichtiger aber ist zur Zeit die Männergeschichte oder die Geschlechtergeschichte im weiten, bipolaren Sinn, da zum Beispiel die Vorstellungen von „Männlichkeit“ durch den deutschen Nationalismus tiefgreifend umdefiniert worden sind. Das ist jetzt für die Zeit seit den 1850er Jahren endlich gut greifbar.[32] Doch dem von Quataert angeführten Aufsatz von Lora Wildenthal gelingt es gerade nicht, die zentrale Bedeutung der Geschlechterordnung für den Nationalisierungsprozeß empirisch überzeugend nachzuweisen.

III. Einige Bemerkungen zu den einzelnen Beiträgen. Kathleen Cannings Aufsatz über die Rolle des Geschlechts im Klassenbildungsprozeß[33] ist inzwischen zu Recht als anregend gerühmt worden. Hier sollen nur drei Fragen aufgeworden werden.

1. Warum wird ausgerechnet beim Klassenbegriff Webers mit einer irreführenden reduktionistischen Vorstellung operiert (106)? Macht und Herrschaft, nicht die ökonomische Lage, sind für Weber die letztlich entscheidende Dimension. „Phänomene der Machtverteilung“, lautet sein Schlüsselsatz, „sind die Klassen“.[34]

2. Wo ist ein überlegener Ersatz für den methodischen Kunstgriff zu finden, die Klassenformierung in mehrere analytische Dimensionen (z.B. die vertrauten vier: die soziale, ökonomische, politische, kulturelle Dimension) zu zerlegen (125)? Cannings alternatives Angebot, man solle die Klassenbildung als „Abfolge von kurzlebigen Lösungen, neuen Destabilisierungen und Umdefinitionen“ konzeptualisieren (141), vermag nicht zu überzeugen. Es führte, wenn man es konsequent aufgriffe, zu einem verwirrenden Pointillismus, dem jede Vorstellung von der deprimierend langlebigen Dauerhaftigkeit der Strukturen Sozialer Ungleichheit schon methodisch von vornherein verloren ginge.

3. Auf Cannings Untersuchungsfeld, die niederrheinische Textilindustrie, trifft manches ihrer pointierten Urteile zu, da

dort eine außergewöhnlich hohe Anzahl von Arbeiterinnen im behandelten Zeitraum (1850–1914) beschäftigt wurde. Für zahlreiche Industriezweige mit einer großen Mehrheit männlicher Arbeitskräfte ist ihre Beurteilung jedoch zu früh verallgemeinert worden. Offensichtlich fehlt für ein differenziertes Urteil vor allem explizite Männergeschichte.

Der Aufsatz von M. J. Maynes über Kindheitserinnerungen im Kontext des Klassenbildungsprozesses[35] bietet einen nüchternen, sogar trockenen Überblick, der sich auf die Chancen der Historischen Sozialisationsforschung und des Bourdieuschen Habituskonzepts nicht einmal von ferne einläßt. Obwohl der Vergleich anvisiert wird, fehlt die methodische Auseinandersetzung mit der aus der Bürgertumsforschung stammenden innovativsten neueren deutschen Studie von Gunilla Budde.[36]

Willfried Spohn wiederholt die vertraute These zum Verhältnis von Religion und Arbeiterklassen im Kaiserreich,[37] greift aber die gesamte neuere Diskussion (von Mooser, Loth, Mergel, Hölscher u.a.) eigentümlicherweise nicht auf.

David Blackbourn bietet einen hervorragend komprimierten Essay über Marienerscheinungen während des „Kulturkampfes".[38] Seit 1993 kann man das aber in aller Ausführlichkeit in seinem Buch zum selben Thema nachlesen. Zwei Fragen bleiben: Hätte der Vergleich nicht intensiver berücksichtigt werden können, um das Spezifische und das Allgemeine der deutschen Marienerscheinungen noch genauer zu präzisieren? Fällt das Urteil über die Liberalen nicht zu harsch aus, da es ihnen verständlicherweise vor dem abergläubigen Schnickschnack graute, den die ultramontane Kirche im „Kulturkampf", aufs Ganze gesehen, gut verwenden konnte?

James Retallack steuert einen weiteren seiner nüchternen und sachkundigen Aufsätze zur sächsischen Politikgeschichte in der Zeit des Kaiserreichs bei, um die preußenzentrierte Perspektive durch die Betonung anderer historischer Regionen und nicht-preußischer Staaten zu korrigieren – ein Vorhaben, das ihm erneut gelingt.[39]

Von ganz anderem Zuschnitt ist dagegen der Essay von George Steinmetz.[40] Von der Position der neomarxistschen

Staatstheorie aus, die, wie üblich, zuerst einmal zu einem platzraubenden, öden Begriffsgeklingel führt, attackiert er den angeblich noch immer existierenden Mythos vom autonomen Staat. Das tut er zum einen mehr als dreißig Jahre zu spät, zum andern wird er der relativen Autonomie des bürokratischen Staatsapparats auch im Kaiserreich nicht einmal im Ansatz gerecht. In allererster Linie geht es doch in der ernsthaften Diskussion der letzten Jahrzehnte um das Abwägen der relativen Autonomie, da sowohl die hegelianische Staatsmetaphysik als auch die marxistisch-leninistische Agententheorie, etwa der DDR-Historiker, völlig diskreditiert ist.

Was die Empirie angeht, kennt der Autor offenbar nicht die jahrelangen Bemühungen der Großindustrie, die im Arkanbereich auch durch Bismarcks Bankier Gerson Bleichröder vertreten wurde, den privaten Versicherungsunternehmen die gesamte Sozialpolitik zu übertragen. Was die Interpretation dieser staatlichen Sozialpolitik angeht, unterschätzt Steinmetz fatal die dominanten Motive: die Legitimationsbedürfnisse der Reichsregierung und das Kalkül, die Arbeiter als Staatsrentner der „Umsturzpartei" zu entreißen. Die Motive erwiesen sich im Entscheidungsprozeß als ungleich durchsetzungsfähiger als die Interessen der Industriellen. Ihre völlig heterogenen Interessenlagen werden von Steinmetz so überschätzt, daß die staatliche Sozialpolitik letztlich doch wieder zur „Agentur" ökonomischer Machtträger wird.

Weitaus überzeugender argumentiert dagegen David Crew über die sozialstaatliche Entwicklung vom wilhelminischen bis zum nationalsozialistischen Deutschland.[41] Endlich widerspricht hier jemand sachkundig der bereits zur Formel erstarrten Peukertschen Denkfigur von der „Pathologie der Moderne". Die Wohlfahrtspolitik der Weimarer Republik sei nicht die Ausführung eines seit langem, seit den 1890er Jahren konzipierten, wissenschaftlich abgesicherten utopischen Fortschrittsprojekts gewesen. Vielmehr müsse sie weithin als „Antwort" auf die unerhörte „Herausforderung" des Weltkrieges, mithin als Eindämmung beispielloser Katastrophenschäden unter dem Druck früher benachteiligter Interessengruppen verstanden werden. Auch die „pathologische Wende“ seit 1933 ist Crew zufolge keineswegs durch die „Krise der Moderne“ in der Weimarer Republik unentrinnbar vorprogrammiert gewesen.

Um die ungeheure Zäsur des Ersten Weltkriegs und um die deutsche Sozialstaatspolitik in ihm geht es auch Young-Sun Hong,[42] welche die historische Ironie des Umstandes betont, daß der Krieg eben jene Formen traditionaler sozialer Ehrerbietung und politischer Autorität unterminiert hat, zu deren Verteidigung er nicht zuletzt geführt wurde. Der häufig bittere Konflikt zwischen den Organen des säkularisierten Staates und den Organisationen der konfessionellen Caritas wurde als belastendes Erbe an die Weimarer Republik weitergegeben und erst mit den Methoden des „Dritten Reiches“ schließlich „gelöst“. Hongs Grundthese, daß die Staatsintervention damals bereits die „fundamentale Politisierung der sozialen Reproduktion“ herbeigeführt habe, schießt freilich mit jenem typischen Übereifer, der manche feministischen Historikerinnen wegen des Mangels an rechtzeitig geübter Sachkritik kennzeichnet, weit über ein empirisch haltbares Ziel hinaus.

Kaum umsichtiger geht Belinda Davis vor, wenn sie Habermas' Öffentlichkeitsbegriff unter geschlechtergeschichtlichen Perspektiven an einem Beipiel aus dem wilhelminischen Deutschland erörtert.[43] Über dem Aufsatz liegt das fahle Licht des dèja vu. Der „Strukturwandel der Öffentlichkeit“ hat seit 1962 als Katalysator einer breiten Diskussion gewirkt, die auch von Historikern geführt wurde und wird. Infolgedessen klinkt sich Davis mit Einwänden ein, die aus einer dreißigjährigen Debatte, mit der man sich vorher vertraut machen muß, nur allzu bekannt sind. Natürlich arbeitet Habermas mit verschiedenen Idealtypen von Öffentlichkeit. Natürlich ist die „kritisch räsonnierende bürgerliche Öffentlichkeit“ als Idealtyp modelliert und muß – wie die Debatte, ungeachtet seines heuristischen Wertes, ergeben hat – an manchen Stellen aufgrund des empirischen Befunds anders konstruiert werden. Natürlich ist für den frühliberalen Öffentlichkeitsbegriff die Exklusion von Frauen konstitutiv. Doch gerade im kaiserlichen Deutschland begann, noch einmal, die Heilung dieses Defizits Fortschritte zu machen, von denen Davis selber einen diskutiert: den öffentlichen Protest von „minderbemittelten Frauen“ im Krieg.

Davis gibt auch der Versuchung nach, den abgestandenen Vorwurf der geistigen Nähe zu Carl Schmitt wieder aufzugreifen. Der von Habermas verteidigte Öffentlichkeitsbegriff impliziere, meint sie, entgegen seiner erklärten politischen Zielvorstellung von einer wahrhaft demokratischen Gesellschaft „potentiell eine Art von Totalitarismus“, da er die Bildung eines gemeinsamen politischen Willens als das Ergebnis bürgerlich-männlichen Räsonnements unterstelle (409).[44] Ein gründlicheres Mißverständnis der demokratie- und liberalismustheoretischen Positionen von Habermas, die von J. L. Talmons „totalitärer Demokratie“ meilenweit entfernt sind, ist kaum denkbar. Und was Habermas' Umgang mit der berechtigten und unberechtigten Kritik, mit den Forschungsergebnissen und Desiderata angeht, hätte es sich dringend empfohlen, seine ausführliche Stellungnahme im Vorwort zur 19. Auflage von 1990 in den sechs Jahren bis 1996 in Ruhe zur Kenntnis zu nehmen.[45]

Lora Wildenthal[46] hat sich von Studien zum westeuropäischen Imperialismus anregen lassen, in denen die Einwirkungen der langjährigen Kolonialerfahrung auf den Nationalismus im Mutterland im Sinn einer rassistischen, sozialdarwinistischen Umdefinition der nationalen Identität aufschlußreich untersucht worden sind. Auf dieser Linie versucht auch sie nachzuweisen, daß das in einem schmalen Textkorpus beschworene Image der weißen, emanzipierten, selbständigen Siedlerfrau in der Kolonie Deutsch-Südwestafrika, mithin in einem „fremdrassigen“ Ambiente, auf den reichsdeutschen Diskurs über die Veränderung des Nationsbegriffs und des Nationalismus eingewirkt habe. Aus den Thesen werden weitreichende Folgerungen für die inhaltliche Aufladung des deutschen Nationalismus und Imperialismus bis hin zum Nationalsozialismus gezogen. Man muß sich deutlich vergegenwärtigen: Es handelt sich dabei um einen vergleichsweise winzigen

Literaturbestand; um rund hundert unverheiratete deutsche Frauen, die um 1900, überwiegend in der Hoffnung auf die Ehe mit einem Deutschen, in Südwestafrika lebten, um eine sehr kurzlebige, maximal zwanzig Jahre währende Kolonialerfahrung von relativ wenigen deutschen Ansiedlern. Diese dürftige Ausgangsbasis ist mit den jahrhundertealten Kolonialerfahrungen anderer okzidentaler Imperialismen nicht unmittelbar vergleichbar.

Conclusio: In einem solchen Fall zählt nur die überzeugende Rezeptionsgeschichte dieser Spezialliteratur in Deutschland; sie läßt sich an ihrem genauen quantitativen Umfang, an der Auflagenhöhe, an den Sickereffekten verfolgen, die in Zeitschriften und Zeitungen, in der öffentlichen Meinung überhaupt und in der „privaten" Mentalitätsveränderung ausfindig gemacht werden können. Doch nichts von dieser mühseligen empirischen Beweisführung zugunsten der historischen Wirkungen solcher „Images" findet sich hier, so daß auch der unterstellte massive Einfluß auf den Nationalismus vorerst ganz ungesichert bleibt.

Noch einmal: Die Fragestellung als solche ist verlockend, sie verspricht Funde in Neuland. Doch als innovativ könnte das Unternehmen erst dann gelten, wenn die Ansprüche methodisch reflektiert und durch die Rezeptionsgeschichte empirisch exakt kontrolliert würden. Jetzt wirkt es wie eine jener typischen von Foucault inspirierten Diskursanalysen, die sich verselbständigen und mit der Präsentation der Sprachspiele in einem kleinen Diskursuniversum vorschnell zufrieden sind, zu einer glaubwürdigen Wirkungsgeschichte aber nirgendwo vorstoßen.

Von Elisabeth Domansky kannte man bisher eine sorgfältige Untersuchung der deutschen Metallarbeitergewerkschaft, aber auch anregende Aufsätze zur deutschen Geschichte im frühen 20. Jahrhundert. An diese jüngeren Interessen knüpft sie hier mit ihrem Beitrag über „Militarisierung und Reproduktion im Ersten Weltkrieg" an.[47] Neben Eleys Mischung von Trendiness und Anachronismen bildet er einen der beiden Tiefpunkte des Bandes, denn er enthält ein Sammelsurium von häufig geradezu abstrusen Thesen und Spekulationen, ohne spürbare intellektuelle Disziplin, ohne erkennbare Kontrolle durch kritische Einwände, mit der sie der Herausgeber auf den Boden überprüfbarer Argumente zurückgeführt hätte, weit weg von einer empirischen Verankerung mithin, die dem „Vetorecht der Quellen" (R. Koselleck) gerecht würde.

Nur sechs Punkte sollen hier herausgegriffen werden:

1. Eins der vielen Schlachtfelder des Weltkriegs bildete, möchte Domansky glauben machen, der „kulturelle Krieg", der um die Konstruktion eines „neuen Systems von Geschlechterbeziehungen" geführt wurde. Das Ergebnis: „Das Patriarchat wurde in Deutschland zerstört" (428f.). Der Konflikt um den Umbau der Geschlechterordnung hatte aber längst vor 1914 angefangen und hält bis in die Gegenwart an. Die beiden Weltkriege haben nicht nur als Beschleuniger, sondern auch als Hemmschuh gewirkt. Die patriarchalischen Züge in der deutschen Familien- und Gesellschaftshierarchie wurden weder bis 1918 noch bis 1945 zerstört.

2. Die „neue Konstellation von Produktion, Reproduktion und Zerstörung" seit 1914 entsprang – vivat Foucault – aus einem Diskurswandel hin zu einer „Kultur der Wissenschaftlichkeit", wie sie seit dem ausgehenden 19. Jahrhundert das „Projekt der Moderne in der westlichen Welt" umgeformt habe (430). Domansky betont im allgemeinen zu Recht die grundlegende Bedeutung des ungeheuren „Bruchs", den der Erste Weltkrieg darstellte, für die Ermöglichung des Nationalsozialismus. Ob er wichtiger als alle Kontinuitätslinien war, müßte freilich von ihr viel sorgfältiger nachgewiesen werden. Ob Diskurse die wichtigste Kontinuität oder Diskontinuität bildeten, steht in den Sternen. Mit einer schlichteren Simplifizierung kann man die enorme Komplexität der Transformationsprozesse im Verlauf jener Phase der westlichen Modernisierung kaum reduzieren.

3. Ganz folgerichtig geht daraus auch hier das neue Dogma hervor, daß das „nationalsozialistische Projekt eines Umbaus der deutschen Gesellschaft und der Weltordnung auf der Grundlage einer rassistischen Reproduktionspolitik in letzter

Instanz im westlichen Projekt der Moderne" gründete, welches das Deutsche Reich „besonders leidenschaftlich verfolgt" habe (433). Über den Umstand, daß sich eine erfahrene Historikerin mit der globalen Denunziation Foucaults und der unerklärten „Leidenschaft" eines Staates so schnell zufrieden gibt, kann man sich nur wundern. Denn wie erklärt sich das Ausbleiben einer solchen Politik in anderen westlichen Teilnehmerstaaten desselben Projekts? Welche Sonderbedingungen machten Deutschland anfälliger als alle anderen? Überdies: Nur Theologen besitzen die Kenntnis einer „letzten Instanz".

4. Die „totale Mobilmachung" habe, erfahren wir, „jede Frau" in der deutschen Gesellschaft erfaßt (435). Tatsächlich war das nur die Utopie der 3. Obersten Heeresleitung, die nicht einmal in Ansätzen realisiert werden konnte. Ute Daniels bahnbrechende Studie wird zwar zitiert, aber faktisch nicht ausgewertet.[48] Bekanntlich hat sie schlüssig nachgewiesen, daß in den vier Kriegsjahren der prozentuale Zuwachs von Frauen, die in der Industrie berufstätig wurden, mit siebzehn Prozent deutlich geringer ausfiel als jeweils in mehreren Vierjahresperioden vor 1914, als er zwischen zwanzig und zweiundzwanzig Prozent lag. Das Erstaunliche ist mithin nicht die „totale Mobilmachung aller Frauen" – alle daraus hergeleiteten Schlußfolgerungen entfallen –, sondern das verblüffend geringe Mengenwachstum weiblicher Erwerbstätiger während des Krieges. Trotz des kontinuierlich pressierenden hohen Arbeitskräftebedarfs wurden Millionen von arbeitsfähigen Frauen keineswegs mobilisiert. Der Vergleich lehrt, daß England auch in dieser Hinsicht seine Ressourcen ungleich effektiver mobilisiert hat.

5. Die „Militarisierung" der deutschen Kriegsgesellschaft ist unleugbar. Zu ihren Auswirkungen wird hier jedoch hinzugefügt, daß sie die „prinzipielle Grundlage des Systems der Geschlechter-Ungleichheit", das die „bürgerliche Gesellschaft im 19. Jahrhundert charakterisierte", zerstört habe (436). Die Militarisierung habe, heißt es, den Männern ihre familienzentrierte „Macht über die Frauen geraubt", Männerherrschaft leitete sich seither nicht aus der Vaterrolle, sondern aus der

Soldatenrolle ab (427). Trotz aller Belastungen und Zumutungen kann aber von einer solchen Zerstörung der überkommenen Geschlechterordnung in einer empirisch überprüfbaren Form bisher keine Rede sein, am allerletzten in der Bürgergesellschaft. Wie die Jahrzehnte nach 1918 zeigen, haben „die deutschen Männer" weder ihren traditionellen Anteil an der Herrschaft über Frau und Familie verloren noch sich primär auf ihre militärische Vergangenheit, falls sie denn vorhanden war, gestützt. Solche Behauptungen sind genauso konstruiert wie die These, daß die Frauen an der „Heimatfront" bleiben mußten, weil ihre Reproduktionsfähigkeit als eine der „wertvollsten gesellschaftlichen Ressourcen" erkannt worden sei. Realiter hat die Angst vor inneren Unruhen und ihren Auswirkungen auf die Kampfmoral des Feldheeres im Verein mit der Zählebigkeit traditionaler Geschlechterstereotypen in beiden Weltkriegen dazu geführt, daß die politische Spitze in Deutschland vor einer rigorosen Mobilisierung der Frauen für die Kriegswirtschaft zurückgeschreckt ist. Schließlich haben die Veränderungen im Krieg weder rechtlich noch politisch, sieht man vom Frauenwahlrecht ab, die „Grundlage der Rekonstruktion" während der Nachkriegszeit gebildet.

6. Die „bürgerliche Gesellschaft" bleibt auch in diesem Beitrag ein unglaublich verschwommener Begriff. Die aufklärerische Zielutopie wird ständig mit der sozialhistorischen Bürgergesellschaft verwechselt. Die undefinierte „bürgerliche Gesellschaft" gehört jedenfalls zu den großen Angeklagten, denn sie habe auch in Deutschland seit dem ausgehenden 18. Jahrhundert mit der „Kultur und dem Kult der Wissenschaftlichkeit" ein Bündel von explosiven Ideen hervorgebracht, zu denen der Nationalsozialismus nur noch den „wissenschaftlichen Rassismus" hinzugefügt habe. Aus dieser „tödlichen Fusion", die „ziemlich leicht", wenn auch „nicht unvermeidbar" zustande kam, ging das Unheil seit 1933 hervor. Auf die entscheidende Frage, warum – um bei der Kernkraftsprache zu bleiben – diese Fusion tatsächlich zustande kam, habe sie, gesteht Domansky, „keine bessere Antwort als irgend jemand anders". Da es genug bessere Antworten als ihre

gibt, wirkt das Eingeständnis wie eine voreilige Kapitulation vor der genuin historischen Aufgabe, wenigstens ein Erklärungsangebot selber zu formulieren, um die eigene Auffassung diskussionsfähig zu machen. Offenbar ist es zu schwierig, aus der Höhe verstiegener Thesen über die Zerstörung des deutschen Patriarchats, den Kult der Wissenschaftlichkeit, die tödlichen Schwächen der westlichen Moderne und die totale Mobilmachung aller Frauen auf den Boden eines einigermaßen komplexen Erklärungsmodells zurückzukehren, dem die bisherigen empirischen Befunde anstelle von Foucaultschen Diskurssplittern zugrunde liegen.

Unvermittelt folgt nach den vier „Gender"-Studien ein wohltuend nüchterner, kompetenter Überblick von Frank Trommler über die „Kultur der Sachlichkeit".[49] Nachdem ihre Grundlagen im wilhelminischen Deutschland gelegt und manche Elemente im Weltkrieg verändert worden waren, wirkte sie sich erst in der Weimarer Republik voll aus. Und abschließend stellt Rudy Koshar[50] einige Reflexionen an über sein neues Projekt zur Denkmalspflege im Kaiserreich, über den Kult der Erinnerung und über die Art und Weise, wie die deutsche Geschichte jener Zeit heutzutage konzeptualisiert werden sollte. Seine nachdenklichen Überlegungen drücken eine tiefe Skepsis gegenüber der „Sonderwegs"-Interpretation und modernisierungstheoretischen Prämissen aus. Sie übergehen auf der Suche nach einem historisch brauchbaren Begriff der „Politischen Kultur" stillschweigend die anregenden Arbeiten von Karl Rohe.[51] Zuletzt münden sie in die ganz und gar einseitige Forderung, daß die Problematik der Diskontinuität in der deutschen Geschichte des 19. und 20. Jahrhunderts im Vordergrund stehen solle (512).

Erkenntnistheoretisch ist Diskontinuität selbstverständlich ohne eine möglichst klare Vorstellung von Kontinuität nicht einmal denkbar. Und für einen Historiker ist es stets eine fatale Entscheidung, wenn er primär oder sogar ausschließlich für eine dieser beiden Denkfiguren optiert, anstatt die komplizierte und wechselhafte Mischung von Kontinuität und Diskontinuität in den Mittelpunkt zu stellen. Wenn diese Mischung nicht anerkannt wird, läßt sich weder eine historische Interpretation mit Erklärungskraft gewinnen noch um die postulierte Abfolge von Diskontinuitäten herum eine intelligible Geschichte der neueren deutschen – oder irgendeiner anderen – Geschichte schreiben, es sei denn als unerklärte Abfolge Foucaultscher Diskursuniversen, für deren Beschreibung, gut postmodernistisch, die Frage nach dem „warum" uninteressant ist.

IV. Selbst wenn man davon ausgeht, daß die Qualität und Überzeugungskraft von Beiträgen in einem derartigen Sammelband gewöhnlich variiert, bleibt es doch verblüffend, welche Forschungsfelder und Theorieangebote der Herausgeber so vollständig ausgeblendet hat, daß sie weder bei ihm selber noch in den Aufsätzen auftauchen. Der Leser erhält deshalb eine verzerrte und reduzierte Vorstellung von den Schwerpunkten der gegenwärtigen Debatte.

1. Die gesamte, seit fünfzehn Jahren rasch expandierende Bürgertumsforschung fehlt in diesem Band über die „neue Forschung" und die „neuen Aufgaben" vollständig. Ihre Entwicklung begann im Grunde Anfang der 1980er Jahre mit einer Tagungsserie des „Arbeitskreises für moderne Sozialgeschichte" über das deutsche Bildungsbürgertum.[52]

Die weitere Entfaltung wurde seit 1986 vom Bielefelder DFG-Sonderforschungsbereich „Sozialgeschichte des Bürgertums: Deutschland im internationalen Vergleich"[53] und wenig später auch von Lothar Galls Frankfurter Projekt über das Bürgertum in rund vierzehn deutschen Städten zwischen 1780 und 1870 bestimmt.[54] Im „Arbeitskreis für moderne Sozialgeschichte" ist die intendierte Integration der Kulturgeschichte noch nicht gelungen. Dagegen ist im Bielefelder und auch im Frankfurter Projekt diese Integration immer deutlicher hervorgetreten.[55] Zugleich ist das selbstkritisch gesetzte Ziel der Bielefelder Forschungsgruppe, die These vom „Defizit an Bürgerlichkeit" als wesentlichem Element des deutschen „Sonderwegs" zu überprüfen, erreicht worden: Die These kann in ihrer ursprünglichen Form, wie das auch und gerade der Vergleich zeigt, nicht länger aufrechterhalten werden. Das Frankfurter Projekt bestätigt diesen Befund.

Die Bürgertumsforschung bis 1992 hätte der Herausgeber mühelos einer neueren Bibliographie entnehmen und dann kritisch präsentieren können.[56] Die Resultate seither sind ebenfalls leicht zu ermitteln, so daß den Lesern des Sammelbandes der Einblick in einen historiographischen Wachstumssektor mit lebhaften Kontroversen, interessanten methodischen Experimenten und neuen Aufgaben hätte ermöglicht werden können.[57]

2. Im Zusammenhang mit der Entwicklung des deutschen Bildungsbürgertums spielt auch die Historische Professionalisierungsforschung eine wichtige Rolle. Sie knüpfte in ihrer erfolgreichen Variante an Überlegungen Max Webers insofern an, als sie die Expertenkenntnisse der „Freien Berufe" der Ärzte, Anwälte usw. als Machtressource behandelt, die auf spezifischen Dienstleistungsmärkten durch die Kontrolle der Nachwuchsrekrutierung, der akademischen Ausbildung, der Examina, der Zulassung zur Berufspraxis, der Gebührenfixierung, der Autojurisdiktion möglichst monopolisiert werden soll. In den deutschen Staaten hat sich eine Mischung von professioneller Teilautonomie und staatlichem Einfluß durchgesetzt, die inzwischen als Regelfall der Professionsbildung gelten kann, während die von Soziologen lange Zeit als Vorbild betrachtete staatsferne englisch-amerikanische Profession eher einen exotischen Sonderfall darstellt.

Die wichtigsten der neueren Studien über deutsche Professionen – die Bücher und zahlreichen Aufsätze von Claudia Huerkamp über die Ärzte und von Hannes Siegrist über die Anwälte – werden nicht einmal erwähnt, geschweige denn mit den Untersuchungen von Konrad Jarausch, Charles McClelland und ähnlich vorgehenden Autoren und Autorinnen kontrastierend verglichen.[58] Von ihnen werden nahezu beliebig viele Berufsgruppen mit Spezialkenntnissen – wie Lehrer, Ingenieure, Sozialarbeiter, Chemiker, alle zu keiner Zeit in Professionen vereinigt – zur „Profession" erhoben, obwohl sie nur schlichte Berufsklassen ohne die typische Machtmonopolisierung der „Freien Berufe" bilden. Jede Art von Spezialwissen wird hier als Grundlage einer vermeintlichen Professionalisierung behandelt, und der inflationär aufgeblähte Begriff verliert in dieser Nacht, in der buchstäblich alle Katzen grau werden, jede historische Trennschärfe, er wird analytisch wertlos. Eine historische Professionalisierungstheorie läßt sich von daher eben nicht entwickeln.

3. Wo ist die mit gewaltiger Verspätung in Gang gekommene Adelsforschung?[59] Jahrzehntelang haben wir den deutschen „Sonderweg", auf dem insbesondere der ostelbische Landadel eine verhängnisvolle Rolle spielte, diskutiert, ohne die verschiedenen deutschen Adelsformationen vom 18. bis ins 20. Jahrhundert genauer zu analysieren; die Epoche des Kaiserreichs bildet für sie alle eine Schlüsselphase. Diese Lücke ist im nachhinein nicht leicht zu erklären. Seit einigen Jahren aber gewinnen wir von den äußerst zählebigen adligen Machteliten endlich ein genaueres Bild. Warum gibt es kein Wort darüber bei Eley oder irgendwo in diesem Sammelband? Forschungsaufgaben gibt es zuhauf, namentlich in den ostdeutschen Archiven können jetzt viele geklärt werden. Und theoretisch eröffnen die Ansätze von Weber, Elias und Bourdieu, aus der Kulturanthropologie und Kulturgeschichte eine Fülle neuer Perspektiven.

4. Wo ist die neue deutsche Nationalismusforschung, die ebenfalls, wie vorn schon erwähnt, endlich in Bewegung geraten ist?[60] Hier hat sich eine Kontroverse entwickelt, bei der sich zwei Denkschulen gegenüberstehen. Auf der einen Seite argumentieren die Vertreter eines historischen Konstruktivismus mit der „gedachten Ordnung" der Nation, mit den „erfundenen Traditionen" des Nationalismus, mit der Erwerbung eines nationalen „Habitus", mit der funktionalistischen Interpretation der „Antwort" auf die „Herausforderung" revolutionärer Krisen (also mit Weber, Lepsius, Anderson, Gellner, Bourdieu, Hobsbawm u. a.) dafür, den Nationalismus und die von ihm geschaffene Nation als ein relativ junges historisches Phänomen seit dem ausgehenden 18. Jahrhundert zu verstehen. Auf der andern Seite bestehen Historiker auf einer um Jahrhunderte längeren Entwicklungsgeschichte des deutschen Nationalismus, der spätestens seit den Intellektuellenzirkeln des

Humanismus und der Reformation, wenn nicht gar seit dem Hochmittelalter zu erkennen sei. Bisher haben nach meinem Eindruck die Verfechter der ersten Deutung die besseren Argumente vorgetragen. Aber entschieden ist die Debatte noch keineswegs, vielmehr hat sie unlängst erst richtig eingesetzt. Für die Leser des Sammelbandes wäre es aufschlußreich gewesen, darüber informiert zu werden.

5. Wo sind die Studien und Ergebnisse der vergleichenden Geschichte, die Eley selber fordert (41)? Wenn er schon die älteren Arbeiten von Kocka und Puhle nicht erörtern wollte, wäre das doch bei den methodisch und interpretatorisch aufschlußreichen neueren Studien unbedingt geboten gewesen – also zum Beispiel im Hinblick auf Kaelble, Eisenberg, Ehmer, Wienfort, Budde, Tacke, Requate, Welskopp, Prinz, Cleve, Siegrist u. a.[61]

Auf diese Weise hätten die Leser Modelluntersuchungen kennengelernt, die ihnen die Auseinandersetzung mit den schwierigen Fragen der komparativen Geschichte erleichtert hätten.

6. Wo ist die Debatte über die neue Kulturgeschichte, wie sie etwa seit Jahren in „Geschichte und Gesellschaft", auffällig sparsam auch in der neuen Zeitschrift „Historische Anthropologie" geführt wird? Wo ist ein einziger Hinweis auf die neueren kulturgeschichtlichen Monographien deutscher Historiker und Historikerinnen? Wo ist ein weiterer Hinweis auf wenigstens einige der aufschlußreichen deutschen „Gender-Studies"?[62]

7. Wo ist die Präsentation der expandierenden Forschung zur Sozialen Ungleichheit? Die gesellschaftliche Hierarchie in den verschiedenen Epochen der Moderne zu analysieren markiert noch immer einen Königsweg der Sozialgeschichte und der Historischen Soziologie. Die neueren Ergebnisse sind reichhaltig, aber der Leser erfährt über sie genausowenig wie über die offenen Aufgaben.[63]

8. Wo ist ein Hinweis auf die stetig wachsende Bedeutung Max Webers für die Geschichtswissenschaft zur deutschen Moderne (ja, zur Geschichte von der Antike bis zur Gegen-

wart überhaupt)?[64] Man braucht nur daran zu erinnern, welche Rolle Webers Überlegungen für die gegenwärtige Rekonstruktion einer Historischen Kulturwissenschaft – abseits der Trendiness einiger französischer Modeautoren, die meilenweit von der historischen Fundierung des Weberschen Werkes entfernt sind –, für die Wiederbelebung einer umfassenden Handlungstheorie, für die Legitimationsproblematik, für die Deutung der Hitlerdiktatur als charismatischer Herrschaft, für die Herrschaftstypologie überhaupt, für die Debatte über die Sozialdisziplinierung, über ein konstruktivistisches Verständnis von Nationalismus und Nation usw. gespielt haben und weiter spielen, um gewahr zu werden, welches Defizit dieser Band besitzt. Der Herausgeber mag sich für Weber nie selber interessiert oder ihn nur in der von Parsons entstellten, ja verstümmelten Form wahrgenommen haben. Aber kann er deshalb bei der Erörterung theoretischer Anregungen über eine derartige Schlüsselfigur der modernen Gesellschafts- und Kulturanalyse stillschweigend hinweggehen?

9. Während der Lobgesang auf den ahistorischen Foucault eine bizarr übersteigerte Lautstärke besitzt, ist verblüffenderweise von dem Potential an Anregungen, das die Arbeiten von Pierre Bourdieu bieten, nirgendwo die Rede.[65] Dabei finden sich bei Bourdieu theoretisch und methodisch raffinierte Analysen von Klassenstrukturen und Lebensstilen, von Macht und Herrschaft, von Mentalität und Habitus – Analysen, denen eine imponierende Fusion des Denkens von Durkheim und Weber, Levi Strauss und Marx zugrunde liegt. Das Werk von Bourdieu ist Historikern und Historikerinnen, sobald sie sich einmal eingearbeitet haben, unmittelbar zugänglich, da es durch und durch historisch gesättigt ist und seine theoretisch-methodischen Konzepte sich bei der Untersuchung zahlreicher Probleme bereits bewährt haben.

10. Warum der Herausgeber bei der Beschreibung künftiger Aufgaben und theoretischer Angebote auf die Kultursoziologie Bourdieus völlig verzichtet hat, ist genauso unerfindlich wie der Verzicht darauf, die Chancen der Kulturanthropologie,[66] der Volkskunde bzw. Empirischen Kulturwissenschaft,

der neuen Rechtsgeschichte kritisch abzuwägen. Kein Wort auch über die unverzichtbaren Leistungen und offenen Fragen der Wirtschaftsgeschichte, die von dem Kultur-Trend ganz in den Hintergrund gedrängt wird, so daß ein Defizit entsteht, das sich bitter rächen wird. Für eine Erörterung dieser Fragen hätte man auf die modischen Eintagsfliegen, die über das trendgerechte Wortgeklingel hinaus nur extrem wenige Historiker konzeptionell weitergebracht haben, getrost verzichten können.

Anstatt Wege in eine Sackgasse zu empfehlen, die zudem mit dem Abfall kurzlebiger Modeerscheinungen und der Asche erloschener Kontroversen gefüllt ist, hätte dieser Sammelband vor allem drei Aufgaben besser lösen müssen, wenn er dem hohen Anspruch auf richtungsweisende Perspektiven der künftigen Forschung gerecht werden wollte.

1. Die Leser mußten über den Diskussionsstand auf wichtigen Forschungsfeldern und über laufende Kontroversen ungleich umfassender und präziser informiert werden. Insbesondere die zuletzt kritisierten Lücken sind ganz unverständlich.

2. Lohnende und vielfach bewährte Theorieansätze werden stillschweigend übergangen: von Weber über Bourdieu bis zur Ethnologie. Anstatt ihr Potential sorgfältig zu überprüfen, regiert häufig die unkritische Bewunderung von Modeautoren und Modetrends.

3. Nicht zuletzt fehlt es dem Herausgeber und manchen Autoren an der Bereitschaft, die Leser über die eigenen „Wertideen“ (M. Weber), in unserem Jargon: über die erkenntnisleitenden Interessen, und die Standortgebundenheit gegenwärtiger westlicher Historiker und Historikerinnen klar zu informieren und damit diese Prämissen diskussionsfähig zu machen. Statt dessen sitzen sie einer historisch ahnungslosen, modischen Aufklärungskritik auf, die öfters geradezu an einen zynischen intellektuellen Defätismus grenzt. Erst nach der Überwindung dieser Grenzen kann man zu einer neuen „Agenda“ der Geschichte des Kaiserreichs vorstoßen.

10. Sozialökonomischer Wandel – Politische Stagnation: Das Deutsche Kaiserreich am Vorabend des Ersten Weltkriegs

Wegen des gebotenen knappen Überblicks ist eine Erörterung auf mittlerer Abstraktionsebene oder, um das Bild zu wechseln, aus der Vogelperspektive geboten.[1] Deshalb besitzen die Probleme des wirtschaftlichen Wachstums und des sozialen Wandels nur eine relativ zweitrangige Bedeutung. Denn die deutsche Entwicklung entsprach cum grano salis dem westlichen, dem europäisch-nordamerikanischen Verlaufstypus einer sozialökonomischen Modernisierung unter privatkapitalistischem Vorzeichen.

Das ungleichmäßige industriewirtschaftliche Wachstum mit seinen zwischen Konjunktur und Krise wechselnden Fluktuationen hielt weiter an. Dem Trend nach handelte es sich von 1895 bis 1913 um eine Hochkonjunkturphase mit beispiellosen Wachstumsraten; freilich haben sie zwei scharfe Depressionen von 1900 bis 1902 und 1907/1908 unterbrochen, und 1913 setzte eine neue Krise ein, die nur durch den Krieg abgekappt wurde. Die Basisumstellung von einer Agrargesellschaft hin zu einer Industriegesellschaft war bereits seit den frühen 1880er Jahren erfolgt – sie lief nicht erst seit den späten 1890er Jahren an, wie das die Legenden der Kontroverse über die Entscheidung zwischen „Agrar- oder Industriestaat“ weismachen wollen.

Der Ausbau der industriekapitalistischen Marktwirtschaft führte, mit offenbar unvermeidbarer innerer Notwendigkeit, zur Marktgesellschaft, da der Markt zur Zentralinstitution für die Verteilung von Lebenschancen, insbesondere von Arbeitskapazität und Leistungsqualifikation, aufstieg. Durch seine Strukturierungskraft entstanden die neuen Sozialformationen der marktbedingten Erwerbs- und Berufsklassen. Schließlich bildeten sich aus ihnen auch die umfassenderen Verbände der „sozialen Klassen“, die aus regelmäßiger Binnenmobilität, aus Konnubium und Kommerzium, aus segregierter Wohnlage und gemeinsamen Sozialisationserfahrungen, nicht zuletzt aus homogenisierenden politischen Interessen hervorgingen. Beide Entwicklungsprozesse entsprachen, wie gesagt, durchaus dem Tendenztypus der wirtschaftlichen und gesellschaftlichen Modernisierung des Westens.

Ungleich strittiger ist dagegen der Charakter der Konflikbewältigungssysteme. Man kann sie auf verschiedenen Ebenen verfolgen: auf derjenigen der Daseinsvorsorge durch die aufkommende städtische Leistungsverwaltung, der paternalistischen Steuerung der ländlichen Gesellschaft namentlich Ostelbiens, des gesamtstaatlichen politischen Systems mit seinen Unterbereichen, wo man das „Tension Management“ zum Beispiel an der Sozialpolitik, der dreijährigen Militärdienstzeit, der Beeinflussung der politischen Sozialisation erfassen kann. Hier soll wegen ihrer prägenden Wirkungen ein Blick auf die zentralstaatlichen Institutionen geworfen werden. Dabei trifft man auf konkurrierende Interpretationen ihres Charakters und ihrer Evolutionsfähigkeit; vier dieser Deutungen, die sich zum Teil diametral gegenüberstehen, sollen an dieser Stelle knapp erörtert werden.

I. Empirisch und theoretisch ist die Auffassung von einer „vorrevolutionären“ Situation vor 1914 stets unglaubwürdig gewesen, obwohl sie der orthodoxe Marxismus-Leninismus der DDR-Historiographie jahrzehntelang beschworen hat. Inmitten lauter sozusagen konventioneller Spannungen ist bisher kein einziges zuverlässiges Indiz für eine solche explosive Spannungslage dingfest gemacht worden. Vielmehr handelt es sich um einen klassischen Fall der „Erfindung von Traditionen“ für die kommunistische Geschichtstheologie, auch für ihre Heiligenlegende um Rosa Luxemburg und Leo Jogiches, Karl Liebknecht und Franz Mehring. Dieser Ansatz lohnt heute keine Debatte mehr.

II. Den Gegenpol bildet jene Vorstellung, die das Kaiserreich dem Normaltypus der europäischen konstitutionellen Monarchie zuordnet. Unter Friedensbedingungen sei es, lautet der Anspruch, durchaus modernisierungsfähig gewesen, wenn der Krieg nicht über es hereingebrochen wäre. Die ökonomische, soziale und kulturelle Modernität des Reiches sei sowieso unbestreitbar. Doch darüber hinaus werden auch Flexibilität und Wandlungsfähigkeit für das politische System in Anspruch genommen (Conze, Erdmann, Huber).

Ohne spätere Argumente vorwegzunehmen, sei nur kurz darauf hingewiesen, daß selbst nach vier Kriegsjahren weder der Hegemonialstaat Preußen noch das Kaiserreich selber modernisierungswillig waren. Deutschland ist auch nicht in den Krieg „hineingeschlittert". Vielmehr entsprang die Übernahme des Kriegsrisikos in der Julikrise von 1914 durchaus der inneren Kräftekonstellation. Und weshalb hätte sie ausgerechnet nach dem inneren Stabilisierungserfolg eines Sieges von Grund auf verändert werden sollen? Im Prinzip beruht diese optimistische Interpretation auf einem kontrafaktischen Gedankengang, der sich eine extrem schwierige Beweisführung auflastet, da das Kaiserreich ja nun einmal in der Revolution als Monarchie zerbrochen ist.

III. Der deutsche Kaiserstaat sei, heißt es drittens, bereits auf dem Wege der politischen Modernisierung, d.h. der Parlamentarisierung der Reichspolitik und Demokratisierung des preußischen Landtags, zumindest auf dem Weg einer schleichenden, aber letztlich unaufhaltsamen Parlamentarisierung gewesen (Rauh). Diese realitätsferne Euphorie stützt sich auf einen Machtzuwachs der Parlamentsmehrheit, überhaupt des Reichstags, auch und gerade im Verhältnis zum Bundesrat als formalem Organ der Reichssouveränität. Angeblich habe sich die Reichsleitung der „Verbündeten Regierungen" bereits in eine Reichsregierung verwandelt. Ihre engere Kooperation mit dem Reichstag sei ganz so unübersehbar wie die Verminderung des preußischen Einflusses auf die Reichspolitik. Im bizarren Extremfall wird schon von einer manifesten Parlamentarisierung gesprochen.

Die überlegenen Gegenargumente, die bereits auf die vierte Interpretationsvariante hinlenken, bestreiten, daß diese beschönigte Entwicklung zu einem tatsächlich funktionierenden parlamentarischen System vor dem November 1918 ausfindig zu machen ist. Die Reichsverfassung erhielt unverändert sowohl die relative Autonomie der Reichsleitung gegenüber dem Reichstag als auch die Abhängigkeit des Reichskanzlers allein vom Vertrauen des Monarchen. Das Mißtrauensvotum, das 1913 in die neue Geschäftsordnung des Reichstags aufgenommen wurde, gestattete einen symbolischen Protestakt, ohne automatisch zwingende Folgen für den Regierungschef auszulösen. Nach dieser parlamentarischen Reaktion auf die Zabern-Affäre und gegen das antipolnische Enteignungsgesetz wurde die stumpfe Waffe überdeutlich sichtbar.

Die systembedingte Aufwertung des Reichstags, auf den in einer zunehmend komplexeren Gesellschaft eine stetig wachsende Flut von gesetzlich regulierungsbedürftigen Problemen, damit auch ein Machtzuwachs, zulief, ist unleugbar wichtig. Die Bildung einer parlamentarischen Mehrheit aus eigener Kraft kam jedoch nie zustande, geschweige denn die erzwungene Übertragung der politischen Spitzenposition auf den Mehrheitskandidaten. Zugegeben, der Reichstag lernte es allmählich, mit seinem Machtgewinn zielstrebiger umzugehen, niemals aber riskierte er den Machtkampf um die Vorherrschaft, obwohl der klassische Parlamentarismus nirgendwo der Legislative in den Schoß gefallen ist. Vielmehr regierte unverändert die Anpassung an jenen dauerhaften Status quo, den Bismarcks strukturpolitische Entscheidungen zwischen 1866 und 1871 geschaffen hatten.

Die angebliche Regierungsmajorität von 1887 bis 1890 und von 1907 bis 1909 wurde de facto von der Regierung gebildet, zusammengehalten und wieder verloren. Und der preußische Einfluß blieb ein unbeweglicher erratischer Block auf dem Pfad der politischen Modernisierung. Fraglos hat die „Fundamentalpolitisierung" auf dem „politischen Massenmarkt" (H. Rosenberg) in dem Vierteljahrhundert vor 1914 zugenommen, was etwa die hohe Beteiligung an den Reichstagswahlen (1912: 85%) anzeigt. Trotzdem ergab sich daraus weder die Parlamentarisierung noch die Demokratisierung des preußisch-deutschen politischen Systems. Denn die entscheidende Prämisse fehlte bis zum Schluß: der Kampfeswille und die Risikobereitschaft eines selbstbewußten, machthungrigen

Parlaments, das sich in einem großen Konflikt an die Spitze der Herrschaftshierarchie zu setzen willens war. (Letztlich führt die Erklärung dieses evidenten Defizits auf die politische Sozialisation des Führungspersonals und die diesen Prozeß bestimmenden politischen und gesellschaftlichen Rahmenbedingungen zurück.)

IV. Unter Berücksichtigung solcher Gegenargumente läßt sich der vierte Interpretationsansatz umreißen. Ihm zufolge herrschte im politischen System des Deutschen Kaiserreichs eine zählebige Stagnation und Reformblockade. Acht Gesichtspunkte lassen sich gegen die vermeintliche „Normalität" des endogenen Wandels hin zur parlamentarischen konstitutionellen Monarchie ins Feld führen.

1. Regierung und Bürokratie, traditionelle und neue Machteliten sahen in der Parlamentarisierung, erst recht in der Demokratisierung, ausschließlich eine Verdrängung aus dem „Korridor der Macht", eine Degradierung durch zutiefst verhaßte Konkurrenten. Warum sollten sie sich freiwillig auf eine derart radikale Machtdeflation einlassen?

2. Die meisten Parteien standen der Parlamentarisierung mit prinzipieller Feindschaft gegenüber, oder aber sie scheuten das hohe Risiko eines unvermeidbar harten Machtkampfes mit der Regierung in Berlin und in den einzelstaatlichen Residenzstädten, mit dem Kaiser und den etablierten Machteliten. Den Konservativen waren Parlamentarisierung und Demokratisierung aus ideologischen wie pragmatischen Gründen schlechthin Anathema. Der katholische Konservativismus in Gestalt des Zentrums blieb in diesen Fragen gespalten, schlug sich aber faktisch stets auf die Seite des protestantischen Konservativismus. Durch die Nationalliberalen lief spätestens seit 1879 ebenfalls ein tiefer Riß; ihnen lag vor allem an einer liberalkonservativen Allianz gegen die Sozialdemokratie. Unter den Linksliberalen trat der imperialistische Flügel aus funktionalistischen Gründen für die Parlamentarisierung ein, damit Deutschland dank der dadurch gesteigerten innenpolitischen Effizienz und Integration eine durchsetzungsfähigere „Weltpolitik" betreiben könne. Erst am Wertehimmel der „Fort-

schrittlichen Volkspartei" von 1911 kletterte das Bekenntnis zum parlamentarischen System langsam als allgemeines Ziel empor. Die diskriminierte Sozialdemokratie schwankte zwischen dem prinzipiellen Postulat der Bekämpfung aller Klassengegner, bis der „freie Volksstaat" geschaffen war, und dem pragmatischen Ruf nach Parlamentarisierung, um die Exzesse des autoritären Wilhelminismus durch ein volksnäheres Regime zu überwinden. Wegen ihrer Isolierung blieb der Appell folgenlos.

3. In der reichsdeutschen politischen Landschaft fehlten parteienübergreifende Allianzen als parlamentarische Mehrheitsbeschaffer. Vor 1914 war wegen der tiefen Zerklüftung auch überhaupt keine standfeste absolute Mehrheit möglich. Karl Rohes Theorie von den abgeschotteten „Lagern" unterstreicht diese Grundtatsache auf ihre Weise. Für die großen Parteien wäre der Schritt zur „Volkspartei" nötig gewesen, um unterschiedliche Klientelinteressen integrieren zu können. Dieses Ziel warf schwierige Probleme auf, da rivalisierende ökonomische und soziale, konfessionelle und regionale, einzel- und zentralstaatliche Interessen miteinander stritten. Insbesondere die oft unterschätzte föderalistische Struktur des Kaiserreichs verschärfte diese Probleme auf eine abschreckende Weise. Die Ausweitung zur „Volkspartei" hätte überdies den Verzicht auf die polarisierende Abgrenzung von koalitionsfähigen Parteien bedeutet. Dem standen jedoch seit dem Vormärz tief eingeschliffene Traditionen, die Neigung zur politischen Theologie und fundamentalistischen Programmatik beharrlich entgegen.

4. Die Parteien blieben im Vorhof der Macht gefangen. Sie gewannen zwar eine Blockadefähigkeit negativer Art, ohne die Chance, aus eigener Kraft die Regierung stürzen, die Bürokratie und das Militär endlich kontrollieren, die preußische Vorherrschaft aufbrechen zu können. Diese Lage zeitigte fatale Folgen. Da Regierungsfähigkeit nicht gefragt war, unterlagen die Parteien keinem heilsamen Kompromißzwang. Sie konnten ihre Prinzipienreiterei, zu der sie ihr theologisch-weltanschauliches Erbe ohnehin anhielt, ständig fortsetzen. Nach in-

nen wirkte sich kein integrierender Ausgleichzwang aus, so daß die zeitweilig furiosen Flügelkämpfe weitertoben konnten. Wohl aber verteidigten alle Parteien bis auf die SPD die längst überholte Wahlkreiseinteilung, da ihnen die Privilegierung der ländlichen Wahlbezirke zustatten kam und jede Reform aufgrund des Reichswahlgesetzes dem künftigen politischen Gewinner der Urbanisierung, der Sozialdemokratie, zugute gekommen wäre.

5. Die großen Interessenverbände, die – wie etwa der „Bund der Landwirte" und der „Zentralverband deutscher Industrieller" – das „Unterfutter" politischer Parteien bildeten, besaßen kein genuines Eigeninteresse am parlamentarischen System, erst recht nicht an der Demokratisierung. Ihr Arrangement mit der Bürokratie und den Parteien war im Verbundsystem eines autoritären Korporativismus seit den 1870er Jahren fest etabliert. Der Parlamentarismus wirkte in den Augen ihrer Spitzenfunktionäre geradezu dysfunktional, da seine Kompromisse mühseliger waren als der direkte Weg zu den bürokratischen Experten und zum Kanzler.

6. Eine Volksbewegung im Stile des englischen Chartismus war im Kaiserreich nicht mobilisierbar. Trotz aller Mängel boten das Reich und die Einzelstaaten so viele Leistungen, so viel politischen „Output", daß sie von der erdrückenden Mehrheit für akzeptabel oder reformierbar, vor allem aber für reformfähig gehalten wurden. Der Grenzfall einer Generalüberholung des politischen Systems durch Parteien in einer Allianz mit einer Volksbewegung wirkte daher, um es vorsichtig zu sagen, nicht attraktiv – für die meisten sogar als Schreckbild voll unbedingt zu vermeidender Risiken. Trotz der preußischen Anachronismen, trotz der kostspieligen Rüstungspolitik, trotz der Sackgasse der Finanzpolitik, trotz der Verteuerung der Lebenshaltungskosten durch agrarierfreundliche Schutzzölle, trotz des Einfrierens der Sozialpolitik ließ sich die Unzufriedenheit nicht in eine populistische Protestbewegung hinein kanalisieren. Vielmehr bewies das Wählerverhalten, daß der Reichstag als Arena der Interessenverfechtung eine massenwirksame Akzeptanz gewonnen hatte. Sonst hätten die

Prozentziffern der Wahlbeteiligung nicht die Spitzenstellung in den westlichen Verfassungsstaaten gewinnen können.

7. Da die Zusammenarbeit von Regierung, Bürokratie, Parlament, Parteien und Verbänden im System des autoritären Korporativismus funktionierte, wurde der Langzeittrend zur Parlamentarisierung und Demokratisierung weiter abgeschwächt. Das System besaß zum einen seine unübersehbaren Schwachstellen, zum andern aber auch eine unleugbar umfassende Problembewältigungskapazität. Da sich der deutsche Korporativismus inzwischen seit mehr als hundert Jahren in historisch wandelbaren Formen gehalten hat, verkörpert er offenbar einen erfolgreichen Lernprozeß mit relativ wandlungsresistenten Ergebnissen, mit denen sich der voll entwikkelte Industriekapitalismus und der moderne Interventionsstaat auf die Steuerungsprobleme der Politik und Gesellschaft eingestellt haben.

8. Die Machteliten im antidemokratischen Bollwerk Preußen zeigten keine Bereitschaft zu irgendeinem Kompromiß über das Herrschaftsgefüge, da sie ihn als politischen Selbstmord empfanden. Zwei Drittel der Reichsbevölkerung standen daher unter der Kuratel des Dreiklassenwahlrechts. Und nicht nur das: Der Reichskanzler blieb aufgrund der institutionellen Verschränkung von Hegemonialstaat und Zentralstaat von der Mehrheit im preußischen Abgeordneten- und Herrenhaus, oft auch im preußischen Staatsministerium abhängig.

Ohne jede Lernwilligkeit übernahmen die traditionellen preußischen Machteliten 1914 das Risiko auch des „heißen Krieges“ bis hin zum Weltkrieg, um durch den erhofften Triumph die Reformblockade verlängern zu können. Selbst unter dem Egalisierungsdruck des Krieges widersetzten sie sich jeder Demokratisierung des politischen Systems. Nach vier Jahren an der Front blieb den Soldaten die Gewißheit, daheim wieder unter dem Dreiklassenwahlrecht als Bürger minderen Rechts weiter zu fungieren. Worauf kann sich eigentlich die Behauptung stützen, daß sich ein siegreiches Kaiserreich schmerzhaften politischen Reformen unterworfen hätte, da doch die historische Erfahrung die Annahme bestätigt, daß ein Kriegserfolg die gesellschaftliche Machtverteilung zunächst einmal stabilisiert?

Hier ist ein Caveat angebracht, da keineswegs einer dogmatischen Teleologie das Wort geredet werden soll. Hypothetisch hätte sich die neue Balkankrise im Juli 1914 durchaus ohne den deutschen Blankoscheck für Wien lösen lassen. Hypothetisch spricht viel dafür, daß die Reichstagswahlen von 1917, wenn man den Trend von 1912 verlängert, eine sozialdemokratisch-liberale Mehrheit mit einem beherzteren Parlamentarisierungswillen ergeben hätten. Alle derartigen Überlegungen sind jedoch kontrafaktischer Natur. Die Realität des Kaiserreichs sah bis zum November 1918 anders aus. Deshalb bleibt vorerst die tiefe Skepsis gegenüber der endogenen politischen Modernisierungskapazität des Reiches berechtigt.

11. Die Kontinuität der Unbelehrbarkeit: Ein Duell zwischen Bolschewismus und Nationalsozialismus?

Der Berliner Historiker Ernst Nolte ist immer für eine Überraschung gut. Seit seiner Emeritierung stößt er unentwegt Bücher aus.[1] Jetzt liegt das neueste Opus vor: „Streitpunkte. Heutige und künftige Kontroversen um den Nationalsozialismus".[2] Das verrät eine bemerkenswerte intellektuelle Energie. Noch mehr überrascht aber, daß Nolte sich jetzt zum ersten Mal selber korrigiert, wohl gemerkt: auch nur ein einziges Mal. Nicht mehr der „Faschismus in seiner Epoche" – so der Titel seines ersten Buchs, das ihn vor genau dreißig Jahren bekannt machte – hat die Zeit zwischen 1918 und 1945 geprägt. Vielmehr hat der Bolschewismus, daran läßt Nolte keinen Zweifel mehr, die Signatur der Ära von 1917 bis 1989/91 mindestens ebenso nachhaltig bestimmt. Der Grund: Diese „mächtigste Ideologie des 20. Jahrhunderts" bildete die stärkste Herausforderung für die westliche, die bürgerliche Welt. Auch Hitler und der Nationalsozialismus reagierten nur auf den Sowjetkommunismus: erst durch ihre Imitation in Gestalt eines totalitären „Antibolschewismus", dann durch ihren konsequent geführten Weltanschauungs- und Vernichtungskrieg.

Nolte hat dieses Interpretationsschema zuerst 1974 in seinem Buch „Deutschland und der Kalte Krieg“ skizziert, dann in Aufsätzen und in seinem Werk über „Marxismus und Industrielle Revolution“ (1985) weiter ausgeführt, in einem FAZ-Aufsatz, der im Sommer 1986 den „Historikerstreit“ mit auslöste, pointiert zugespitzt und schließlich in seinem Buch über den „Europäischen Bürgerkrieg 1917–1945“ (1987) breit entwickelt. Zwar spricht er das Dementi seines ersten Buchtitels nicht explizit aus. Der Widerruf einer verfehlten eigenen These ist Noltes Sache nicht. Wohl aber ist der Sache nach sein neues Buch daraufhin angelegt, den Sowjetkommunismus als das präzedenzlos Böse, daher als das eigentlich epochale Phänomen hinzustellen, das zwischen 1917 und 1945 den „europäischen Bürgerkrieg“, dann im „Kalten Krieg“ von 1945 bis 1989/91 eine Art von Weltbürgerkrieg erzwang.

Noltes „Streitpunkte“ sind ein staunenerregendes Buch. Auf den ersten Blick kommt es ganz verständig daher. Es verspricht Auskunft über ein gutes Dutzend bekannter NS-Kontroversen, außerdem prognostiziert es fünf künftige Diskussionen. Historiker sind gewöhnlich rückwärtsgewandte Propheten. Warum sollte einer von ihnen nicht auch einmal die vertraute vorwärtsgewandte Prophetie praktizieren? Wie der Inhalt der „heutigen“, erst recht der „künftigen“ Kontroversen präsentiert wird, darauf kommt freilich alles an. Und da erweist sich: Nichts hat Nolte seit dem großen Disput der achtziger Jahre hinzugelernt. Nirgendwo nimmt er, obwohl doch die Gegenargumente so überlegen waren, die unhaltbaren eigenen Argumente zurück, modifiziert sie, bietet neue an – ungeachtet des Umstands, daß die von ihm gepriesenen strengen Regeln der wissenschaftlichen Diskussion eben dies verlangen. Nirgendwo entwickelt er, aufgrund eigener Lernerfahrungen, neuen Erkenntnisgewinn versprechende Hypothesen, die fortab den empirischen Test bestehen müssen, mithin am Vetorecht der Quellen nicht scheitern dürfen.

Der Grundzug dieses Buches ist eine dogmatisch verhärtete Verteidigung all jener umstrittenen Positionen, die man von Nolte aus den letzten zwanzig Jahren kennt. Hinter dem ehernen Panzer ungerührter Rechthaberei lebt dieser einsame Repräsentant einer „philosophischen Geschichtsschreibung" – so seine unbefangene Selbstcharakterisierung 1984 – in der unerschütterlichen Gewißheit, daß sein geschichtsphilosophischer Determinismus von der Einsicht in die „wahren" Impulse und Motive der historischen Akteure getragen wird. Deshalb bedarf er auch keiner Revision. Insofern sind die „Streitpunkte" ein durch und durch doktrinäres Buch. Keiner der zahlreichen zwingenden Einwände, die während einer jahrelangen Debatte geltend gemacht worden sind, hat es vermocht, seine Grundideen auch nur von fern ins Wanken zu bringen. Deshalb ist es in allen wesentlichen Punkten ein Aufguß des „Europäischen Bürgerkriegs" und der Vorläufer-Einfälle seit 1974, jetzt aber in einer Form, die Nolte seinen Kontrahenten gern unterstellt: im Stil einer volkspädagogisch verdünnten Belehrung vom hohen Kothurn des Intimkenners der modernen Weltgeschichte.

Dabei bleibt Nolte ein spekulativ denkender Philosoph, zugleich auch im Grunde ein eigentümlich unhistorisch denkender Verfechter des Historismus. Auf dessen Denkmethode zielte schon 1964 sein – aus der damaligen Unkenntnis der Historismus-Tradition eingeführter – Begriff der „Phänomenologie" des Faschismus. Denn Nolte entwirft die Grundlinien seiner Interpretation und verläßt sich dann auf die überlieferten Eindrücke willkürlich ausgewählter Individuen, damit aber in hohem Maße auf ihren spezifischen Erfahrungshorizont. Die Aussagen entgegenstehender Quellen werden weithin mißachtet.

Auch jetzt demonstriert Nolte wieder, daß die von ihm in Anspruch genommene und praktizierte „philosophische Geschichtsschreibung" mit derjenigen Geschichtswissenschaft nichts gemein hat, die auf möglichst explizit legitimierten erkenntnisleitenden Interessen und leitenden Fragestellungen, auf einer möglichst breit abgesicherten empirischen Basis, auf dem möglichst unvoreingenommenen Austausch rationaler

Argumente beruht und sich deshalb ständig korrigiert, erweitert, verändert. Vielmehr bietet er die Bekenntnisse eines politischen Philosophen, der die Form des historisierenden Essays gewählt hat. Diese Nachbarschaft ist für Historiker betrüblich. Aber dem einsamen Repräsentanten der „philosophischen Geschichtsschreibung" gewährt diese Entscheidung auch unübersehbare Vorzüge: Er kann, unbekümmert um die Konkurrenz der Interpretationen und um die empirisch fundierten Ergebnisse der Fachhistoriker, seine Linie ungerührt beibehalten. Das beschleunigt den eigenen Schreibprozeß.

Auch in Noltes Bekenntnis zur „Zusammenhangswissenschaft" – einer Spätblüte der Hegel-Marxschen Totalitätslehre – steckt die Arroganz eines Philosophen, der weit erhaben über dem Schlamm der empirischen Forschung thront und die Gesamtheit der welthistorischen „Zusammenhänge" souverän erfaßt. Die nicht eben kleine „Community of Scholars", die seit rund sechzig Jahren den Nationalsozialismus untersucht, hat die Anstrengung des Gedankens gewiß nicht gescheut. Aber, hoppla, jetzt kommt Nolte und bescheinigt ihr tumbe Rückständigkeit, denn dem „Nachdenken" müsse, fordert er forsch, endlich mehr Zeit gewidmet werden.

Die eigenen Thesen jedoch – sie bleiben, wie zuletzt schon im „Bürgerkriegs"-Buch von 1987, durchweg unbewiesen. Eine lockere Assoziation von Interpretationseinfällen, häufig aus dem Reservoir zeitgenössischer Befürchtungen und Ängste geschöpft, ergibt noch längst keinen schlüssigen Nachweis, daß der Nationalsozialismus primär eine Reaktion auf den Bolschewismus und der Holocaust eine radikal übersteigerte Imitation von dessen Vernichtungspolitik gewesen seien. Vom grundsätzlichen Ansatz her verkörpert Noltes neues Buch eine schroffe Abwertung der tatsächlichen historischen Genese des Nationalsozialismus als einer Protestbewegung gegen den westlichen Modernisierungsprozeß, gegen den Rationalismus, gegen den Kapitalismus und seine Klassengesellschaft, gegen die Linke, gegen die Schmach der Niederlage im Ersten Weltkrieg. Für alle schmerzhaften Veränderungen, Konflikte und Enttäuschungen haben Hitler und der Nationalsozialismus

„die Juden" verantwortlich gemacht. Sie sollten daher beseitigt werden, längst ehe die Sowjetunion konsolidiert war und sich als erste kommunistische Großmacht mit weltrevolutionärem Anspruch behaupten konnte. In Noltes Interpretation steckt eine monomane Reduzierung der gesamten Geschichte seit 1917 auf die Russische Revolution, die Entwicklung der Sowjetunion und die internationalen Reaktionen auf sie.

Nicht minder bizarr als dieser Reduktionismus ist Noltes Vorstellung von einem „historischen Recht" des Nationalsozialismus, dem „roten Terror" gewaltsam entgegenzutreten. Als ob die braune Barbarei einen irgendwie gearteten Rechtstitel auf ihrer Seite gehabt hätte, als sie die rote Diktatur 1941 überfiel, um sie durch einen neuartigen Vernichtungskrieg auszulöschen. Es ist ein höchst verschrobener Begriff von „Recht", den Nolte immer wieder für ein angeblich angemessenes historisches Verständnis des Nationalsozialismus bemüht. Es ist eins, ein historisches Phämonen in seiner Komplexität möglichst umfassend und genau zu verstehen und zu erklären, mithin Verstehen und Erklärung nicht durch ein vorschnelles oder moralisierendes Urteil zu blockieren. Etwas anderes ist es, auf einem „historischen Recht" des Nationalsozialismus zu bestehen und damit Gerechtigkeit für ihn einzuklagen, weil er auf die vermeintlich einmalige Herausforderung durch den Kommunismus und die Sowjetunion doch nur mit imitierender Härte geantwortet habe. Das historische Urteil wird durch die Kategorie eines derartigen „historischen Rechts" alles andere als glaubwürdiger, vielmehr mit einer schweren geschichtsphilosophischen Bürde ohne Beweiskraft belastet.

Noltes Insistieren darauf, endlich ein „historisches Recht" des Nationalsozialismus anzuerkennen, zeigt erneut, daß seine fundamentalen Begriffe nicht „sitzen". Selbstverständlich soll der Historiker die Eigenarten des nationalsozialistischen Rußlandkriegs möglichst präzis erfassen, durch den Vergleich sowohl die Unterschiede als auch die Gemeinsamkeiten mit anderen Kriegen herausarbeiten, schließlich – sein höchstes Ziel – die Ursachen und die Natur dieses Krieges überzeugend erklären. Führt man aber, wie Nolte, ein „historisches Recht" auf die kriegerische Attacke gegen die latente Bedrohung durch den Bolschewismus ein, dient man – ungeachtet aller Kritik an den Exzessen des deutschen Vernichtungskriegs – nur zu leicht der Rechtfertigung des angeblich provozierten Gegenschlags.

In seinem Überblick über die laufenden Kontroversen präsentiert Nolte bekannte Probleme, als da sind: Kontinuität und Diskontinuität in der deutschen Geschichte nach 1933, der revolutionäre oder gegenrevolutionäre, der modernisierende oder archaische Charakter des Nationalsozialismus, der Einfluß Hitlers, der Charakter des Herrschaftssystems, die Rolle von Industrie, Justiz und Wehrmacht, der Widerstand, die Außenpolitik, die Natur des Krieges und die „Endlösung".

Warum Nolte aber für den radikalen Revisionismus der schmählichen französischen Apologetik à la Rassinier, Faurisson und ihrer trüben Gesinnungsgenossen erneut eine Lanze bricht, ist kaum zu verstehen. Zugegeben, exotische Außenseiter können zur Klärung vernachlässigter Probleme anregen. Das ist schnell konzediert. Aber warum muß diese „lunatic fringe" ausführlich gewürdigt und damit aufgewertet werden, obwohl sie doch noch immer auf ihren aberwitzigen Behauptungen besteht, etwa daß die „Reichskristallnacht" von jüdischen Organisationen selber inszeniert worden sei, ja daß die deportierten Juden in abgelegenen Gebieten Weißrußlands angesiedelt worden seien und dort bis heute lebten?

Immerhin: Manches Problem wird von Nolte sachkundig charakterisiert, gelegentlich durch hypothetische Fragen produktiv in Frage gestellt. Überhaupt tritt Noltes intellektuelles Format auch in diesem Band wieder zutage.

Dennoch: Wichtige Probleme bleiben blaß. Zu ihrem Kern vorzustoßen, reizt Nolte offenbar nicht. Ein Beispiel: Vieles spricht dafür, die Rolle Hitlers und das NS-Regime als „charismatische Herrschaft" im Sinne Max Webers zu verstehen. Denn man kann mit Hilfe dieses Herrschaftstypus Hitlers Sonderstellung, zugleich aber auch den Charakter des „Dritten Reiches" mit seinen rivalisierenden Machtzentren erfassen. Der englische NS-Experte Ian Kershaw, von Nolte wegen einer frei erfundenen „marxistischen oder halbmarxistischen Grundeinstellung“ flugs abgekanzelt, und der Heidelberger Soziologe Rainer Lepsius haben das zum Beispiel überzeugend getan. Nolte hätte sich auf solch eine aussichtsreiche Erklärung genauer einlassen sollen, da sie den sterilen Gegensatz zwischen der „intentionalistischen“ und der „funktionalistischen“ Interpretation der NS-Zeit zu überwinden vermag. Statt dessen begnügt er sich mit einigen hingetupften Impressionen.

Im Grunde hängt das damit zusammen, daß ihn die Analyse und Erklärung realgeschichtlicher Prozesse und Entscheidungszusammenhänge nicht interessiert. Ihm geht es ausschließlich um die ideologisch verformten „Motivstrukturen der politisch Handelnden“.[3] Nolte versteht sich weiterhin als geschichtsphilosophisch inspirierter Ideologieforscher. Deshalb drängt bei ihm alles – wenn auch in seiner oszillierenden Sprache oft in den Konjunktiv und in die Frageform verpackt – auf die angeblich dominante Grundkonstellation des 20. Jahrhunderts hin: Mit dem Bolschewismus errang eine menschenfeindliche Ideologie die Vorherrschaft in einer Großmacht. Ihrem globalen Erlösungs- und Revolutionspostulat sah sich besonders die westliche Welt fünfundsiebzig Jahre lang ausgesetzt. Hitler „muß“, zusammen mit dem Nationalsozialismus, an erster Stelle als Reaktion auf diese Bedrohung begriffen werden. Mit einem „gewissen historischen Recht“ widersetzte er sich dem „umfassenden Anspruch“ des Sowjetkommunismus „mit großer, wenn auch vermutlich weit überschießender Energie“.

Jetzt rasten alle Nolteschen Klischees ein. Um der barbarischen Herausforderung gewachsen zu sein, bedurfte Hitler eines den Feind imitierenden „Antibolschewismus“ von überlegener Härte. Als radikalisierter Vertreter des bürgerlichen Westens begegnete dieser „Anti-Lenin“ der Vernichtungspraxis der Bolschewiki erst mit „Vernichtungsfurcht“, dann mit „Vernichtungswillen“. Genaugenommen wurde Hitler seine Vernichtungspolitik von diesem unmenschlichen Gegner geradezu aufgedrängt. Konsequent geht es weiter: Der Antibolschewismus bildete den „Grundbestandteil“ der Ideologie

Hitlers. In der Hierarchie seiner Motive besaß er den „Vorrang". Alles Weitere „muß" von hier aus interpretiert werden: der Antisemitismus, die Rassenlehre, die Kampf-Doktrin, die Lebensraum-Expansion.

Mit diesem Gewaltstreich, der die historische Chronologie auf den Kopf stellt, werden alle von der internationalen Forschung ausführlich nachgewiesenen, prinzipiell andersartigen Bedingungszusammenhänge geleugnet, zur Makulatur erklärt.

– Der Antisemitismus aus trüben Wiener und reichsdeutschen Quellen stand längst „im Zentrum von Hitlers Weltanschauung", welche die Juden als Ursache aller Fehlentwicklungen der Moderne beseitigen wollte, ehe Sowjetunion und KPD zu Erzfeinden aufstiegen. Es ist daher keineswegs „töricht", „den Antisemitismus der Nationalsozialisten von ihrem Antibolschewismus" abzulösen. Vielmehr stimmen alle ernstzunehmenden Historiker darin überein, daß der Antisemitismus die „Primärideologie", die „eigentliche ideologische Antriebskraft" Hitlers und seiner Anhänger war. Der Antibolschewismus hat diesen Antisemitismus zusätzlich aufgeladen, aber nicht etwa hervorgerufen.
– Dasselbe gilt für das wirre Gebräu der „Rassenlehre", die völlig unabhängig vom Bolschewismus entstanden war und längst ihren fatalen Einfluß besaß, ehe die Sowjetunion auf der Bühne erschien.
– Der Sozialdarwinismus hatte längst den „Kampf ums Dasein" als naturwissenschaftliches Gesetz gepredigt. Hitler war ein Gläubiger dieser Säkularreligion, ehe Lenin gesiegt hatte.
– Der kriegerische Drang nach „Lebensraum" war längst aus den Erfahrungen des Imperialismus und des Scheiterns im Ersten Weltkrieg entsprungen. Das künftige, nach Osten gewaltig erweiterte großdeutsche Kontinentalreich sollte eine neue Niederlage ausschließen.
– Der Antimarxismus hatte sich längst herausgebildet, da die sozialistischen Massenbewegungen furchterregend genug wirkten, ehe der Bolschewismus siegte. Im übrigen haben Zeitgenossen und Historiker den antimarxistischen Charakter des Faschismus seit jeher betont, keiner hat den Antibol-

schewismus nicht ernstgenommen. Nolte hat diese Reaktion nicht entdeckt, nur zu einer alles beherrschenden Dimension aufgebläht.

Vom Radikalnationalismus Hitlers und seiner Deutschen liest man dagegen nichts Lichtvolles, obwohl diese Ideologie für die Erfolge des Nationalsozialismus weit wichtiger war als sein Antisemitismus oder Antibolschewismus!

Nichts hatten diese Elemente der Ideologie Hitlers und des Nationalsozialismus „ursprünglich" mit dem Bolschewismus zu tun, obwohl sie später gegen ihn mobilisiert werden konnten. Unverändert blendet Nolte die empirisch nachgewiesene historische Genese dieses wüsten Ideenkonglomerats aus. Da es aber nur in Deutschland als einzigem hochentwickelten Industrieland einen „Radikalfaschismus" gegeben hat, der aus eigener Kraft einen Staat beherrschte, sollte die aus der spezifisch deutschen „Krisengeschichte entspringende Herausforderung Europas" im Mittelpunkt stehen.

Nichts davon: Reaktion – Imitation – Destruktion, in dieses Schema preßt Nolte ein ganzes Zeitalter. Der Nationalsozialismus wird damit aus dem Kontext der deutschen Geschichte faktisch herausgelöst, der historische Prozeß auf Imitation reduziert, der Imitator zum stärkeren Gegenschlag gezwungen. Deshalb bleibt es für Nolte dabei: Der „kausale Nexus zwischen GULag und Auschwitz" lasse sich „schlechterdings nicht bestreiten". Auf die Fundamentalbedrohung nur reagierend, führte Hitler seit 1941 im tieferen Sinne einen „Präventivkrieg". Der Nationalsozialismus kann nicht „das ‚absolut Böse' sein, soweit er sich einem überschießenden Glauben entgegenstellte, der nun [1993] als Irrglaube enthüllt" ist. Ergo noch einmal: „Wer die Untaten des Nationalsozialismus nicht als Gegenbilder zu den früheren Untaten des Bolschewismus verstehen will, wer in der Größe und Tragik des Nationalsozialismus nicht späte(!) und angestrengte(!) Gegenzüge zu den ursprünglicheren" der Roten erkennen wolle, habe vom 20. Jahrhundert „ein grob verzerrtes Bild".

Manchmal freilich ist Nolte noch mehr als bizarr. Die „unterschiedslose Stigmatisierung des ‚Antisemitismus' muß", liest man, „als bloßes ... Kampfmittel gelten". Und die „heikelste Frage", die nach dem „rationalen Kern" des NS-Antisemitismus, beantwortet er freimütig mit der „inneren Affinität" des „Judentums" zu „den bolschewistischen Ideen". Überdies sei – das Buch ist voll unterschwelliger Distanz und verklausulierter Häme gegenüber Juden und Israel – die „innere Affinität der Konzeptionen von Zionismus und Nationalsozialismus schlechterdings" nicht zu leugnen.

Nolte ist voller Sorge um seine Deutschen, die als „Sündervolk" verketzert worden seien. Er sieht in den Lichterketten „unter dem Deckmantel" des Protests gegen die Ausländerfeindschaft „in Wahrheit" die Absicht, das endlich wieder „hervortretende Nationalbewußtsein ... im Keim zu erstikken". Er weiß auch, was die liberalen Befürworter der „multikulturellen Gesellschaft" umtreibt: Sie kämpfen dafür, auf diesem perfiden Umweg „endlich jene Schichten ... auszuschalten, denen man die Schuld am Ausbruch des Ersten Weltkriegs und am Sieg des Nationalsozialismus zuschreibt".

Sollte etwa hinter allem Nolteschen Wortgeklingel nur ein „rechtschaffener" deutscher Nationalist stecken, der deutsche Untaten relativieren, die historische Verantwortung von deutschen auf andere Schultern abwälzen will? Ist das die schlichte Botschaft dieser „philosophischen Geschichtsschreibung"? Noltes Schlußappell lautet angesichts der offenbar unheilbaren Denkfaulheit aller anderen Historiker anders: „Ich erwarte zuversichtlich, daß in Zukunft das Nachdenken ... über den Nationalsozialismus einen größeren Platz einnehmen wird" und daß man dabei „den Begriff des europäischen Bürgerkriegs ... zugrunde legen muß"!

12. Der Kampf gegen das Bundesverfassungsgericht

Der Mann will mit dem Kopf durch die Wand – mitten durch den Sicherheitswall jener Grundrechte, die den einzelnen und eine Minderheit vor der Verletzung durch den Staat oder eine Mehrheit schützen sollen.[1] Eben jenes Oberste Gericht der

Bundesrepublik, das diesen Schutz aufrechtzuerhalten hat, klagt derselbe Mann paradoxerweise an, daß es „mit dem Kopf durch die Wand" wolle, weil von der „Mehrheit jenes kleinen, elitären Zirkels des Verfassungsgerichts" die „Wand des Rechtsgefühls einer Mehrheit im Volk" als „spießig und überständig angesehen" werde. Die Rede ist von dem Journalisten Karl Friedrich Fromme und der Dauerpolemik, die er gegen Entscheidungen des Ersten Senats des Bundesverfassungsgerichts in der „Frankfurter Allgemeinen Zeitung" in Gang hält. Gleichgesinnte Mitstreiter haben sich diesem Angriff angeschlossen. Dabei geht es um das Urteil über die Straffreiheit von Anti-Atom-Demonstranten, um das „Kruzifix"-Urteil, um das erste und jetzt um das zweite „Soldaten sind Mörder"-Urteil.

Diese Polemik, die sich dumpfe Zustimmung erhofft, hat bisher, das ist erstaunlich genug, noch längst nicht dasjenige Maß an öffentlicher Kritik ausgelöst, das wegen des grundsätzlichen Charakters der Offensive geboten ist. Im Prinzip kündigt sie nämlich an einem vitalen Punkt den Verfassungskonsens der Bundesrepublik auf. Pointiert gesagt: Die Polemik läuft auf einen Appell zum Verfassungsbruch hinaus, wenn man einen (gleich zu erörternden) weiten Verfassungsbegriff zugrunde legt. Ob bei hellem Bewußtsein oder voll emotionaler Empörung – diese Stoßrichtung teilen sie alle, die Fromme, Maier, Stoiber, Rühe und jene, die ihnen im Kern zustimmen.

Es sträuben sich einem die Haare, wenn man neuerdings wieder ständig zur Kenntnis nehmen muß, daß hierzulande mehr als zweihundert Jahre nach der verfassungsrechtlichen Institutionalisierung von Grundrechten eine Debatte inszeniert wird, die uns in einen Zustand artifizieller Beschränktheit versetzen und mit politischer Rückständigkeit beglücken will. Man durfte vorher aus vielen guten Gründen die Kontroverse über den Sinn von konstitutionell verbrieften Grundrechten für längst ausgestanden halten. Grundrechte sind nach einer langen Diskussion in der politischen Theorie des Westens als Schutzrechte des einzelnen und von Minderheiten, die gegen

Übergriffe, sei's des Staates, sei's einer Mehrheit, effektiv geschützt werden sollen, seit dem berühmten Anhang von 1789 zur nordamerikanischen Konstitution in modernen Verfassungen verankert worden, 1949 auch im Grundgesetz der Bundesrepublik. Zum Hüter der Grundrechte ist – ähnlich wie der „Supreme Court" der Vereinigten Staaten – das Bundesverfassungsgericht aufgestiegen, auch und gerade im Hinblick auf eine so kostbare liberale Errungenschaft wie das Recht auf Meinungsfreiheit.

Die wortwörtlich grundlegende Entscheidung im Falle des Hamburger Senatssprechers Paul Lüth, der zum Boykott eines Films des „Jud Süß"-Regisseurs Veit Harlan aufgerufen hatte, vom Verleiher wegen Geschäftsschädigung verklagt wurde, aber schließlich dank des vom BVG 1958 bestätigten Vorrangs der individuellen Meinungsfreiheit obsiegte, bedeutet einen Meilenstein in der Entwicklung des deutschen Verfassungsstaats. Denn nicht nur einer Institution wie etwa der Presse, sondern auch der, wie es hieß, die freiheitliche Demokratie „schlechthin konstituierenden" Meinungsfreiheit des Individuums wurde die grundrechtliche Schutzwürdigkeit mit der Auslegung explizit zuerkannt, daß grundrechtseinschränkende Gesetze immer im Lichte dieses vorgeordneten Grundrechts ausgelegt werden müßten. Das ist seither die bindende Konsequenz der „ständigen Rechtsprechung" des BVG, mit weitreichenden, rundum positiven Folgen bis heute.

Eine „vergilbte" Entscheidung, so wird sie jetzt von Fromme abqualifiziert, da „die Meinungsfreiheit, die ihre Schranken weitgehend abgelegt hat", keiner „abermaligen Befreiung" bedürfe. Keineswegs soll mithin das BVG beharrlich und gesinnungsfest, verfassungskonform und weltklug die Grundrechte, insbesondere die Meinungsfreiheit, als Hüter der Verfassung gegen neue Anfechtungen verteidigen. Vielmehr wird ihm die verfassungspolitische Selbstkastration zugemutet, soll es doch „in der ihm zugemesssenen Sphäre" – voller Zivilcourage das Auge starr auf das anempfohlene Ziel gerichtet, „nicht in die Zone der Kritik" zu geraten – den imponierenden Schutzschild seiner Grundrechteverteidigung schlichtweg vergessen. Statt dessen soll es endlich der von ihm ganz zu Unrecht „als spießig empfundenen Volksmeinung" folgen.

Nähme man diese Aufforderung eine Sekunde lang ernst, brauchten wir im Grunde keine verfassungsgerichtlichen Entscheidungen in Grundrechtskonflikten mehr. Ein penibler Notar, der das gesunde Volksempfinden mit Hilfe der Demoskopie beflissen ermittelte, ehe es zur Verhaltens- und Handlungsmaxime aller erhoben würde, genügte dann vollauf. Hinweg also mit dem Grundrechtekatalog auf die Müllhalde der Geschichte. Mit der Berufung auf die „Volksmeinung" haben wir ja schon früher die glücklichsten aller Erfahrungen gemacht.

Darüber hinaus: Nicht nur ein Teil des Grundgesetzes gehörte dann in den Orkus. Nachdem es in Kraft getreten war, haben bekanntlich Aberhunderte, ja Tausende von Entscheidungen der Obersten Bundesgerichte, Jahr für Jahr erweitert und differenziert, den neuen deutschen Verfassungsstaat erst konkret ausgestaltet. Sie – und keineswegs allein das Parlament – haben ganz wesentlich jene dichte Textur geschaffen, welche inzwischen die Verfassung unseres Landes im weiten Sinne bildet: jenes rechtlich fundamentierte Ordnungsgefüge, das nicht allein auf dem isolierten Text der Verfassungsurkunde beruht.

An dieses Gewebe, das eine der größten innenpolitischen Leistungen der Bundesrepublik verkörpert, soll nun rücksichtslos die Klinge angesetzt werden. Man durfte die Einsicht, daß jede Verfassung auf einer normgerechten, aber auch politisch lernfähigen Weiterinterpretation beruht, bisher für Gemeingut halten. Denn es ist die konkretisierende, die Zielwerte des Grundgesetzes stets aufs neue auslegende Entscheidungspraxis der höchsten Gerichte, die zu einem großen Teil jenen Verfassungs-, Rechts- und Sozialstaat geschaffen hat, der zu einem Ruhmestitel der Bundesrepublik, ja mehr noch: zu einem der belastbarsten Bausteine ihrer Legitimationsbasis geworden ist.

Wer deshalb heute darauf drängt, an einem besonders sensitiven Punkt dieser Verfassungsordnung, an der Grundrechteverteidigung, die Axt anzulegen – und nichts anderes bedeutet der Aufruf, dem Götzen der Mehrheitsmeinung die Definitionsmacht eines neuen Gesetzesstifters ausgerechnet im Hinblick auf liberale Schutzrechte zuzuweisen –, stellt mit dieser Frontalattacke die Freiheitssicherung durch höchstrichterliche Entscheidungskompetenz massiv in Frage. Er bastelt an einem Sprengsatz: Eine sehr verletzbare politische Kultur wird radikal in Frage gestellt, die bisher auch von dem Sicherheitsnetz Tausender von letztinstanzlichen und insofern zwingend bindenden Interpretationen getragen worden ist.

Was anderes tut denn ein renommierter Politikwissenschaftler wie Hans Maier, der früher Jahr für Jahr das Verfassungssystem der Bundesrepublik als akademischer Lehrer und gewiß nicht als „staatsfeindlicher“ Radikaler erklärt, zudem fast zwanzig Jahre lang im Freistaat Bayern als Kultusminister fungiert hat, wenn er, die BVG-Entscheidung mit Nazi-Methoden vergleichend, unverhüllt zum Widerstand gegen das „Kruzifix“-Urteil aufruft? Was anderes tut denn der Ministerpräsident Stoiber, wenn er dieses Urteil als Verletzung der Mehrheitsüberzeugung verdammt, der populistischen Neigung zu Protestdemonstration und Stimmenfang nachgibt und gegen die bewährten Regeln unserer politischen Kultur den Bruch mit der Verfassungsordnung im weiten Sinn befürwortet, ja die BVG-Entscheidung sogleich durch ein neues Gesetz zu unterlaufen sucht? Das ist die gnadenlos direkte Aufkündigung des Respekts vor dem höchsten Verfassungsorgan. Das ist die offene Machtprobe. Das ist die Bestreitung der höchstrichterlichen Interpretationsbefugnis des BVG. Das ist im Kern die Aufkündigung des Verfassungskonsenses, der Bonn von Weimar bisher unterschieden hat.

Was liegt eigentlich rechts von der Wand, an die sich Fromme et alii anlehnen? Eine noch massivere Aufkündigung dieses Konsenses und dieser Verfassungsauslegung, die solange den Leistungsstolz der Bundesrepublik mitbegründet hat? Von Grund auf verfehlt ist jetzt jeder weitere Aufruf zum Widerstand gegen konsequent liberale BVG-Urteile, erst recht im Zeichen der ominösen Monstranz „Mehrheitsmeinung“.

Geboten ist vielmehr der Widerstand gegen Verfassungsverächter, die ihre Interessen über die Anerkennung der Grundentscheidung stellen, das BVG als Hüter und Ausleger der Verfassung zu akzeptieren. Und gehütet werden müssen vor allem ihre verletzlichen, ihre immer wieder umstrittenen und daher einer grundsatztreuen Interpretation bedürfenden Elemente.

Die neuen Verfassungsverächter gehören meist zu jenen, welche die PDS für gefährlichen Sprengstoff halten. Doch im Vergleich ist diese exotische Regionalpartei mit ihrer absehbaren Halbwertzeit bei weitem nicht so gefährlich für das gesamte Gemeinwesen wie die hinter der Fassade bürgerlicher Wohlanständigkeit agierenden Advokaten des gekränkten Volksempfindens. Denn sie wollen einen Stützpfeiler der Verfassungsordnung beseitigen, ungeachtet aller voraussehbaren Zerstörung, die ihre Attacke auf ein liberales Grundrechtsverständnis alsbald nach sich ziehen kann.

Der Streit um die Dilemmata der Opposition, um Europa nach Maastricht, um Bundeswehreinsätze ist fraglos wichtig. Beim Angriff der Verfassungsverächter aber geht es auch um ein Fundament unseres politischen Konsenses und unserer Verfassungsordnung. Die politischen Vorzüge der alten Bundesrepublik sind uns nicht in den Schoß gefallen, sondern in aller Regel erstritten worden. In der gegenwärtigen Phase der schwierigen inneren Vereinheitlichung der neuen Bundesrepublik müssen diese Vorzüge mit Nachdruck verteidigt werden, da sie keineswegs als unerschütterliche Traditionsbestände von selbst, geschweige denn automatisch erhalten bleiben. Deshalb liegt in der Offensive des neuen Illiberalismus eine grundsätzliche Herausforderung, der gerade in einer formativen politischen Gründungsperiode mit ihren folgenreichen Weichenstellungen entschieden entgegengetreten werden muß. Wollen sich nicht endlich mehr Verteidiger der Bundesrepublik – des ersten liberalen, demokratischen, funktionstüchtigen Verfassungs-, Rechts- und Sozialstaats, der den Deutschen bisher geglückt ist – gegen diese Zumutung zur Wehr setzen?

III.

13. „Moderne“ Politikgeschichte? Oder: Willkommen im Kreis der Neorankeaner vor 1914

Eine Gesamtdarstellung der deutschen Außenpolitik von 1871 bis 1945 existierte bisher nicht. Klaus Hildebrand, durch eine Fülle von einschlägigen Arbeiten ausgewiesen, hat sich an das Unternehmen gewagt.[1] Das Ergebnis ist ein kenntnisreiches Buch, es zeugt von der Belesenheit des Verfassers,[2] es ist innerhalb seines Interpretationshorizonts ein reflektierter Überblick, es ist durchweg um ein abgewogenes Urteil bemüht. Daher wird die Kritik der Fachleute aus der internationalen „Community of Scholars“ diese Synthese als bemerkenswerte Leistung anerkennen.

Hier sollen aber nicht die Vorzüge hervorgehoben, sondern einige auffällige Grenzen und strukturelle Schwächen des Werkes erörtert werden. Denn obwohl es eine orthodoxe deutsche Tradition der Methode und Interpretation von Außenpolitik ungebrochen fortsetzt, wird es als Nachschlagewerk auf seine künftigen Leser einwirken. Zugleich verteidigt es implizit die Angemessenheit seines Ansatzes, und daß dieser sich auf der Höhe des derzeitigen Diskussionsniveaus bewege, wird durch eine solche Neuerscheinung mit dem Ziel einer umfassenden Bilanz zumindest suggeriert.

Die Methode und der Interpretationsstil, wesentliche Prämissen und Denkfiguren sind jedoch sehr bestreitbar. Um die Diskussion über diese anspruchsvolle Darstellung, damit aber auch überhaupt über eine moderne Politikgeschichte voranzubringen, sollen hier einige Einwände und Überlegungen unter sechs Sachgesichtspunkten zusammengefaßt werden.

I. Hildebrand unterstützt das Plädoyer für eine „moderne“ Politikgeschichte, das sein Mentor, Andreas Hillgruber, mit erwägenswerten Gründen bereits vor einem Vierteljahrhundert gehalten hat. Dennoch stellt er sich nicht der seither anhaltenden Kontroverse über diesen programmatischen Anspruch und die seltenen Versuche, ihm gerecht zu werden. Obwohl das zu Beginn eines solchen Werkes nahegelegen hätte, ja wegen des Gebots der intellektuellen Redlichkeit im Sinne eines möglichst offenen Austauschs der Argumente eigentlich unerläßlich ist, begründet Hildebrand mit keinem Wort die eigene Position; er entwickelt nirgendwo seine erkenntnisleitenden Interessen; er verteidigt nirgendwo seine Herangehensweise an die Geschichte von Außenpolitik; er grenzt sich nirgendwo von konkurrierenden Ansätzen ab.

Diese asketische Zurückhaltung hat vor allem zwei Nachteile: Die Argumentationsscheu mutet dem Leser zu, sich der narrativen Darstellung ohne jede Auskunft über ihre Prämissen und Ziele gutgläubig anzuvertrauen. Die Konfliktscheu verhindert es, für eine zeitgemäße Geschichte der Internationalen Beziehungen programmatisch zu werben, ehe dann durch die empirische Darstellung dem Leser die Möglichkeit eröffnet wird, den Entwurf mit der Ausführung zu vergleichen. Ist das Buch überhaupt als Beitrag zu einer „modernen" Politikgeschichte gemeint? Oder wird der Anspruch stillschweigend aufgegeben? Beides erfährt man nicht.

II. In methodischer Hinsicht hätte das Werk auch vor 1914 geschrieben worden sein können. Streng chronologisch aneinandergereiht wird Krise für Krise, Vertrag für Vertrag berichtet. Dabei tritt ein fataler Hang zutage, einen einzigen „Policy-Maker", den Kanzler oder Außenminister, in den Mittelpunkt zu stellen. Anfangs dominiert Bismarck uneingeschränkt: Der große Mann dachte, spielte mit seinen ominösen fünf Bällen, entschied sich für den richtigen, handelte, hatte gewöhnlich Erfolg oder korrigierte einen anfänglichen Mißerfolg. Fehlt eine solche überragende Figur, wie in den drei Jahrzehnten von 1890 bis 1918, wird auch die Darstellung diffus, da ihr der alle Strahlen bündelnde Brennpunkt abhanden gekommen ist. Stresemann gestattet dann erneut die Straffung, und Hitler beherrscht die Bühne völlig. Diese Personenzentrierung führt zu einer hochartifiziellen Eindeutigkeit bei der Zurechnung von Motiven, Aktionen, Ergebnissen.

III. Die Grundentscheidung des Verfassers, nach Möglichkeit von einem personalistischen Bewegungszentrum der Außenpolitik auszugehen, hängt auch damit zusammen, daß er keinerlei Interesse an Konstellations- und Prozeßanalysen besitzt. Überhaupt gibt es in dem Buch kein irgendwie erkennbares analytisches Interesse an der Unterscheidung und Untersuchung von verschiedenartigen Handlungsfeldern, auf denen außenpolitische Entscheidungen sowohl gesellschaftlich präformiert als gleichzeitig auch exogen: durch die Bedingungen des Staatensystems und der konkurrierenden Außenakteure, beeinflußt werden. Heutzutage ist aber die Differenzierung von Handlungsebenen oder Dimensionen des politischen Prozesses keineswegs eine Domäne der Politikwissenschaftler. Vielmehr ist sie ebenfalls für die historische Analyse von Außenpolitik ein methodischer Imperativ.[3] Einige Grobunterscheidungen drängen sich daher förmlich auf.

1. Die Struktur des Herrschaftssystems bedarf der exakten Klärung, da mit ihr gewöhnlich unterschiedliche außenpolitische Ziele, Optionen, Methoden verbunden sind. In das Herrschaftssystem ist auch die strategische und taktische Kompetenz der handlungsfähigen Akteure eingebettet. In diesem Kontext empfiehlt es sich weiterhin, die unterschiedlichen Instrumente der Außenpolitik zu erörtern: zum Beispiel die Bürokratie des Auswärtigen Amts, den diplomatischen Außendienst, die Pressebeeinflussung, die moderne Medienlenkung, den wirtschaftlichen Druck, den Einsatz einer „Fünften Kolonne“ usw. Zu alledem findet man in Hildebrands Buch keine einzige systematisch geordnete Analyse.

Man kann an dieser Stelle auch den Einfluß von formellen und informellen Macht- und Funktionseliten präzisieren (das aber auch unter Punkt 2 und 3 tun), da sie im politischen Entscheidungsprozeß in aller Regel eine privilegierte Stellung besitzen. Daß jede Elitenanalyse fehlt, ist wiederum typisch für Hildebrands Ansatz. Nicht einmal das Personal des Auswärtigen Amts wird nach Herkunft, Rekrutierung, Ausbildung, Sozialmentalität und generationsspezifischen „Weltbildern“ untersucht. Durch den Verzicht auf ein Kollektivporträt der Eliten wird die extrem isolierte Abgehobenheit des „leitenden Staatsmanns“ mit innerer Konsequenz noch verstärkt.

2. Die im Staatsapparat institutionalisierten Interessen, wie sie etwa rivalisierende Ministerien, Parlamentsausschüsse und formelle Beratungsgremien (z.B. die „Sicherheitsräte“) verkörpern, sind oft imstande, die Bandbreite der politischen Optionen zu beeinflussen. Die Willensbildung wird durch ihre „Diktatur der kleinen Entscheidungen“ bei der Reduktion der Komplexität der Optionen vorbereitet; es mag ihnen gelingen, die eine oder andere der verbleibenden Optionen womöglich als „Sachzwang“ erscheinen zu lassen – oder aber sogar eine Entscheidung zu verhindern.

3. Organisierte, artikulations- und handlungsfähige Interessenverbände, „Pressure Groups“ und Parteien, ganz gleich ob sie primär ökonomische, soziale, ideologische, innenpolitische Ziele vertreten, operieren als distinkte Handlungseinheiten in einer eigenen Arena, aus der sie aber aufbrechen, um ihre materiellen und ideellen Interessen in der Öffentlichkeit und Bürokratie, im Parlament und in der Regierung nach Möglichkeit durchzusetzen.

4. Von ihnen muß man die extrakonstitutionellen oder informellen Interessenaggregate scharf unterscheiden, die in der Gestalt eines „Küchenkabinetts“, eines „Koalitionsausschusses“, eines „Think Tank“, eines Beraterkreises gleichfalls auf den Entscheidungsprozeß einwirken.

5. Überhaupt wird die neuzeitliche Außenpolitik in der Regel auch beeinflußt durch Institutionen und Einflußströme, die sich außerhalb der formell vorgesehenen Kanäle bewegen. Da gibt es zum Beispiel die folgenschwere außenpolitische Wirkung von Schutzzöllen als Ergebnis von inneren Machtkämpfen (1879, 1885, 1887, 1902); die Macht von Interessenverbänden auf bestimmten Politikfeldern (Sudetendeutsche Landsmannschaft), das Gewicht von einflußreichen Zeitungen und Journalisten (New York Times), den Einfluß der persönlichen

Beziehungen zwischen Angehörigen der „strategischen Cliquen" zweier Länder.

Diese wenigen Überlegungen (unter Punkt 1 bis 5) unterstreichen, daß „der einfache eindimensionale Staatsbegriff, der den Reduktionismus in höchster Potenz enthält", von Hildebrand aber trotzdem weiter unterstellt wird, wenn er seine „Staatsmänner" für „den Staat" handeln läßt, durch die Vorstellung von einem „vieldimensionalen, dynamischen, das Verhalten der ... Akteure" vorformenden Interaktionsgeflecht ersetzt werden sollte. Erst „ein solcher analytischer Ansatz" kann den „ontologisierten Staatsbegriff" vermeiden, der in der Geschichtswissenschaft, wie auch Hildebrands Buch erneut demonstriert, „noch immer dominiert". Beharrt man aber auf ihm, führt das „zu unzureichenden, häufig politisch apologetischen Analysen, weil als autonome und alternativlose Staatsräson vorgestellt wird, was das Ergebnis von Interessenabwägungen der Entscheidungsträger auf der Basis ihrer Informationen und ihrer Kompetenz im Rahmen der durch das Herrschaftssystem geregelten Entscheidungsmöglichkeiten ist".[4]

6. Die veröffentlichte Meinung der unterschiedlichsten politischen Couleur besitzt die Eigenschaften eines eigenen Handlungsfelds. Wer – wie Hildebrand – den angeblich verhängnisvollen Druck der Öffentlichkeit, die „Massenleidenschaften" so ausgiebig beschwört (vgl. unten IV.), müßte eigentlich in dem von ihm behandelten Zeitraum den Einfluß der veröffentlichten Meinung möglichst exakt gewichten. Das geschieht indes nirgendwo.

Häufig ist dieser Einfluß maßlos überschätzt worden. So ist etwa die angebliche Macht der New Yorker „Yellow Press", der Boulevardpresse, im Vorfeld des Spanisch-Amerikanischen Krieges von 1898 längst als Legende entlarvt worden. Der Einfluß der alldeutschen Publizistik auf den politischen Prozeß in Berlin während der beiden Vorkriegsjahrzehnte vor 1914 ist weit öfter behauptet als je konkret und überzeugend bewiesen worden.[5] Auf den genauen Nachweis, wie „Massenleidenschaft" in Entscheidungshandeln übersetzt worden ist oder als restriktive Bedingung gewirkt hat, wartet man bei Hildebrand vergebens.

7. Eine sorgfältige Berücksichtigung verdienen ideologische Strömungen, etwa der Liberalismus, der Konservativismus, der Sozialismus, der Sozialdarwinismus, der Imperialismus, die Weltreichelehre, der europäische Unionsgedanke usw., da solche Strömungen den Denkhorizont mitbestimmen, in die Situationsdeutungen, Wunschvorstellungen, Zielvorgaben mehr oder weniger tief einsickern. Mit Ideologiegeschichte – ob im Stil der Sprachanalyse oder Ideologiekritik – vermag Hildebrand sich indes nicht zu befreunden.

Bei der Verarbeitung der materiellen und ideellen Impulse, die sich für oder gegen eine bestimmte außenpolitische Entscheidung auswirken, bei ihrer Koordination und Übersetzung in politisches Handeln gewinnt die Perzeption der Interessen und Handlungsbedingungen durch diejenigen Gremien und Individuen, die am Prozeß der Willensbildung und Entscheidungsfindung beteiligt sind, eine maßgebliche Bedeutung. Kräfteverhältnisse, die der Historiker im nachhinein objektivieren kann, sind eins; ihre oft verzerrte Wahrnehmung ist etwas anderes, das aber für das Denken und Handeln ausschlaggebend ist. Denn die Perzeption bildet den Filter, durch den alle Eindrücke und Informationen immer nur selektiv aufgenommen werden.

Deshalb ist auch für die Geschichte der Außenpolitik sowohl die Kollektivmentalität eines Verbandes, etwa der „Official Mind" der AA-Experten,[6] als auch die individuelle Mentalität handlungsfähiger Akteure grundlegend wichtig. Beide Faktoren lenken letztlich auf historische Sozialisationsprozesse zurück, die diesen Filter unter angebbaren Entwicklungsbedingungen in der sozialkulturellen Persönlichkeit installieren, damit aber eine bestimmte Perzeption privilegieren, andere Wahrnehmungschancen dagegen abschwächen oder ausschließen.

Mit der Perzeptionsproblematik hängt eine weitere Frage zusammen. Man muß sich methodisch immer bewußt halten, daß der Stoff der Politik gewöhnlich daraus besteht, aus der

Vergangenheit überkommene Probleme abzuarbeiten – modisch gesprochen: mit ihrer Erblast fertig zu werden. Äußerst selten geht es darum, einen Zukunftsentwurf zu realisieren. Natürlich besaß Hitler eine Zielutopie, aber auch sie war weithin eine Reaktion auf vermeintliche Fehlentwicklungen in der Vergangenheit.

Deshalb spielen die Unterschiede in der Lernfähigkeit eine derart auffällige Rolle. Geht man von der anthropologischen Konstanten aus, daß Menschen nie nicht lernen, sondern aus ihren Erfahrungen und ihren Umweltbedingungen immer irgendwie lernen, lohnt sich eine schlichte Typologie des Lernens. Man kann zwischen einem realitätsnahen – im idealtypischen Grenzfall: einem realitätsadäquaten – Lernen, einem wegen der Perzeptionseinflüsse die Realität häufig mißverstehenden Lernen und einem „pathologischen" Lernen unterscheiden, das sogleich (oder erst im Rückblick) erkennbare radikale Fehlschlüsse zieht – eine Charakterisierung, die selbstverständlich stets von den normativen Urteilskriterien des Historikers abhängt.

Die Perzeptions- und Lerngeschichte konstituiert kein eigenes Handlungsfeld, sie muß jedoch aus methodischen Gründen als analytische Dimension der Untersuchung mit all ihren problematischen hermeneutischen und normativen Implikationen ernster genommen werden, als das in diesem Buch der Fall ist.

8. Schließlich bildet zuerst das europäische Staatensystem, dann das globale System der Internationalen Beziehungen eine eigene Handlungsarena, aus der Herausforderungen und Impulse, Antworten und Optionsbeschränkungen auf die Außenpolitik eines Landes einwirken. Das ist auch für Hildebrand eine geradezu banale Selbstverständlichkeit. Die schwierigen Probleme treten aber dann auf, wenn die Interdependenz von Innen- und Außenpolitik systematisch und historisch überzeugender als bisher erfaßt werden soll.

Hildebrand vermeidet ein simplifizierendes Aktionsschema, demzufolge alle strategischen Entscheidungen von einem quasi autonomen Zentrum ausgehen, wie das etwa Ekkehart Krippendorff seiner Analyse der amerikanischen Außenpolitik unterlegt hat.[7] Hildebrand vermeidet ebenfalls ein Reaktionsschema, das die Außenpolitik nur als Antwort auf ererbte oder neue Probleme konzeptualisiert. Aber die Erhellung der Interdependenz von gesellschaftlich vorgeformten Entscheidungen einerseits, von außenpolitisch stimulierten andrerseits bleibt aus. Fraglos handelt es sich hier um ein kompliziertes Problem, zumal es nirgendwo ein abrufbares theoretisches Instrumentarium gibt, mit dessen Hilfe sich diese Interdependenz zügig erfassen ließe.[8] Aber die sorgfältige historisch-systematische Analyse, die sich dieser Doppeldimension von Außenpolitik bewußt bleibt, kann immer noch am ehesten das Knäuel der Interdependenz Schritt für Schritt plausibel entwirren.

Die elementare Voraussetzung ist jedoch die Anerkennung der Interdependenzproblematik. Diesem „Challenge“ sich zu stellen ist Hildebrand nicht bereit, obwohl sich etwa Bismarcks Außenpolitik ohne die Einbeziehung des binnengesellschaftlichen Kontextes nicht von ferne angemessen analysieren läßt, von Hitlers Außenpolitik ganz zu schweigen.

Dieses Raster kann fraglos weiter ergänzt, vervollständigt, differenziert werden. Es gestattet jedenfalls eine ungleich komplexere Analyse als die personalistische, chronologisch geordnete narrative Darstellung. Denn es ermöglicht, das Zusammenwirken oder Konterkarieren unterschiedlicher Interessen und „Weltbilder“ zu verfolgen, die wiederum unterschiedlichen Handlungsfeldern entstammen. Es zwingt zur Gewichtung der Durchsetzungsfähigkeit von verschiedenartigen Interessenaggregaten, wie auch immer sie durch die Interessenverbände, die Parteien, das Auswärtige Amt, die öffentliche Meinung vertreten werden. Es erlaubt zugleich, den einflußreichen, herausragenden Akteuren realistischer gerecht zu werden, da sie nicht in erhabener Einsamkeit, sondern im Schnittpunkt solcher Handlungsfelder unter variierenden restriktiven Bedingungen operieren, deren Analyse es ermöglichen kann, den wahrhaft individuellen Anteil an den Entscheidungen überhaupt erst zu ermitteln und ein umfassenderes Verständnis spezifischer Entscheidungen zu vertiefen.

Umgekehrt bezahlt man für den Verzicht auf eine solche analytische Differenzierung einen außerordentlich hohen Preis. Die im Prinzip unstrittige, für Hildebrand aber methodisch keineswegs selbstverständliche Interdependenz von innen- und außenpolitischen Konstellationen und Einflüssen wird nirgendwo möglichst genau geklärt. Vielmehr verharrt sie in einer Grauzone, während durch einen weder theoretisch noch methodisch legitimierten Dezisionismus die Entscheidungsfähigkeit großer Individuen prämiiert wird.

Eben diese personalistische Illusion, Außenpolitik vorrangig auf die Lageanalyse und Reaktion einzelner Akteure, womöglich gar auf einen einzigen „Staatsmann“, zurückführen zu können, verfehlt die restriktiven Bedingungen, die jeden individuellen Handlungsspielraum nicht nur einengen, sondern auch die in ihm formulierten Entscheidungen prägen. Nicht zuletzt neigt sie dazu, wegen der radikalen Unterschätzung anonymer, überpersönlicher Einflußfaktoren die Kräftekonstellationen nicht konkret abzuwägen. Man vergleiche nur einmal in Paul Kennedys Buch über den Aufstieg und Niedergang der Großmächte die in jedem Kapitel konkret entwickelte (freilich zu sehr schematisierte) Ressourcenanalyse[9] mit Hildebrands wolkigen Andeutungen.

IV. Hildebrands Werk durchzieht eine auffällige elitäre Grundeinstellung und eine ihr korrespondierende Arroganz, ja Animosität gegenüber den „Massen“ mit ihren weithin irrationalen „Leidenschaften“, gegenüber dem Einfluß einer häufig dumpfen Gefühlsaufwallungen folgenden, undisziplinierten öffentlichen Meinung. Dieser verhängnisvolle Massendruck wird mit den angeblich die wesentlichen Interessen kühl abwägenden „Staatsmännern“ kontrastiert, die dem Ideal der „Staatsräson“ folgen möchten und eben das zu tun offenbar auch imstande sind – wenn „die Massen“ sie nur ließen und die vulgären Leidenschaften ihnen nicht ihr edles Handwerk verpfuschten.[10]

Dazu nur einige knappe Bemerkungen:

1. Der durchweg als verhängnisvoll geschilderte Einfluß der „Massen“ wird in aller Regel nur behauptet. Methodisch über-

zeugend und empirisch nachprüfbar wird dieser Einfluß aber nirgendwo nachgewiesen. Tatsächlich wissen wir ja auch, ungeachtet aller apodiktischen Urteile, in gesicherter Form noch immer außerordentlich wenig über die Transformation von bestimmten Stimmungslagen in politischen Einfluß.

2. Die nahezu grenzenlose Idealisierung des „Staatsmanns" verstellt folgerichtig den Blick darauf, daß er stets in ein Interessengeflecht eingebunden und auf handlungsleitende „Weltbilder" verpflichtet ist. Auch er ist aufgrund seiner Mentalität nur zu einer selektiven Problemwahrnehmung imstande, so daß er seinen individuellen, zugleich aber auch den durch die Sozialmentalität größerer Herkunftsverbände geprägten Präferenzen folgt. Sie können wohlverstandenen gesamtgesellschaftlichen oder jedenfalls mehrheitsfähigen Interessen (am Frieden, an geringen Zöllen) durchaus widersprechen.

3. Die Perhorreszierung der Massenleidenschaft geht bei Hildebrand bis hin zu einem handfesten Vorurteil gegen die moderne Staatsbürgergesellschaft mit ihrem legitimen Anspruch auf politische Partizipation – nicht nur an einem alle vier Jahre wiederkehrenden Wahltag, sondern auch an laufend anstehenden, viele oder alle berührenden „außenpolitischen" Entscheidungen. Insofern paßt dieses Vorurteil im Sinn einer inneren „Wahlverwandtschaft" zu dem Neorankeanertum vor 1914, dem Hildebrand methodisch angehört. Die Gegenposition ist keineswegs ein naiver liberaler oder demokratischer Optimismus, demzufolge „das Volk" a priori eine vernünftige Außenpolitik fordere und unterstütze. Vielmehr geht es zum einen um eine durch und durch normativ besetzte Grundeinstellung, die sich nicht erkenntnisfördernd, sondern erkenntnishemmend auswirkt. Zum zweiten geht es um den empirisch schlichtweg kaum zu widerlegenden Befund, daß die „Neigung einer Gesellschaft zur Gewaltanwendung nach außen (als idealtypischer Grenzfall von Außenpolitik) um so geringer ist, je demokratisch-partizipatorischer ihr Herrschaftssystem geordnet ist". Ja mehr noch, entgegen der berühmten, viel mißbrauchten und irreführenden Formel des englischen Historikers John Seeley, wonach die innere Freiheit eines Landes vom Maß des

auf ihm lastenden Außendrucks abhängig sei, hat die Behauptung die besseren Argumente für sich, daß der „Umweltdruck auf eine Gesellschaft von ihr um so objektiver" erfaßt werden kann, „je höher der Grad der Freiheit im gesellschaftlichen Umfeld ist".[11] Denn eine solche Gesellschaft kann als Antwort darauf, zumindest auf längere Sicht, in einem ungezwungeneren, weniger verzerrten Diskurs realitätsnähere und konsensfähigere Urteile über den Charakter einer Konstellation, über die Reaktionsmöglichkeiten und zugleich über die Handlungspräferenzen ermitteln, als das ein autoritäres System tun kann.

V. Die Abneigung gegen jede analytische Begrifflichkeit geht bei Hildebrand ungewöhnlich weit. Bismarcks charismatische Herrschaft, die ihm eine abgehobene Position insbesondere im außenpolitischen Entscheidungsprozeß verschaffte und dann wiederum auf den dieser Stellung zugeschriebenen Erfolgen beruhte, wird mit keinem Wort erörtert. Folgerichtig fehlt auch eine Analyse von Hitlers charismatischer Herrschaft sowie ein Vergleich, der die Gemeinsamkeiten und Unterschiede zwischen beiden Regimen herauszuarbeiten gehabt hätte. Wenigstens einmal den Versuch zu unternehmen, die strukturell bedingte Kompetenzerweiterung dieser charismatischen Entscheidungsträger im Rahmen eines solchen Interpretationsexperiments zu erklären und das Ergebnis durch die Kritik auf seine Überzeugungskraft und Plausibilität zu überprüfen – ein solches Unternehmen scheint Hildebrand überhaupt nicht zu reizen, ja die Sonderrolle dieser beiden Politiker erscheint ihm offenbar nicht einmal als ein höchst erklärungsbedürftiges Problem.

Bismarck bleibt bei Hildebrand im Grunde ein bewundernswürdiger politischer Edelmensch – trotz der Annexion von Elsaß-Lothringen, trotz der Verfeindung Rußlands durch den kalten Zoll- und Finanzkrieg, trotz des damit heraufbeschworenen Zweifrontenkriegs, trotz der Überlastung mit dem Kolonialimperium. Hitler dagegen wird von Anfang bis Ende konsequent kriminalisiert, als negatives welthistorisches Individuum der abwägenden Analyse entrückt. Es fehlt eine verständnisvolle Erörterung – durchaus im Sinn eines aufgeklärten

Historismus –, wie die erstaunlichen Erfolge Hitlers, vor allem bis 1941, aber auch noch danach unter den Bedingungen der Zeit und der Herrschaft des zweiten deutschen Charismatikers angemessen zu erklären sind – sie zu perhorreszieren führt dagegen zu keinem Erkenntnisgewinn. Der deutsche Diktator, mit dem sich Hildebrand seit rund dreißig Jahren beschäftigt hat und dessen Politik er daher sehr genau kennt, wird mit einem wahren Berg von Vorwürfen zugedeckt. Archaische Utopie, rassenpolitische Umstülpung der Geschichte, Atavismus, Lebensraumimperialismus, Vernichtungskrieg – das alles und vieles mehr prasselt nur so herunter, und Kritik dieser Art ist ja auch unstreitig berechtigt. Aber die differenzierte Untersuchung der Entscheidungsprozesse, die argumentative Erklärung der Sonderrolle Hitlers sowohl im „Dritten Reich“ als auch im Staatensystem während der sechs Friedensjahre kommt darüber ebenso zu kurz wie die Analyse der Chancen und Dilemmata seiner Kriegspolitik. Das kann man jetzt bei Ludolf Herbst komprimierter und klarer dargestellt finden.[12]

Indem Hitler als weltbewegender Ideologe mit dem Instinkt eines Raubtiers oder der Witterung eines Geiers präsentiert wird, trägt Hildebrand auch so gut wie gar nichts zu der Klärung der Frage bei, was denn den berechtigten Kern der Forderung nach einer „Historisierung“ des Nationalsozialismus darstellt. Dafür müßte die Frage nach der Kontinuität und Diskontinuität zwischen 1933 und 1945 ungleich weiter verstanden und methodisch präziser beantwortet werden. Dafür müßte die (vorn unter Punkt III. 1–7) vorgeschlagene methodische Differenzierung berücksichtigt, das nationalsozialistische Regime in das Umfeld der Macht- und Funktionseliten, der Interessenverbände, der informellen Einflußgremien, der ideologischen Strömungen und „Weltbilder“ usw. eingebettet werden. Erst dann könnte über die Kontinuität und Diskontinuität überzeugender geurteilt werden.[13]

VI. Während der Lektüre des Werkes setzt sich ein weiterer irritierender Eindruck fest. Die Anlage und die Ausführung des Projekts verraten, daß den Verfasser keine intellektuelle Neugier vorangetrieben hat, die ihn über seine bisher praktizierten Methoden, Interessen und Interpretationen hätte hinausführen können.

Wie läßt sich, diese Frage hätte ihn bewegen können, die vielbeschworene Interdependenz, die Interaktion zwischen dem Binnen- und Außenbereich der Politik endlich präziser analysieren, als das bisher geschehen ist, um aus dem Käfig einer traditionalistischen Geschichte der Außenpolitik oder der Internationalen Beziehungen auszubrechen? Wie könnte man, methodisch weitaus differenzierter als hier, das Geflecht der Außenpolitik mit ihren unterschiedlichen Handlungsfeldern und Dimensionen, mithin unter Verzicht auf den anachronistischen holistischen Staatsbegriff, endlich transparenter machen? Wie könnte man den Vergleich erhellend einsetzen: sowohl den Vergleich von unterschiedlichen Phasen und Konstellationen der deutschen Außenpolitik als auch den Vergleich mit den Handlungsbedingungen und Optionen, den „Weltbildern" und Fernzielen der Außenpolitik anderer Staaten?

Warum kann man sich als Historiker mit langer Erfahrung und stabilen Präferenzen nicht doch noch einmal neuen Aufgaben der Analyse stellen (an denen man natürlich auch scheitern kann), um endlich den Beweis für eine innovative Politikgeschichte zu versuchen? Schon ein entschlossener Versuch, die ausgetretenen Pfade des Neorankeanertums endlich zu verlassen, hätte bei einem solchen Sachkenner lohnen können. Wenn sich selbst Hildebrand dieser Herausforderung nirgendwo stellt – andere Politikhistoriker wie etwa sein „Schüler" Gregor Schöllgen tun es ohnehin nicht[14] –, wie soll dann bloß die werbende Wirkung für eine moderne „Politikgeschichte" endlich zustande kommen?

14. Wilhelminischer Honoratiorenklüngel oder protofaschistische Massenbewegung: Die „Deutsche Vaterlandspartei" von 1917/18

Das Grunddilemma der derzeitigen deutschen Politikgeschichte des 19. und 20. Jahrhunderts ist nur zu bekannt: Die Mehrheit ihrer Experten mag sich bis heute nicht auf der Höhe des internationalen Reflexionsniveaus bewegen, wo sie endlich den Anschluß an eine theoretisch und methodisch moderne Politikgeschichte finden könnte. Alle programmatischen Forderungen sind bisher folgenlose Postulate geblieben. Dadurch hat sich ein gravierender Rückstand entwickelt, der seit 1989/91, als sich die globale Kräftekonstellation wegen des Zerfalls der Sowjetunion von Grund auf verändert hat, geradezu dramatisch unterstrichen wird. Denn die Politikgeschichte ist seither immens aufgewertet worden. Die neuen zeit- und lebensgeschichtlichen Bedingungen erfordern ein analytisch verfeinertes, reflektiertes Verständnis der politischen Geschichte, sonst tut sich im Begreifen unserer Welt eine fatale Lücke auf.

Die dogmatische Grundeinstellung der meisten Politikhistoriker, ihr innovationsfeindliches Beharren auf der Orthodoxie der neurankeanischen Darstellung von Politik zeugt weiterhin nicht gerade von Lernwilligkeit und politischer Aufgeschlossenheit. Das wirft zahlreiche Probleme auf, zu denen etwa auch der Umstand gehört, daß in der gegenwärtigen lebhaften Auseinandersetzung darüber, ob „Gesellschaft" oder „Kultur" der entscheidende Schlüsselbegriff ist, ob die Erklärungskraft der Sozialgeschichte oder der Kulturgeschichte am weitesten reicht, die Stimme der Politikhistoriker bisher völlig fehlt. Dabei kann man sich nur wünschen, daß sich auch Vertreter dieser Disziplin endlich der verschärften Herausforderung stellen. Sonst könnte sich ihre Renitenz geradezu als fatale Erstarrung erweisen, wenn eine so unverzichtbare Position nicht endlich überzeugender vertreten wird. Denn ihre ängstlich zurückhaltende, selbstzufriedene Traditionsbewahrung und ihr Verzicht auf offensives Engagement können auch auf die wünschenswerte Polyphonie der öffentlichen Meinung nicht ohne nachteilige Auswirkungen bleiben.

Angesichts dieser Sachlage ist eine gelungene politikhistorische Studie um so mehr willkommen. Sie stammt von dem Düsseldorfer Historiker Heinz Hagenlücke, der bei Wolfgang J. Mommsen eine außerordentlich aufschlußreiche Dissertation über die „Deutsche Vaterlandspartei" vor 1917/18, jene Aufsehen erregende, aber kurzlebige Massenbewegung der „nationalen Rechten am Ende des Kaiserreichs", geschrieben hat.[1] Über die Bedeutung dieses Sammelbeckens aller rechtsradikalen, antisemitischen, annexionistischen, bis zuletzt borniert auf einen deutschen „Siegfrieden" setzenden Strömungen herrscht seit langem kein Zweifel. Dennoch blieb es bei dem nicht leicht zu erklärenden Tatbestand, daß darüber nicht eine einzige, auf dem heute verfügbaren Quellenbestand beruhende, kritisch interpretierende Monographie existierte, wie sie zahlreiche weniger wichtige Parteien inzwischen längst gefunden haben.

Diese irritierende Lücke ist nun vom Verfasser beherzt geschlossen worden. Dafür hat er nicht nur die gesamte einschlägige Literatur und Publizistik herangezogen, sondern auch ein weit verstreutes ungedrucktes Material aus Nachlässen und Akten in einer Vielzahl von Archiven erschlossen, so daß außer einer zuverlässigen Grundlage auch eine dichte Textur der Darstellung entstanden ist. Sie vereinigt Parteien- und Parlamentsgeschichte, Verbands- und Ideengeschichte, Politik- und Sozialgeschichte. Sie folgt klaren analytischen Gesichtspunkten und verbindet die systematische mit der chronologischen Analyse. Sie überprüft gängige Deutungen ihres Gegenstands und setzt ihnen eine eigene Interpretation entgegen. Dank der sorgfältigen Klärung vieler Aspekte wird endlich ein Niveau erreicht, von dem aus man aufs neue diskutieren kann.

Eingangs schildert Hagenlücke das Machtkartell der nationalistischen Agitationsorganisationen und großen wirtschaftlichen Interessenverbände am Vorabend des Ersten Weltkriegs, ehe er ihre Rolle in der Kriegszielbewegung verfolgt, den diversen Plänen für eine namentlich von den Alldeutschen befürwortete neue Rechtspartei nachgeht und die Schlüsselfigur dieser Organisierungsbemühungen, Wolfgang Kapp, porträtiert. Kapp (Jahrgang 1858), den meisten nur noch durch den unrühmlich gescheiterten Kapp-Putsch vom März 1920 bekannt, wuchs als Sohn des profilierten liberalen Parteipolitikers Friedrich Kapp auf, vollzog aber frühzeitig, zum Entsetzen seines Vaters, als Korpsstudent eine dezidierte politische

Rechtswendung, wie das viele aus der politischen Generation der zwischen 1855 und 1865 Geborenen als junge Männer getan haben. Der Volljurist machte Karriere als Landrat und Vortragender Rat im preußischen Landwirtschaftsministerium, bis er schließlich – der „ultrakonservative Parteimann" war nach dem Urteil von Reichskanzler v. Bülow bereits heftig umstritten – als Generaldirektor der ostpreußischen „Landschaft", des Kreditinstituts der Großgrundbesitzer, fungierte.

Von dieser Position aus begann der umtriebige Radikalnationalist, in dessen politischer Gedankenwelt uferlose Expansionspläne, fanatischer Glaube an den „Endsieg" und innere Reformblockade von Parlamentarisierung und Demokratisierung eine typische Fusion eingingen, für einen neuen Verband der „nationalen Rechten" zu trommeln. Trotz aller anfänglichen Aversion gegen das verachtete Parteiwesen wurde er im September 1917 endlich als „Deutsche Vaterlandspartei" in Königsberg gegründet. An ihre Spitze trat der mit dem englandfeindlichen Schlachtflottenbau rundum gescheiterte Großadmiral a.D. v. Tirpitz, der seit Jahren zu einer Galionsfigur der neuen Rechten avanciert war. Neben ihm blieb Kapp der eigentliche Organisator, der von dieser Leistung später bei der Vorbereitung des Coup d'Etat von 1920 zehren konnte.

Die „Innenansicht eines nationalen Verbandes", die der Verfasser danach sachkundig zu schildern versteht, ist ein Musterstück an politischer Sozialgeschichte. Der Honoratiorencharakter der Führungsgremien, die Zusammensetzung der Mitgliedschaft – wichtig die fast lückenlos korporativ beitretenden großen Verbände –, die Finanzlage, die realitätsferne Maximalisierung der Kriegsziele, das Verhältnis zur reichsdeutschen Innenpolitik, die mit hohen Barrieren gegen jede politische Modernisierung abgeschirmt werden sollte – das alles wird quellennah und konzis vorgestellt.

Was die Arena der Reichspolitik angeht, dementiert Hagenlücke die Vorstellung von einem nachhaltigen Einfluß der „Vaterlandspartei" auf die Reichsleitung und die „Beamtenherrschaft". Damit kontrastierte das intime Verhältnis zur Dritten Obersten Heeresleitung unter Hindenburg und Ludendorff, die von Anfang an über die Formierung der Rechten informiert waren und das Vorhaben nachhaltig unterstützten. Mit ihrer Hilfe konnte die „Vaterlandspartei" auch den sogenannten „vaterländischen Unterricht" in den Einheiten des Feld- und Etappenheeres massiv beeinflussen. An der Mehrheit der Frontsoldaten prallte die plumpe Indoktrination aber offenbar ab, während nicht wenige Offiziere mit den Ideen der „Vaterlandspartei" offen sympathisierten.

Im Verhältnis zu den etablierten politischen Parteien gelang der „Vaterlandspartei" der tiefste Einbruch in das nationale, protestantische Lager der Nationalliberalen und Konservativen; Doppelmitgliedschaft war alles andere als selten. Dagegen bewahrten Sozialdemokratie und Zentrum ihre Resistenzfähigkeit. Im Grunde hielten sie die „Vaterlandspartei" für eine umfrisierte Variante des abstoßenden alldeutschen Extremismus. Eindringlich kann der Verfasser die Kooperation, ja die Verfilzung mit all jenen Formationen bloßlegen, die damals, der Alldeutsche Verband an der Spitze, der informellen Allianz des deutschen Rechtsradikalismus angehörten.

In ihrer bizarren Realitätsferne hat sich die „Vaterlandspartei" der herannahenden Niederlage leidenschaftlich entgegengestemmt. All jene Illusionen in dem Traumland des letzten Kriegsjahres, in dem Millionen noch immer die Realisierung phantastischer Kriegsziele in Ost und West durch den deutschen „Siegfrieden" denkbar nahe glaubten, wurden von ihr genährt. Den Höhepunkt ihres Einflusses hatte sie allerdings im Sommer 1918 überschritten. Im November löste sich die „Vaterlandspartei" auf, ihr Parteivermögen ging an die „Deutsch-Nationale Volkspartei" über, unter welchem Namen jetzt die Rechtskonservativen der früheren Deutsch-Konservativen und Freikonservativen Partei firmierten.

Ein klägliches, ruhmloses Ende mithin. Es scheint der Interpretation des Verfassers zu entsprechen, denn er sieht in der „Vaterlandspartei" ein letztes, verzweifeltes Aufbäumen der wilhelminischen Rechten, die sich als „nationale Opposition" gegen die „Flaumacher" verstanden habe. Im Kern sei sie rückwärts gewandt geblieben, veralteten Honoratiorenstrukturen verhaftet; unfähig, dem eigenen Anspruch auf straffe Organisation einer Massenbewegung gerecht zu werden; Ausklang daher einer untergehenden Epoche, aus der nur eine dünne Kontinuitätslinie zur Rechten der Weimarer Republik weiterlaufe.

Dieses Urteil zielt auf eine entschiedene Korrektur des Stellenwerts, den man in den letzten Jahrzehnten der „Vaterlandspartei“ zugemessen hat; es wird auch mit erwägenswerten Argumenten verfochten, ohne doch dem ambivalenten, chamäleonhaften Charakter der „Vaterlandspartei“ gerecht zu werden. Denn trotz ihrer historischen Fassade, ihrer Organisationsmängel, ihrer Grenzen bei der politischen Mobilisierung besaß die Vaterlandspartei doch auch außerordentlich zukunftsträchtige Züge einer protofaschistischen Massenbewegung – Eigenschaften also, die eine andere Bewertung unterstützen.

Ihrem Anspruch nach wollte sie durchaus eine alle politischen und sozialen Fronten übergreifende „Bewegung“ sein. Ihr völkisch eingefärbter Radikalnationalismus bildete den Nährboden für die Rechte nach 1918. Ihre Expansionspläne, insbesondere im Hinblick auf Osteuropa und Rußland, nahmen den Kontinentalimperialismus des Nationalsozialismus ebenso vorweg, wie das ihre Ziele der deutschen Hegemonie in Europa und des Kampfes um die „Weltherrschaft“ taten. Ihr Antisemitismus vereinigte alle Elemente des modernen rassistischen, ob politisch organisierten oder informellen reichsdeutschen Antisemitismus und drängte ausdrücklich darauf, die Enttäuschung über die Niederlage auf die Juden als „Sündenböcke“, als „Blitzableiter“ abzulenken. An ihre zum Teil sehr moderne Propaganda konnte die völkische Rechte alsbald bruchlos anschließen. Nicht zuletzt bildete die „Vaterlandspartei“ die Heimstätte zahlreicher Nationalsozialisten, die dort ihre ersten politischen Erfahrungen sammelten und fast bruchlos das giftige Erbe der „Vaterlandspartei“ in die neue Bewegung mitnahmen. Behält da nicht doch Friedrich Meinecke mit seinem Urteil recht, daß die „Vaterlandspartei ein genaues Vorspiel für den Aufstieg Hitlers“ war?

15. Gelungene Rückkehr zur Politikgeschichte?

Gerade war es Thomas Nipperdey gelungen, seine lang erwartete und zu Recht gerühmte Trilogie abzuschließen, da wurden bereits neue Synthesen zur Geschichte des kaiserlichen Deutschland vorgelegt: von Wolfgang Mommsen, Hans-Peter Ullmann, Wilfried Loth und anderen. Zu ihnen gehört jetzt auch der Berliner Historiker Dieter Hertz-Eichenrode mit seinen beiden Bänden.[1] Sie fügen sich in eine Reihe über „Deutsche Geschichte" ein, wo bisher die Zeitspanne von 1713 bis 1945 behandelt worden ist, einige Lücken aber noch geschlossen werden müssen.

Im Vorwort teilt der Autor, wie sich das gehört, seine Grundentscheidung mit: Er will die Politikgeschichte, nicht aber auch noch die Wirtschafts-, Sozial- und Kulturgeschichte dieser Zeit schreiben. Das ist, obwohl damit riesige Dimensionen der Realität ausgeschlossen werden, selbstverständlich ein legitimierbarer Entschluß. Nur hätte man, gerade heutzutage, eine möglichst überzeugende Begründung gern gelesen.

Statt dessen geht der Verfasser gleich medias in res, indem er mit der Kaiserproklamation zu Versailles beginnt. Die erquicklich nüchterne Schilderung dient im wesentlichen aber nur als Auftakt zur Erörterung von „drei Perspektiven" der Reichsgeschichte. Hertz-Eichenrode wählt sich dafür die Probleme der kleindeutschen oder großdeutschen Lösung der „nationalen Frage", der Entwicklung zum Sozialstaat und zur modernen parlamentarischen Demokratie. All diese Fragen werden abwägend diskutiert, auch ohne jede Scheu vor dezidierten und überdies einleuchtenden Werturteilen. So weit, so gut. Nur werden diese „Perspektiven" danach nicht konsequent als leitende Fragestellungen verstanden und durchgehalten, um den Text zu strukturieren.

Die eigentliche Darstellung zerfällt in zwei Stücke: Im ersten Teil wird der „liberale Nationalstaat" von 1871 bis 1879 behandelt, im zweiten stehen die „Fesseln des Status quo" von 1880 bis 1890 zur Debatte. Zunächst stellt der Verfasser das

Gefüge der politischen Institutionen vor, charakterisiert die imponierende liberale Reformgesetzgebung, dann als Kontrast dazu die Ausgrenzung des politischen Katholizismus und der Sozialdemokratie, ehe er die Wirtschaftspolitik erklärt. Dabei wird – wie sich zum Nutzen des Lesers herausstellt – ein Stück Konjunkturgeschichte der 1870er Jahre integriert. Abschließend folgt ein Ausblick auf die Außenpolitik dieses Jahrzehnts, wobei die Weichenstellung der „Krieg-in-Sicht-Krise" von 1875 in ihrer grundsätzlichen Bedeutung für das europäische Staatensystem und die halbhegemoniale Stellung des neuen Reichs eine schärfere Akzentuierung verdient hätte.

Der zweite Hauptteil setzt eigentümlicherweise nicht mit der innenpolitischen „Wende" von 1878/79 ein, als Bismarck die langjährige informelle Allianz mit den Liberalen aufgab und die „Sammlungspolitik" mit einem konservativen Parteienkartell eröffnete. Vielmehr steht vorerst die Außenpolitik im Vordergrund einschließlich einer reichlich verstaubten Schilderung des Bismarckschen Kolonialimperialismus, ehe die Innenpolitik, vor allem dann der Aufstieg des Sozialstaats, zur Geltung kommt. Die immer härter ausgetragenen Nationalitätenkonflikte, insbesondere mit den preußischen Polen, werden sowohl bemerkenswert ausführlich als auch verdientermaßen pointiert kritisch präsentiert. Der Abgang des erfolgreichsten europäischen Berufspolitikers nach achtundzwanzig Jahren Amtszeit wird auffällig personalistisch interpretiert. Die Erosion der inneren Machtbasis tritt demgegenüber viel zu sehr zurück.

Die Vorzüge des Buches sind leicht zu erkennen: Es bietet eine gewöhnlich plausibel, öfters vorzüglich komprimierte Darstellung. Die Interpretation zeigt in der Regel nicht nur, daß der Verfasser mit den Forschungskontroversen vertraut ist, sondern zu seinem klaren, unverschnörkelt formulierten, im Grundton liberalen Urteil steht. Wo immer möglich, bleibt die Problemerörterung, die einem diskursiven, keinem modisch narrativen Stil verpflichtet ist, so quellennah, wie das bei diesem Umfang möglich ist. Die Auswahl der zeitgenössischen Zitate verrät eine sichere Hand. Als Einführung kommt der

Band den Bedürfnissen durchaus unterschiedlicher Bildungsinstitutionen entgegen.

Gerade wenn man aber die Entscheidung des Verfassers, der Politikgeschichte den Primat einzuräumen, ernst nimmt, fallen einige unübersehbare Grenzen auf. Durchweg wird die Reichspolitik mit den Entscheidungen der Zentralorgane bevorzugt. Daß das Reich aber auch ein föderalistisches System war, tritt demgegenüber zu sehr zurück. Die unterschiedlichen politischen Handlungsebenen in Stadt und Land werden nicht hinreichend unterschieden. Die Entstehung des „politischen Massenmarkts" (Hans Rosenberg) seit den 1880/90er Jahren avanciert nicht zu einem eigenen Thema. Die restriktiven Bedingungen der Koalitionsbildung – der formellen mit den Parteien und der informellen mit den Interessenverbänden und anderen Machtzentren – gewinnen keine klaren Konturen. Auf die Analyse der autoritären Sonderstellung Bismarcks wird keine Anstrengung des Gedankens gerichtet. Wenn er schon, wie die Kritik zu Recht geltend gemacht hat, kein „bonapartistischer Halbdiktator" war, könnte er ja zum Beispiel in den Begriffen Max Webers als „charismatischer Politiker" mit dessen spezifischen Vorzügen und Schwächen dem Leser verständlicher gemacht werden.

Schließlich, um nur noch ein Beispiel zu nennen, kündigt der Autor zu Beginn sein besonderes Interesse am deutschen Nationalismus und Nationalstaat an. Aber weder der Nationalismus wird angemessen thematisiert noch der reichsdeutsche Nationalstaat als eine Staatsform sui generis, etwa auf der Linie der unüberholten methodischen Anregungen Theodor Schieders, ins Visier genommen. Gewiß, der Verfasser arbeitet an einem Institut, an dem Politikgeschichte großgeschrieben wird. Aber die seit langem postulierte Wendung zu einer wahrhaft „modernen Politikgeschichte", die sich auf der Höhe des gegenwärtigen Reflexionsniveaus und Problembewußtseins bewegt, hat er doch nur halbherzig vollzogen.

Das tritt auch in dem zweiten Band über die Epoche von 1890 bis 1918 zutage. Entschiedener noch als sein Vorgänger folgt er einem politikgeschichtlichen Strukturierungsschema.

Die Einteilung in drei Zeitblöcke (1890–1900, 1900–1913, 1914–1918) orientiert sich an politischen Kriterien. Angeblich lief durch diese Epochen ein langlebiger Veränderungsprozeß hindurch: hin „zu einer Staatsform mit erweiterten demokratisch-parlamentarischen Strukturen". Denkt man aber an die Zementierung des preußischen Dreiklassenwahlrechts bis zum Oktober 1918 (und der zahlreichen anderen, zum Teil noch härter diskriminierenden Klassenwahlsysteme in anderen Einzelstaaten, vor allem auch in den allermeisten Stadtgemeinden), an die Ohnmacht und den fehlenden Machthunger des Reichsparlaments, an die im Öffentlichen Recht anhaltende Diskriminierung von Staatsbürgern zweiter Klasse, ob Sozialdemokraten, Katholiken, Elsaß-Lothringern oder Polen, an die zahlreichen Barrieren, die einer politischen Modernisierung der autoritären Polykratie des Kaiserreichs in den Weg gestellt und keineswegs beseitigt wurden – vergegenwärtigt man sich also diese Belastungen, wird man dem optimistischen Pauschalurteil mit begründeter Skepsis begegnen. Das trifft auch auf die wohlwollende Anerkennung der 1890er Jahre als Reformphase zu. Denn weder im Verhältnis zu den Parteien und Parlamenten, noch in der Sozial- oder der Außenhandelspolitik gab es einen beherzten Schritt nach vorn. Vielmehr wurden nur kleine Stückwerk-Veränderungen erreicht, um die völlige Stagnation oder die Verletzung wichtiger Interessen des reichsdeutschen Machtkartells zu vermeiden.

Nach einer charismatischen Führungspersönlichkeit wie Bismarck mußte es, ganz gleich wie der erste Reichskanzler schließlich rundum gescheitert war, jeder Nachfolger schwer haben, allemal aber ein in sein Amt kommandierter General, zwei nach Norden importierte bayerische Adlige im Greisenalter, ein karrieresüchtiger Diplomat und zwei über die „Ochsentour", wie Bismarck zu spotten pflegte, aufgestiegene Bürokraten. Sie alle als Epigonen abzutun, ist dennoch ungerecht. Anstatt Stück für Stück die wichtigeren Gesetzesvorhaben und außenpolitischen Entscheidungen zu präsentieren, wäre es aufschlußreicher gewesen, sich von der Fixierung auf die formalen Akte konstitutioneller Politik zu lösen und statt dessen das eigentümliche, offenbar aber funktionsfähige System des autoritären deutschen Korporativismus zu analysieren, in dem Bürokratie, Interessenverbände, Parteien, Parlamente, strategische Einflußzentren wie das Reichsmarineamt und der Generalstab usw. jeweils um die Austarierung der Kräfte und Interessen rangen. Von einer einflußreichen Rolle Wilhelms II. bleibt dabei kaum etwas übrig, und am allerwenigsten läßt sich auch noch der Erste Weltkrieg, als er zum „Schattenkaiser" degradiert wurde, als „wilhelminische Zeit" erfassen.

Die Ausführungen zur Sozial- und Wirtschaftsgeschichte – jedenfalls über Bevölkerungswachstum, Migration und Lebensraum (ja, ohne Anführungsstriche), über den agrarisch-industriellen Dualismus, über Außenhandel und Zölle – wirken ein wenig wie hingetupft, ohne jede Begründung der selegierten Themen. Der politische Einfluß der Agrarier wird zu Recht betont, die wirtschaftliche Bedeutung der Landwirtschaft jedoch weit übertrieben. Alle zuverlässigen Indikatoren für das industrielle Wachstum dementieren ihren hier noch immer unterstellten hohen Rang. Und im Hinblick auf die Wirkung der Schutzzölle wird die gesamte neuere Diskussion, die von amerikanischen Wirtschaftshistorikern vorangetrieben worden ist, schlechthin ignoriert, obwohl das derzeitige Ergebnis, daß der Protektionismus trotz aller Nachteile doch auch als wirksame Preis- und Reallohnstützung fungiert hat, schwer zu bestreiten ist.

Die außenpolitischen Konstellationen werden nüchtern geschildert. Wie das Reich jedoch durch seine eigene Frankreich- und Rußlandpolitik den Zweifrontenkrieg zur Gewißheit gemacht, darüber hinaus in völliger Verblendung mit seinem antienglischen Schlachtflottenbau seit 1897 den Untergang im Dreifrontenkrieg, da seither auch noch Großbritannien in die Gegenallianz hineingetrieben wurde, besiegelt hat, das alles hätte eine kritischere Analyse verdient. Es ist ein grandioses Understatement, Tirpitz' „Bravourstück", das doch weit mehr intendierte, als „des Kaisers Flottenwünsche zu erfüllen", in der Bilanz nur „recht gewagt" zu nennen. Ein selbstmörderisches Unternehmen muß auch beim Namen genannt werden.

Diese Zurückhaltung kontrastiert um so auffälliger mit dem erquicklich entschiedenen Urteil über die verfehlte Politik gegenüber dem degradierten „Reichsland Elsaß-Lothringen“ und gegenüber den drei Millionen preußischer Polen, die der vollen Wucht der Germanisierungspolitik ausgesetzt blieben.

Ob die „kleinen Fortschritte“ vor 1914 zeigen, daß das „deutsche System“ auch „künftig wandlungsfähig sein würde“, läßt sich mit guten Gründen bestreiten. Der kontrafaktischen Frage nach der Modernisierungsfähigkeit des Kaiserreichs in einer länger andauernden Friedenszeit kann man, obwohl die Antwort immer spekulativ bleibt, nur mit Skepsis begegnen. Im Grunde gab es längst einen Problemstau, der die politische Modernisierung immer gebieterischer verlangte und schließlich, da sie unentwegt verweigert wurde, in der Revolution die Dämme durchbrach.

Auf 37 Seiten dem Weltkrieg und dem Ende des Kaiserreichs gerecht zu werden, ist naturgemäß eine schwierige Aufgabe. Fraglos ging jedoch der große Krieg nicht aus „einem machtpolitischen Fingerhakeln zwischen Deutschland und Rußland“ hervor. Das Geflecht der außen-, erst recht der innenpolitischen Bedingungen stellt sich ungleich komplexer dar. Ohne die Berücksichtigung der partei-, parlaments-, finanz-, rüstungspolitischen Dimensionen, ohne den während des Rüstungswettrennens schrumpfenden Zeithorizont der Machteliten, ohne die Mentalität der Risikobereitschaft, ohne die Handlungsmaxime mithin des „Je eher, desto besser“ läßt sich die „Diktatur der kleinen Entscheidungen“, die in Berlin zur bewußten Übernahme des Kriegsrisikos führten, nicht realitätsangemessen erklären.

So treffsicher auch manches auf knappem Raum skizziert wird, schleicht sich doch auch wieder manche Verzerrung ein. Hindenburg war keineswegs „ein in Ehren ergrauter General“, sondern ist bis zur Pensionierung ein rechtskonservativer Scharfmacher gewesen. Von Ludendorff ging kein „Hauch des totalen Krieges“ aus, er führte ihn realiter seit 1916, zwei volle Jahre lang. Die Seeschlacht am Skagerrak brachte der deutschen Hochseeflotte keinen „Achtungserfolg“ gegen die englische „Home Fleet“, sondern eine drastische Demonstration ihrer Zweitklassigkeit. Dieser Mißerfolg bedeutete zugleich ein unzweideutiges Verdikt der Geschichte über die Verfehltheit des Schlachtflottenbaus vor 1914. Bei der Verfolgung der exorbitanten deutschen Kriegsziele schweiften „die Blicke“ keineswegs „teilweise bis zur Krim und zum Kaukasus“, vielmehr hatten jene dreißig Divisionen, die aus Ludendorffs Ostheer nach Süden vorstießen, bis zum Sommer die Halbinsel besetzt und Transkaukasien erreicht. Und die Novemberrevolution von 1918 hat doch auch weit mehr bewirkt, als „den monarchischen Stuck von der Fassade des Reiches“ abzustoßen.

Kurzum: Für den Kenner enthalten die beiden Bände von Hertz-Eichenrode manche lesenswerte Passage; auch ist die Komprimierungsleistung nicht gering zu schätzen. Für den Neuling auf diesem Gebiet ist es jedoch nicht leicht, dem gedrängten, wenn auch oft konventionell angelegten Überblick zu folgen. Der auffällige Optimismus des historischen Urteils wird den enormen Belastungen der deutschen Geschichte in jener Zeit nicht gerecht. Und aus der eindeutig bevorzugten Politikgeschichte ließen sich doch ungleich mehr Funken schlagen.

Heutzutage ist Lothar Bucher unbekannt. Allenfalls ein kleiner Kreis spezialisierter Historiker verbindet mit seinem Namen noch eine genauere Vorstellung. Vor hundert Jahren war das anders. Damals war Bucher einer weiteren politischen Öffentlichkeit als einer der engsten Mitarbeiter Bismarcks im Auswärtigen Amt bekannt, wo er sich zweiundzwanzig Jahre lang mit der Politik des Kanzlers völlig identifiziert hatte. Durchgesickert war auch die Tatsache, daß Bucher nach Bismarcks Entlassung als eine Art neuer „Eckermann“ die Entstehung der beiden ersten Bände der „Gedanken und Erinnerungen“ durch seine schriftstellerische Tätigkeit in Friedrichsruh buchstäblich erst ermöglicht hatte. Bucher war damals aber auch deshalb eine lange Zeit umstrittene Figur gewesen, weil der exponierte Mitstreiter der 1848er Revolution nach einem Dutzend Jahre im englischen Exil direkt ins Berliner Machtzentrum geholt worden war: Gesinnungsverrat oder Ergebnis eines schmerzhaften Lernprozesses?

Zu Beginn zeichnete den jungen Bucher nichts Auffälliges aus. Aus eher kärglichen bürgerlichen Verhältnissen stammend, hatte er ein Jura-Studium absolviert und seine erste Assessorenstelle am Landgericht im hinterpommerschen Stolp erhalten. Dort überraschte ihn der Ausbruch der Revolution. Begünstigt durch den Zufall fand sich der politisch aufgeweckte Justizbürokrat als Abgeordneter in der Preußischen Nationalversammlung in Berlin wieder, wo er, die revolutionären Ziele eines liberalen Umbaus von Staat und Gesellschaft verteidigend, allmählich auf den linken Flügel hinüberschwenkte. Schließlich gehörte er sogar zu jenen Aktivisten, die den „Steuerboykott" forderten, um die konservativen Machteliten zur Nachgiebigkeit zu zwingen. Nach der Niederlage der Revolution brachte ihm diese sympathische Aufsässigkeit, die indes mit dem Verhaltenskodex eines preußischen Staatsdieners ganz und gar nicht zu vereinbaren war, einen Strafprozeß ein.

Vor dem unschwer zu erkennenden Urteil rettete er sich, wie viele andere, ins Exil nach London. Dort verstand es Bucher, als schreibgewandter Korrespondent der Berliner „National-Zeitung", die auch während der nachrevolutionären Repressionsjahre ihre liberale Färbung verteidigte, sein Leben zu bestreiten. Schritt für Schritt rückte er von dem kurzlebigen „Radikalismus" des Revolutionsjahres ab, er mauserte sich zum Verfechter einer pragmatischen „Realpolitik", wie das nicht wenige Liberale, gerade auch unter den Flüchtlingen im Ausland, in dieser Zeit ebenfalls taten.

Da Christoph Studt, der Autor der neuen Bucher-Biographie,[2] die rund dreitausend Berichte aus London erstmals ausführlich ausgewertet hat, benötigt er, ehe er's sich versieht, sage und schreibe fast zweihundert von insgesamt rund dreihundertvierzig Textseiten, um über die Lebensphase Buchers bis zur Rückkehr in die Heimat zu berichten. Das ist eine Fundgrube für Liberalismusexperten. Aber die Komposition des Buches gerät völlig aus den Fugen. So interessant ist Bucher weder als Steuerrebell noch als Auslandsjournalist, daß nahezu drei Fünftel der Studie darauf hätten verwendet werden sollen. Auch seine Mutation zum staatstreuen Beamten ist so extraordinär wieder nicht, sie läßt sich an vielen desillusionierten Achtundvierzigern verfolgen.

Über die Zeit jedoch, in der Bucher als Intimus unter den wenigen vertrauten Räten, mit denen Bismarck jahrzehntelang zusammenarbeitete, zumindest von einem Hauch welthistorischer Vorgänge angeweht wurde, erfahren wir wenig Neues. Das liegt wohl an der ungenügenden Quellendichte, denn unstreitig ist Studt als ein fleißiger Archivforscher unterwegs gewesen, ohne doch Buchers Anteil an den Entscheidungsprozessen in der Wilhelmstraße so hell ausleuchten zu können wie seine Londoner Korrespondentenberichte. Und wenn es um die Interpretation geht, setzt er nicht selten auf die falsche Karte. Das gilt zum Beispiel für die eklatante Verharmlosung von Bismarcks Politik in der Frage der spanischen Thronkandidatur eines Hohenzollernprinzen im Vorfeld des deutsch-französischen Krieges von 1870/71 – Bucher war als Unterhändler direkt beteiligt –, da die von Studt geteilte apologetische Behauptung, daß der französische Chauvinismus der Hauptverantwortliche für den Kriegsausbruch gewesen sei, längst kompetent demontiert worden ist. Bismarcks Spanienpolitik hatte vielmehr von Anfang an auch den offenen Konflikt mit einbezogen, dann aber alles geschickt daran gesetzt, daß Preußen als die angegriffene Macht dastand. Schief ist auch das verharmlosende Urteil über das von Bucher mitentworfene Sozialistengesetz von 1878, als Bismarck einen „Vernichtungskrieg“ gegen die „bedrohliche Räuberbande“, gegen die „Ratten im Lande“, die „vernichtet werden sollten“, entfesseln wollte. Die Mitwirkung an diesem Ausnahmegesetz, das den liberalen Idealen von Rechtsstaatlichkeit hohnsprach, läßt sich nicht so lässig-beiläufig berichten. Kurzum: Buchers genauer Anteil an historisch außerordentlich folgenreichen Entscheidungen, ohnehin der Anteil eines Zuarbeiters, verharrt weiterhin in diffusem Licht. Sein großer Anteil dagegen an der Entstehung eines der bedeutendsten Memoirenwerke der neueren Literatur, an Bismarcks Erinnerungen, wird noch einmal bis ins Detail nachgezeichnet. Der Ruhm des effektiven „Ghost Writers" bleibt ihm, freilich auch der Makel, an all den Entstellungen und Verfälschungen, mit denen der „Chef" sein Bild für die Nachwelt schönen wollte, mitgewirkt zu haben.

Gewiß, Bucher ist keine uninteressante Persönlichkeit. Lohnt aber ein Akteur auf dem dritten Rang so viel Aufwand? Außerdem hat der Autor seine Biographie im konventionellen Stil als chronologischen Bericht über einen individuellen Werdegang angelegt. Allgemeinere Interessen und Fragestellungen scheinen ihn kaum bewegt zu haben. Warum wird Bucher nicht einmal als typischer Vertreter des preußischen Justizliberalismus, der sich in einem autoritären Staat entwickeln und 1848/49 erstaunlichen Einfluß gewinnen konnte, in generellen analytischen Kategorien diskutiert? Warum fehlt jede vergleichende Erörterung der „Wende", die zahlreiche Liberale in den 1850er/60er Jahren hin zur „Realpolitik" vollzogen haben? Warum werden die Entscheidungsprozesse in der Berliner Zentrale nicht systematisch analysiert? Mit Verlaub: So hätte diese Dissertation auch schon vor 1914 etwa bei Hermann Oncken geschrieben werden können.

Damit ist auch noch ein allgemeineres Problem verbunden. Der Verfasser kommt aus einer „Schule", die seit langem frohgemut das Banner einer „modernen Politikgeschichte" schwenkt. Da erfährt man hier etwas über die Mission Radowitz zu Beginn der 1870er Jahre, dort etwas über die deutsche Außenpolitik der Caprivizeit, ohne daß die längst herausgearbeitete Interdependenz von Innen- und Außenpolitik berücksichtigt wird; ein anderer wiederum schreibt die Diplomatiegeschichte des Bagdadbahn-Projekts – und so weiter. Das alles wäre, wie gesagt, wenn die Quellen zugänglich gewesen wären, auch bereits vor dem Ersten Weltkrieg methodisch möglich gewesen. Nirgendwo tauchen die Konturen eines innovativen Ansatzes auf. Wann beginnt denn endlich der Aufbruch in das gelobte Land einer wahrhaft „modernen Politikgeschichte", damit sich die Auseinandersetzung mit ihrem Anspruch und ihren Leistungen nach so langem Warten lohnt?

Daß eine Politikgeschichte, die sich auf der Höhe der internationalen Diskussion und der gegenwärtigen Theoriereflexion bewegt, auch hierzulande dringend erforderlich ist, wird – erst recht seit 1989/91 – keiner ernsthaft bestreiten. „Modern" in dem Sinne, daß sie möglichst viele Dimensionen der Realität zu integrieren versucht, sollte sie aber endlich sein.

16. Neoromantik und Pseudorealismus in der Alltagsgeschichte

Der Nestor der Wirtschaftsgeschichte in der DDR, Jürgen Kuczynski, hat in der Mitte seines achten Lebensjahrzehnts ein Unternehmen begonnen, das zunächst einmal Respekt vor dem Mut und dem Optimismus des Autors abnötigt. Es soll offenbar das Lebenswerk Kuczynskis krönen, der eine der interessantesten Gestalten in der wissenschaftlichen Welt der DDR ist: Sohn einer traditionsreichen jüdischen Gelehrten- und Bankiersfamilie, als Student noch in Berührung mit den philosophischen und sozialwissenschaftlichen Größen der deutschen Wissenschaft am Jahrhundertbeginn, Bekehrung zum Kommunismus, Verfasser politökonomischer und statistischer Werke und, vor allem, einer vierzigbändigen „Geschichte der Lage der Arbeiter unter dem Kapitalismus". Das neue Unternehmen scheint vergleichbar monumentale Züge zu besitzen: Es handelt sich um eine sechsbändige „Geschichte des Alltags des deutschen Volkes", von der inzwischen alle bis 1945 führenden Bände erschienen sind.[1]

Kuczynski beweist damit auch Gespür für einen neuen, inzwischen geradezu modischen Trend in der Geschichtswissenschaft verschiedener westlicher Länder, wo die Alltagsgeschichte in den Mittelpunkt gerückt werden soll. In der DDR ist Kuczynski der erste, der in dieses Plädoyer so entschieden und seitenstark einstimmt. Die beabsichtigte Anregung, was immer auch von der Ausführung des Projekts zu halten ist, verdient unstreitig Anerkennung. Das bisher vorliegende Ergebnis ist jedoch, um ein Urteil vorwegzunehmen, nicht nur betrüblich, sondern, unverschnörkelt gesagt, rundum enttäuschend: Man hat es mit der Buchbindersynthese des Inhalts umgekippter Zettelkästen zu tun! Karge Einleitungen und Zwischenbemerkungen können nicht verhüllen, daß es sich um die Kompilation fleißig gesammelter Auszüge aus den Schriften anderer handelt. Daß er nur „Bausteine" für eine künftige Alltagsgeschichte zusammentrage, räumt Kuczynski dabei mit entwaffnender Offenheit auch selber ein.[2] Von einer durchgeformten Darstellung sind diese Bände nach alledem noch viel weiter entfernt, als es die „Lage der Arbeiter" bereits war, und das will schon etwas heißen, wie unlängst im „Archiv für Sozialgeschichte" ausführlich und exakt gezeigt worden ist.[3]

Welcher Teufel den Berichterstatter ausgerechnet der „Frankfurter Allgemeinen Zeitung" geritten hat, als er den ersten Band von Kuczynskis Alltagsgeschichte als das bedeutendste Ereignis im Bereich der Sachbücher auf der Frankfurter Buchmesse von 1980 feierte, ist schwer vorstellbar. Gelesen haben kann er diesen Band nicht, sonst hätte er eine Kollektion von fremder Leute Exzerpten nicht so gepriesen. Historiker kann er ohnehin nicht gewesen sein, aber auch etwas gesunder Menschenverstand hätte ihn vor soviel irregeleitetem Enthusiasmus bewahrt. Dem DDR-Lizenzspezialisten Pahl-Rugenstein konnte der Superlativ dagegen nur recht sein: Mit diesem Lorbeerkranz aus dem „bürgerlichen" „FAZ"-Feuilleton geschmückt, ist fortab für das neue Opus fleißig Reklame gemacht worden. Jede Lektüre enthüllt jedoch sowohl die schiere Ignoranz dieses Urteils als auch die Maßlosigkeit der bombastischen Verlagsankündigung, daß in diesen Bänden Neuland der Geschichtsschreibung beispielhaft-vorbildlich betreten werde. Eines freilich muß man Kuczynski hoch anrechnen: Durch den Abdruck von langen Abschnitten auch aus westlichen Neuerscheinungen, die selbst seinen Fachkollegen offenbar noch immer schwer zugänglich sind, hat er der ostdeutschen Wissenschaft einen wertvollen Dienst erwiesen und sich, nolens volens, zu dem Kreis der wenigen Samisdat-Intellektuellen in der DDR gesellt. Applaudite cuncti!

Von wessen Alltag ist denn aber die Rede? Kuczynski bekennt mit bestrickender Simplizität und dogmatischer Verengung: vom „Alltag der Werktätigen";[4] im ersten Band sind das vornehmlich Bauern. Warum werden bürgerliche Beamte, Kaufleute, Adlige nicht behandelt? Die Antwort ist klar: Die „winzige Minderheit der Herrschenden" soll ausgeschlossen bleiben.[5]

Was aber ist eigentlich Alltag? Kuczynski definiert seinen Schlüsselbegriff überhaupt nicht. Alltag ist zunächst ein völlig verwaschenes Wort. Kategoriale Trennschärfe gewinnt man gewöhnlich durch Gegenbegriffe: Wie unterscheidet sich der Aristokrat vom Bürger, der Unternehmer vom Arbeiter? Was also ist „Nicht-Alltag"? Etwa die Feiertage? Auch sie sind ein spezifischer Teil des Alltags. Kuczynski spricht sich daher zu Recht gegen einen scharfen Kontrast aus und möchte Feier- und Werktage verbunden sehen.[6] Dennoch: Wo finden sich präzise Abgrenzungskriterien? Soll Alltagsgeschichte nur ein anderes Wort für die französische „Totalgeschichte" oder die deutsche „Universalgeschichte" sein? Kann und sollte Alltag zum Universalbegriff werden? Oder bleibt das Wort nicht vielmehr Inbegriff „einer aus der Kirchturmperspektive der Gegenwart ins Universale aufgeblähten Spekulation", wie Norbert Elias, der wegen seiner Verbindung von Theorie und Anschauung fälschlich für einen der Väter der Alltagsgeschichte gehalten wird, mit heilsamer Ironie kritisiert hat.[7] Zum Alltag kann auch die Extremsituation des totalen Krieges oder die intensive Forschungsarbeit künftiger Nobelpreisträger werden. Was „Alltag" bedeutet, ist mir jedenfalls bisher nicht klargemacht worden.

Kuczynskis Unternehmen wie die Unschärfe, in die der Begriff des Alltags bisher allgemein getaucht bleibt, haben immerhin den Vorzug, daß sie die Aufmerksamkeit auf einige allgemeine Probleme der neuerdings propagierten „Alltagsgeschichte" hinlenken. Welche Motive, Antriebskräfte, Anregungen stecken hinter diesem Phänomen?

Was die wissenschaftlichen Einflüsse angeht, äußert sich in dem Postulat, „den" Alltag zu erforschen, zunächst einmal ein

Protest gegen globale Theoriekonstruktionen, z.B. gegen die Systemtheorien und Modernisierungstheorien, gegen vulgärmarxistische Stufentheorien der Weltgeschichte und das öde Geklapper mit den leeren Hülsen orthodoxer Klassentheorien, erst recht aber eine Ablehnung der konventionellen Politikgeschichte und der inzwischen auch als zu einseitig empfundenen Sozial- und Wirtschaftsgeschichte. Statt dessen soll der Abmarsch in einen angeblich besser überschaubaren Gegenstandsbereich angetreten, sollen Kleinprojekte und verläßliche Interpretationen, sozusagen von kurzer Reichweite, bevorzugt werden.

In den Hohlraum, den die Enttäuschung über die hochfliegenden Versprechungen solcher Globaltheorien hinterlassen hat, ist sodann der unstreitig massive Einfluß der modernen Kultur- bzw. Sozialanthropologie hineingestoßen. Das trifft vor allem auf die Vereinigten Staaten, England und Frankreich zu, wo die neue Alltagsgeschichte als Modeströmung überall noch weiter vordringt. „Culture is trendy", räumen daher mit unüberbietbar mokantem Ton skeptische amerikanische Historiker ein.

Ein dritter Einfluß läßt sich schließlich auf die Formel einer „History from bottom up" bringen – frei übersetzt: einer „Geschichte aus dem Blickwinkel des Kleinen Mannes". Diese Forderung richtet sich gegen die machtvolle historiographische Tradition, die Geschichte aus der Perspektive der „Herrschenden", der Regierung und der Machteliten zu schreiben; insofern wendet sie sich auch gegen die bisher praktizierte politische Sozialgeschichte, die Politik und Sozialökonomie zu verklammern suchte. Der sozialkritische Anspruch der neuen Richtung ist mithin nicht zu übersehen, gleich ob er aus den Quellen des Marxismus, des englischen „Radicalism" oder eines verletzten Gerechtigkeitsgefühls stammt. Auch deshalb gibt es bisher keine Alltagsgeschichte des Hochadels oder Bildungsbürgertums, sondern diverse Studien über Arbeiter, kleine Handwerker, ländliche und städtische Unterschichten in ihrer lokalen oder regionalen Lebenswelt – in ihrem „soziokulturellen Kontext", wie es der Jargon nennt.

Fragt man an zweiter Stelle nach den lebensweltlich-praktischen Einflüssen, ist die Alltagsgeschichte auch ein Ausdruck des Protestes gegen eine Gegenwart, welche die tägliche Umwelt mit anonymen, bürokratischen Großorganisationen umstellt hat, die für viele Menschen tatsächlich ein gut Teil ihres Alltags bestimmen. Wer würde da Züge der Entfremdung und Unpersönlichkeit leugnen wollen? Aus diesem Protest geht eine ziemlich diffuse, allgemeine Kulturkritik hervor, die den Verlust an Menschlichkeit, an Sensibilität, an „einfachem Leben" beklagt und all das beim Kleinen Mann wiederzufinden glaubt. Aus dieser Grundstimmung resultiert auch ein Rückzug in die Heimat- und Regionalgeschichte, in eine überschaubare Lebenswelt. „Small is beautiful", rufen nicht nur die Anhänger von Alternativ-Kulturen. Der Erfolg der großen historischen Ausstellungen der letzten Zeit (über die Staufer, Wittelsbacher, Parler, über Preußen) bestätigt diese Neigung ebenso wie die Auflagenhöhe von Büchern über Familie, Kindheit, Alter, Tod usw. Indem solche wissenschaftlichen und lebensweltlich-politischen Einflüsse zusammenströmen, entsteht die neue Alltagsgeschichte, vorläufig noch ein „merkwürdiger Zwitter", weder „Fisch noch Fleisch".[8]

Dieses eigentümliche Konglomerat von Einflußfaktoren ist jedoch mit nicht unbeträchtlichen Gefahren verbunden. Die neue Alltagsgeschichte besitzt zweifellos Züge eines romantisch verklärenden Pseudorealismus. Das hängt zum Teil mit ihren „Elaborationen vorgefaßter dogmatischer Ideen",[9] mit ihrer radikalen Verengung der Perspektiven auf die „Underdogs", auf das Proletariat, das verarmte Handwerk, die Kümmerexistenz der Unterschichten zusammen. Angeblich soll überall eine autonome „Arbeiterkultur" existiert haben. Wo davon die Rede ist, werden häufig Ergebnisse der englischen Forschung, wird vor allem ein polemischer Gegenbegriff gegen „Hochkultur" ohne streng vergleichende Prüfung etwas leichtfertig auf andere Traditionszusammenhänge übertragen. Die honette „Moralische Ökonomie" der Unterprivilegierten wird der „Politischen Ökonomie" der Kapitalismustheoretiker entgegengesetzt. Antisemitismus, Fremdenhaß, Brutalität im

Alltagsleben (z.B. bei der Lehrlingsausbildung oder der Behandlung von Mägden) werden geflissentlich übersehen oder als Ausfluß böser Verhältnisse, die so ja nicht sein sollten, hingestellt.

Zugleich tritt mit der Alltagsgeschichte ein Neohistorismus auf den Plan mit einer, wen überrascht es, entschiedenen Wendung gegen scharfe, systematische Begriffe, die als Instrumente sachunangemessener Theorien denunziert werden. Die neue Parole heißt: „Thick Description“ (Clifford Geertz). Die Anschaulichkeit der Lebensverhältnisse soll durch dichtgewobene Beschreibung, wie sie den großen Kulturanthropologen gelegentlich gelingt, vermittelt werden. Bei der Beschäftigung mit diesem Werk werden die theoretischen Prämissen und Aversionen, die sich auch in dieser Entscheidung selbstredend ausdrücken, oft stillschweigend übergangen. Mit der historistischen Wendung ist indes auch die Gefahr des alten Historismus wieder präsent: sich nämlich in antiquarische Details der Proletarierexistenz genauso liebevoll-borniert zu vertiefen, wie das z.B. Biographien mit den Quisquilien im Leben des Helden getan haben.

Häufig also enthüllt die Alltagsgeschichte einen idealisierenden Ansatz, der die Herkunft eines gut Teils ihrer Praxis aus der materialistischen Gesellschaftsanalyse verleugnet oder vergißt – wer weiß. Häufig wird eine Autonomie des Alltags fingiert. Häufig werden die Routine, ja die Langeweile der alltäglichen Existenz milde verklärt oder gar „poetisiert“.[10] Wie aufrecht und sympathieauslösend führte doch der Kleine Mann sein Alltagsleben, in sein Normensystem haltgebend eingebunden, seinen Festen fröhlich hingegeben, den „Herrschenden“ so oft wie möglich ein Schnippchen schlagend! War der geschmeidige Diplomat, der erfolgreiche Politiker Leopold v. Rankes Lieblingsfigur, ist der trutzige Industrieprolet, der Bauernbandit, der allgegenwärtige Schweijk der Heros der neuen alltagsgeschichtlichen Studien.

Diese Neoromantik, dieser Pseudorealismus sind hoffentlich vorübergehende Modeerscheinungen. Ohne systematische Begriffe, ohne die Einbettung der Alltagsgeschichte in die Gesellschaftsgeschichte aller Schichten und Klassen, ohne die Überwindung der bislang vorherrschenden Einseitigkeit und ohne eine ausgewogene Berücksichtigung der Lebenswelt aller sozialen Formationen führt der neue Weg definitiv in eine kurze Sackgasse. Um noch einmal mit Elias zu sprechen: Alltag müßte zumindest als „integraler Bestandteil ... der gesamtgesellschaftlichen Machtstrukturen" verstanden werden.[11]

Fraglos gibt es heute auch schon durchaus gelungene Beispiele für eine im Prinzip legitime, d.h. theorie- und methodenbewußte, empirisch solide, quellennahe und klar interpretierende „Alltagsgeschichte". Sie bedeutet eine wichtige Ergänzung der bisherigen Sozialgeschichte. Keiner wird freiwillig auf diese Erweiterung und Bereicherung verzichten wollen.[12] Die Mikrohistorie, um die es sich dabei handelt, kann Grunddimensionen der menschlichen Existenz, kann wirtschaftliche Lage, soziale Ungleichheit, politische Herrschaft und Kultur wie in einem Brennspiegel einfangen und an dem kleinen Objekt die unauflösliche Wechselwirkung besonders eindringlich zeigen. Um nur einige Beispiele deutscher Historiker aus den letzten Jahren zu nennen: Wie Lutz Niethammer die Wohnungssituation wilhelminischer Arbeiter untersucht, Hans Medick dem Leben proto-industrieller Heimarbeiterfamilien nachspürt, Heinz Reif den westfälischen Landadel von 1770 bis 1860 in vielen Lebenskonstellationen verfolgt, Klaus Tenfelde seine großartige Sozialgeschichte der Bergarbeiter an der Ruhr geschrieben, Wolfgang Schivelbusch die Geschichte des Eisenbahnreisens geschildert hat, so sollte die Alltagsgeschichte weiter ihren Weg suchen und die erörterten Gefahren vermeiden.[13] Aber sie darf sich nicht auf der Jagd nach Exzerpten verzetteln.

17. Bismarck-Biographien

Im Oktober 1980 ist Lothar Galls Bismarck-Biographie erschienen.[1] Sie hat seither erstaunlichen Erfolg gehabt. Monatelang behauptete sie sich auf einem der vorderen Plätze der Bestseller-Liste für Sachbücher. Mehrere Auflagen sind bereits nachgedruckt worden. Worin bestehen die Vorzüge dieses Buches? Wo liegen seine Grenzen? Wie erklärt sich seine Rezeption durch ein breites Publikum? Mit jeweils einem halben Dutzend Thesen, Einwänden, Gesichtspunkten sollen einige Aspekte dieser Fragen diskutiert werden.

1. Zuerst zu den unübersehbaren Vorzügen. Nach zehnjähriger intensiver Arbeit hat Gall die m.E. bisher beste Bismarck-Biographie vorgelegt: ein fachwissenschaftlich solide fundiertes und zugleich flüssig geschriebenes Buch, insgesamt ein erfolgreiches Unternehmen, an dessen Ausführung zahlreiche Historiker vorher gescheitert sind. Sie haben abbrechen müssen wie etwa Erich Marcks;[2] sie haben nur einen Essay geschrieben wie A. J. P. Taylor und Andreas Hillgruber; blinde Lobhudelei überwog wie bei Arnold Oskar Meyer oder aber einseitige Kritik wie bei Erich Eyck.[3] Endlich, achtzig Jahre nach Bismarcks Tod, besitzen wir mit Galls Buch eine abgeschlossene, sachlich und sprachlich weithin angemessene Biographie des bedeutendsten modernen deutschen Berufspolitikers, dessen Aufstieg und Niedergang im Kontext der langen Jahrzehnte zwischen 1815 und 1898 ausführlich geschildert wird.

2. Die zum Teil glänzende Darstellung bewegt sich an vielen Stellen auf der Höhe der gegenwärtigen internationalen Diskussion; sie besitzt ein reiches Maß an selbständigen Analysen und Deutungen; sie zeichnet sich durch klare, unverschnörkelte Urteile aus.

3. Die im allgemeinen gut komponierte Biographie und die kenntnisreiche, ja gelegentlich geistvolle Interpretation der Motive und Schlüsselereignisse der Bismarckschen Politik samt ihren Folgen hinterlassen deshalb einen so nachhaltigen Eindruck, weil sie ein möglichst unbefangenes Verständnis für Bismarcks Handeln unter den Bedingungen seiner Zeit mit kritischen Urteilsmaßstäben, die unsere Generation an Bismarcks gescheitertes Werk heranträgt, zu verbinden bestrebt sind.

4. Von seiner im Grunde sehr skeptischen Auffassung her ist Gall gegen die Ideologie gefeit, daß es die großen Männer sei-

en, die Geschichte machten. Zugleich kann er daher auch, bei aller Anerkennung der politischen Meisterschaft Bismarcks – vor allem in seinen besten Jahren zwischen 1864 und 1878 –, das kleindeutsche Reich als „extrem unstabiles und kurzlebiges historisches Gebilde“ charakterisieren. „Nichts, gar nichts“, heißt es bei ihm, „ist von dem geblieben“, was Bismarck bis 1871 bzw. 1890 erreicht hatte. Die kühle Sachlichkeit dieses Urteils trennt wie ein tiefer Graben Galls Buch von all der lange Zeit vorherrschenden epigonalen Verklärung und beschönigenden Harmonisierung Bismarckscher Politik und ihrer Resultate.

5. Eine unübersehbare Stärke des Buches besteht außerdem darin, daß sich Gall – trotz und wegen seiner engen Vertrautheit mit zahlreichen Kontroversen der Bismarck-Forschung – aus dem Dickicht der widersprüchlichen Meinungen immer wieder zu lösen versteht und einen freien, neuen Durchblick auf umstrittene Entscheidungen oder Folgen von Bismarcks Aktionen gewinnt. Dazu gehört sowohl die Disziplin des „forschenden Verstehens“ als auch die Fähigkeit, sich für die eigene Interpretation noch einmal die notwendige Distanz für ein selbständiges Urteil zu verschaffen.

6. Schließlich ist es gut und richtig, daß es ein kompetenter Fachwissenschaftler wie Gall und nicht wieder ein – wissenschaftliche Teilergebnisse herausgreifender – schreibgewandter Journalist versucht hat, ein großes Publikum zu gewinnen. Offenbar hat er es auch erreicht. Die Kluft zwischen den Wissenschaften mit ihrem Jargon und dem allgemein interessierten Publikum wird oft zu Recht bedauert. Sie ist schwer zu überwinden, da Spezialisierung auch der Sprache eine Bedingung der Möglichkeit wissenschaftlichen Fortschritts ist. Gall ist es gelungen, diese Brücke zu schlagen. Das verdient uneingeschränkte Anerkennung, da eine solche Leistung bereits eine Kunst für sich darstellt.

Galls „Bismarck“ wird sich – das ist angesichts der vielen Qualitäten dieser Biographie und trotz der noch zu erörternden Grenzen keine riskante Prognose – auf absehbare Zeit unter dem halben Dutzend der gegenwärtig besten Biographien aus der Feder deutscher Autoren behaupten können.[4]

Auch ein gelungenes Buch wie diese Biographie besitzt seine deutlichen Grenzen, enthüllt bei genauerem Hinsehen manche Defizite und läßt Probleme ungeklärt.

1. So ist das Buch z.B., um mit eher handwerklichen Erwägungen zu beginnen, durch ein auffallendes Ungleichgewicht gekennzeichnet. 65 Prozent des Textes (rd. 440 S.) werden für die Zeit von 1815 bis 1871, nur 35 Prozent jedoch (rd. 250 S.) für die Zeit von 1871 bis 1890/98 verwendet. Sollten nicht die zwei Jahrzehnte, die Bismarck an der Spitze der neuen mitteleuropäischen Großmacht gestanden hat, mindestens die Hälfte – wenn nicht sogar mehr – einer Bismarck-Biographie ausmachen? Hier herrscht eine Disproportionalität, die auch nicht mit der Anschmiegung an Bismarcks Lebenszeit hinreichend gerechtfertigt werden könnte.

2. Das Buch besitzt viele Längen; es hätte erheblich gestrafft werden können; ein guter, sachkundiger Lektor hätte rd. 200 Seiten „Luft" herausgelassen.[5] Ausführliche Referate und Erlasse Bismarcks sind wegen seiner verführerisch einprägsamen Prosa zwar verständlich,[6] eine knappere Fassung hätte jedoch Platz für Wichtigeres geschaffen – dazu gleich mehr. Auffällig ist zudem, daß der umfangreiche, uneingeschränkt zugängliche Nachlaß der Familie Bismarck nicht gründlich ausgewertet, sondern gewissermaßen nur mit spitzen Fingern geprüft worden ist. Die hochinteressante Korrespondenz von Bismarcks Bankier Bleichröder hätte sich Gall ebensowenig entgehen zu lassen brauchen wie manches andere aufschlußreiche ungedruckte Stück. Die Zurückhaltung gegenüber wichtigen ungedruckten Quellen ist mithin kein Einzelfall.[7]

3. Gall trägt seine zahlreichen Kontroversen mit anders urteilenden Bismarck-Historikern nirgendwo offen aus. Die Herkunft bekämpfter oder akzeptierter Positionen bleibt immer unklar, obwohl jeder Historiker stets auf den Schultern von vielen anderen Sachkennern steht; Gall belegt nur Zitate und beruft sich für dieses Verfahren auf das vermutete Desinteresse, mit dem der allgemeine Leser wissenschaftlichen Auseinandersetzungen gegenüberstehe. Oft baut er sich aber einen Popanz als Gegner auf, den er dann genüßlich demoliert, in-

dem er eben die Differenzierungen anbringt, die der – nur für Kenner identifizierbare – namenlose Kontrahent schon selber erörtert hatte. (Ein gutes Beispiel ist die Kritik [S. 176] an dem Versuch, Bismarcks Herrschaftssystem und Herrschaftsmethoden – eine genaue Unterscheidung ist sehr angebracht – als „Bonapartismus" zu charakterisieren. 600 Seiten später wird ein gut Teil der Bonapartismustheorie für die Charakterisierung von Bismarcks Herrschaftssystem und -methoden [!] in Galls Worten stillschweigend übernommen [S. 716].)

Dieses Verfahren nennt Gall mit Vorliebe eine „nüchterne" Interpretation. „Nüchtern" ist überhaupt sein Lieblingswort: sowohl für die Kennzeichnung von Bismarcks erfolgreichem Kalkül als auch für die eigene Deutung umstrittener Sachverhalte. Indirekt wird damit jedoch allen kritisierten Historikern ideologische Befangenheit unterstellt. Diesen Nebel durchstößt dann endlich unser Biograph, der mit sicherer Meisterhand ein vorurteilsfreies Bild zu zeichnen beansprucht. Dadurch gerät er, nolens volens, in die Rolle eines alles und jedes definitiv Besserwissenden hinein.[8]

4. Gall liebt die Denkfigur, daß Bismarck, um das alte Regime in Preußen zu verteidigen, um die eigene Macht zu erlangen und zu behaupten, die moderne Welt der industrialisierten Großmacht Deutschland selber, eher wider Willen, durch die Folgen seines Wirkens mit heraufgeführt habe. Darin, daß Bismarck diese Modernisierung zeitweilig beschleunigt habe, sieht er eine der großen historischen Leistungen dieses Mannes. Folglich gilt er Gall nicht nur als Gründer des kleindeutschen Nationalstaats, sondern auch als „Schöpfer ... vor allem der Grundlagen der modernen Industriegesellschaft in diesem Raum".

Solch ein Urteil unterschätzt gewaltig die autonomen Antriebskräfte, welche den Industrialisierungsprozeß voranbrachten; es verkennt den anonymen, aber zielgerichteten Charakter dieses Prozesses, und es tut auch der kleinen Gruppe der liberalen Experten Unrecht, die in den sechziger und siebziger Jahren wesentliche gesetzliche Fundamente der bürgerlichen Wirtschaftsgesellschaft gelegt haben. Vor allem aber: Geht im

Vergleich mit diesem unbeabsichtigten ökonomischen Modernisierungserfolg Bismarcks nicht zu sehr verloren, wie erfolgreich Bismarck bei der Verteidigung alter Privilegien und bestimmter Strukturen der alten Ordnung, zu deren Rettung er angetreten war, doch auch gewesen ist? Von seinen Verteidigungsleistungen und seinem Erfolgsmythos haben die traditionalen Machteliten des Adels, des Militärs, der Bürokratie noch lange Jahre über Bismarcks Tod hinaus zehren können. So schnell und völlig gescheitert, wie Gall es sieht, ist Bismarck in dieser Hinsicht eben doch nicht. Vielmehr war es einer seiner besonders unheilvollen Erfolge auf lange Sicht, daß sein Scheitern, von dem im Rückblick fraglos gesprochen werden muß, zu spät zutage trat.

5. Gall macht Bismarcks Erfolge zu Recht davon abhängig, ob es ihm gelang, mächtige Tendenzen seiner Zeit (den kleindeutschen Nationalismus, den Liberalismus, die Industrialisierung) auszunutzen. Mißerfolge resultierten danach aus der fehlenden Übereinstimmung mit solchen großen geschichtlichen Bewegungen. Oft war Bismarck daher eher ein Getriebener als der Treibende, ein Getriebener freilich, der auf dem Höhepunkt seines Könnens diese Strömungen in virtuoser Weise auf seine Mühlen zu leiten verstand und sich dabei in eindrucksvollen, natürlich auch der Rechtfertigung des eigenen Tuns dienenden Worten den Anschein gab, daß er sich nur übermächtigen historischen Gewalten beuge. Wie oft er sich ihnen, mit manchmal fatalen Ergebnissen, entgegenstemmte, wird bei Gall weniger betont. (Und blieb nicht auch, umgekehrt, nach 1879 sein Zusammenspiel mit den neuen Interessenverbänden ein politisches Meisterstück?)

Jedenfalls wird Bismarck im allgemeinen, und zwar völlig einleuchtend, in den Zusammenhang der Zeitumstände, der überpersönlichen Entwicklungsprozesse gestellt, seine Abhängigkeit von ihnen betont. Diese Umstände und Tendenzen selber, die Bismarck in gewisser Hinsicht trugen oder scheitern ließen, bleiben jedoch bei Gall ganz nebulös, verschwommen, viel zu allgemein. Nirgendwo werden sie dem neugierigen Leser erläutert. Immer ist die Rede von einem Verlegenheitsabstraktum im Sinne des ominösen „sozialen Wandels“: von „dramatischen sozialen Umschichtungen und Umbrüchen“, von der „unaufhaltsam voranschreitenden Veränderung aller wirtschaftlichen und gesellschaftlichen Verhältnisse“, von dem „grundlegenden wirtschaftlichen und sozialen Wandlungsprozeß“, von der „Entfaltung der modernen Industriegesellschaft“, von den machtvollen „Strömungen und vorherrschenden Tendenzen“ oder von den „Kräften und Tendenzen“. Nie wird jedoch konkret und präzis, auch und gerade aus Rücksicht auf den noch nicht sachkundigen Leser, erörtert, wie der in der Bismarckzeit sich voll durchsetzende Industriekapitalismus die deutsche Wirtschaft von Grund auf verändert hat, welche Maßstäbe der Wirtschafts- und Sozialgeschichte auch immer man zugrunde legt; wie als Folge der Funktionsweise kapitalistischer Arbeitsmärkte große soziale Klassen mit eigenen, neuen Konflikten auftraten; wie der Liberalismus als politische Bewegung, als Wirtschaftslehre und als allgemeines soziokulturelles Muster der Weltdeutung sich veränderte. Dafür hätte es allerdings neben dem narrativen Stil der Biographie auch einer scharfen systematischen Begrifflichkeit bedurft, auf die gewiß nicht viele Leser ablehnend reagiert hätten.

Gelegentlich wirft Gall in einem solchen Zusammenhang wichtige Fragen auf, z.B. nach der Organisation durchsetzungsfähiger wirtschaftlicher Interessen oder nach der Entstehung des konservativen Interventionsstaats, ohne sie angemessen zu beantworten. Wenn er etwa aus ungewollten Ergebnissen der Bismarckschen Politik auch die Grundlagen des deutschen Interventionsstaats hervorgehen sieht („konservativ“ war dieser bis in die 1930er Jahre überall!), ist diese Ausdehnung der Staatsfunktionen bzw. dieser Staatsinterventionismus doch nur als Reaktion auf die ökonomischen, sozialen und politischen Folgen industriekapitalistischen Wachstums mit seinen Wirtschaftskrisen, seinen sozialstrukturellen Veränderungen und politischen Loyalitätsproblemen realitätsadäquat zu verstehen und historisch einzuordnen. Zu diesem Verständnis neuartiger Steuerungsprobleme und des Aufbaus einer neuen Steuerungskapazität im politischen System wird dem Leser keine Hilfe angeboten.

6. Die bei Gall nur skizzenhafte Konturierung der Zeitumstände hat eine schwerwiegende Konsequenz. Wenn die Grundthese der Biographie richtig ist, Bismarcks bestechende Erfolge bis rund 1878 hätten wesentlich darauf beruht, daß er in Übereinstimmung mit den stärksten strukturprägenden Kräften dieser Zeit wirkte, seither aber, aufs Ganze gesehen, eher erfolgsarm zu kurzlebigen Aushilfen griff, weil er sich jetzt dem Neuen in starrer Beharrung auf dem erreichten Status quo immer häufiger entgegenstemmte, sind gerade diese Prozesse und Kräfte zu beschreiben und zu analysieren, damit überhaupt verständlich wird, warum Bismarck einmal siegte, dann aber letztlich scheiterte.

Galls eigener Interpretationsansatz hätte es mithin verlangt, diese treibenden Kräfte und restriktiven Bedingungen von Bismarcks Politik ausführlicher zu berücksichtigen. Die Schilderung und Erklärung dieser „Tendenzen“ mit dem eigentlichen biographischen Element zu verbinden wäre die optimale Lösung des Dauerproblems eines jeden Biographen gewesen: Individuum und Zeit in das richtige Verhältnis zueinander zu setzen. Darin, daß die Dimension der großen gesellschaftlichen Prozesse und Strukturen zu kurz kommt, liegt, bei aller Anerkennung der unbestreitbaren Leistung Galls, die wesentliche Grenze auch dieser Biographie.

Denn da die treibenden Kräfte schemenhafte Wesen ohne Bein und Fleisch, blasse, nur angedeutete Bedingungen bleiben (vom Kapitalismus und seinen Klassen ist bezeichnenderweise nur zwei-, dreimal die Rede!), wirkt die eine Hälfte der Problematik: Bismarck in den konkreten Kontext dieser Kräfte einzuordnen und dadurch, wie Gall es selber will, besser „verstehen“ zu können, eigentümlich unterbelichtet. Die Lücken, die sich hier auftun, unterhöhlen die Überzeugungskraft der von Gall selber gewählten Argumentationsweise.

Dieser Widerspruch zwischen Anspruch und Ausführung ist es, der am schärfsten die Schwierigkeiten markiert, Bismarck und die überpersönlichen Kräfte seiner Zeit realitätsgerecht miteinander zu verbinden. Im Vergleich mit diesem inneren Bruch scheint mir die inzwischen mehrfach geäußerte Kritik an Galls Schlußthese, daß „fast jeder große Handelnde wie Bismarck ein konservativer Revolutionär gewesen" sei – Lenin, Stalin, Hitler und Mao drängen sich gegen diese Behauptung alsbald auf – von weit geringerem Gewicht zu sein.[9]

Wie läßt sich der bemerkenswerte Verkaufserfolg dieser Biographie erklären? Sieht man einmal von der Annahme ab, daß nicht jeder Käufer zugleich ein Leser ist, bleibt man auf plausibel erscheinende Vermutungen angewiesen, von denen einige jedoch recht stichhaltig zu sein scheinen.

1. Gall hat – nach Erich Eycks vehementer Verurteilung Bismarcks vom linksliberalen Standpunkt aus – die erste wissenschaftlich seriöse und gut geschriebene Bismarck-Biographie veröffentlicht. Er hat damit eine seit Jahrzehnten spürbare Lücke zu füllen vermocht.

2. Gall ist ein besserer Sachkenner als die meisten seiner Vorgänger. Er behält zugleich genügend Distanz zu seinem „Helden" und schreibt bewußt für ein breites Publikum, nicht nur für die spezialisierten Fachgelehrten. Der Erfolg scheint zu bestätigen, daß er den richtigen Ton getroffen hat.

3. Allgemein gilt, daß es immer eine anhaltende Nachfrage nach guten Biographien bedeutender Persönlichkeiten gibt. Über Biographien gewinnen viele Leser offenbar am leichtesten einen Zugang zur Geschichte, da eine Person ganz im Zentrum steht, auf die alles hin- und zugeordnet werden kann. Die Biographie hat einen leicht erfaßbaren, sozusagen natürlichen Schwerpunkt von Anfang bis Ende. Wie in einem Magnetfeld wandern alle Ereignisse auf ihn zu.

4. Nach Joachim Fests Erfolg mit seiner Hitler-Biographie war für jeden Interessierten klar zu erkennen, daß noch zwei weitere Persönlichkeiten der modernen deutschen Geschichte den Stoff für ähnlich erfolgreiche Biographien abgeben konnten: Bismarck und Adenauer. Gall hat mit seinem „Bismarck" einen, so betrachtet, durchaus vorhersehbaren Erfolg gehabt. Wer eine wissenschaftlich zuverlässige, sachkundig interpretie-

rende, klar geschriebene Adenauer-Biographie vorlegt, wird eine vergleichbare Resonanz finden.

5. Die Rezeption von Galls „Bismarck" steht vermutlich auch im Zusammenhang mit der neuen Preußen-Welle, dem vorläufig letzten Ausläufer der allgemeineren Nostalgiewelle, die sich auf die fünfziger Jahre unseres Jahrhunderts, die Staufer, die Wittelsbacher, die Parler usw. gerichtet hat. Das Buch über eine der größten Persönlichkeiten der preußischen Geschichte profitiert jedenfalls von diesem Nostalgietrend, welcher die angeblich bessere, gute alte Zeit der preußischen Ordnung und Nüchternheit, des Dienstethos und der Unbestechlichkeit, der Staatspolitik über dem Gezerre der Parteien und Verbände beschwört.[10] Darin spiegelt sich in erster Linie die Unsicherheit und Krisenmentalität der bundesrepublikanischen Gegenwart wider, die zur Verklärung der Vergangenheit neigt. Zum zweiten tritt darin aber auch der Wunsch zutage, nunmehr zu einer distanzierteren Betrachtung eines so leidenschaftlich umstrittenen Phänomens wie Preußen und seines – neben Friedrich dem Großen – bedeutendsten Politikers, Bismarcks, zu gelangen. Gall kommt dem Nostalgiebedürfnis von sich aus mit keiner Silbe und mit Sicherheit nicht aus kommerziellen Gründen zielstrebig entgegen; während der Entstehung des Buches ließ sich diese Strömung ohnehin nicht vorhersehen. Aber sein Buch wird, im rechten Augenblick veröffentlicht, von diesem Modetrend mitgetragen.[11]

6. Kritisch bleibt schließlich zu sagen, daß Galls „Bismarck" vielleicht auch deshalb so bereitwillig aufgenommen wird, weil das Buch keine hohen Anforderungen an das Verständnis des Lesers für komplizierte Entwicklungsprozesse, für objektive Handlungsbedingungen, für die grundlegend transformierte gesellschaftliche Umwelt des 19. Jahrhunderts stellt.[12] Diese These lenkt noch einmal auf einen vorn erörterten Zusammenhang zurück. Bismarck ist zwar bei Gall so lange erfolgreich, wie er in Übereinstimmung mit mächtigen Zeittendenzen handelt, erfolglos dagegen, wenn er Widerstand leistet. Aber der erfolgreiche Industriekapitalismus, die sozialen Klassen, die

kulturellen Veränderungen wie die Säkularisierung und Entkonfessionalisierung des Lebens, der rapide Aufstieg der Wissenschaften usw., sie werden nirgends beschrieben, erklärt, als Bestimmungsfaktoren für Bismarcks Leistungen oder seine Grenzen präzise bestimmt.

Eine systematische Anstrengung des Gedankens wird daher von keinem Leser erwartet. Auch diese asketische Zurückhaltung, sobald es um kompliziertere strukturelle Probleme geht, begünstigt eine breitere Rezeption durch Leser, die sich ganz auf die Person, auf das Wirken Bismarcks konzentrieren können, ohne doch am Schluß mehr als vorher über die sogenannten „Tendenzen" zu wissen, die den Aufstieg und Niedergang Bismarckscher Herrschaft mitbestimmt haben. Was sich unter wissenschaftlichen Gesichtspunkten und gemessen an Galls eigenem Anspruch an dieser Biographie als scharf markierte Grenze, als Mangel kritisieren läßt, wirkt sich auf der anderen Seite als Vorteil aus, wenn auf diese Weise, wahrscheinlich vom Verfasser auch bewußt durchgehalten, dem Leser die Lektüre erleichtert wird.

Unstreitig ist Otto v. Bismarck nicht nur der bedeutendste deutsche Politiker des 19. Jahrhunderts gewesen, sondern neben Napoleon sogar die einzige andere charismatische Führerpersönlichkeit in dem „langen" europäischen 19. Jahrhundert von 1789 bis 1914. Trotzdem haben sich die Historiker erstaunlich viel Zeit genommen und auffällig schwergetan, dieser – Zeitgenossen wie Nachwelt – faszinierenden Figur mit einer angemessenen Biographie gerecht zu werden. Mehr als achtzig Jahre nach Bismarcks Tod hat erst Lothar Galls „Bismarck" (1980) einen Markstein gesetzt, an dem sich jeder nachfolgende Versuch im Hinblick auf Reflexionsniveau, Quellenkenntnis, verständnisbereite und dennoch skeptische Interpretation messen lassen muß.

Der Erlanger Historiker Michael Stürmer hatte bereits 1984 zu Beginn eines Taschenbuchs über „Die Reichsgründung" unter der denkwürdigen Überschrift „Bismarck, Gott und der preußische Staat" scharfe Kritik an allen bisherigen Biographen geäußert.[13] Damit kündigte er gleichzeitig, mehr oder minder direkt, eine über sie hinausführende Leistung an, beschränkte sich dort aber auf einige blasse impressionistische Tupfer. Der Titel seines neuen Buches: „Bismarck. Die Grenzen der Politik", scheint auf den ersten Blick das verheißene innovative Werk zu avisieren.[14] Tatsächlich aber handelt es sich nicht um eine ausgewachsene Biographie, sondern um einen Essay von neunzig Seiten. Das ist in der Tat ein kühnes Unternehmen, und der Autor darf gespannter Aufmerksamkeit gewiß sein, wie er die selbstgestellte Aufgabe auf so engem Raum bewältigt.

In einer relativ langen Einleitung über „Bismarck und die neuere Historie" verschafft er sich zuerst einmal mit einem geradezu furiosen Rundumschlag freie Bahn. Von den „zahllosen Biographen" hätten „nur wenige, wenn überhaupt, begriffen", wie er mit charakteristischer Zurückhaltung konstatiert, „daß ihnen der Protagonist selbst ein Rätsel aufgab, dessen Lösung ... in der Existenz des Menschen selbst" liege. Wohlauf: Stürmer hat, scheint es, die Lösung parat, denn er kennt mit wahrhaft Marxscher Einsicht in den innersten Gang der Weltgeschichte „die eigentliche Geschichte, ihre Komödie und ihre Tragödie", während eine offenbar von allen guten Geistern verlassene „Historie" in trübseliger Unkenntnis ihres wahren Gegenstandes „zwischen Sozialstatistik und Theorietraum" hin- und herschwankt. Auch wenn man von der öden Pflichtübung eines Seitenhiebs gegen die moderne Sozialgeschichte absieht, bleibt doch festzuhalten, daß die Auskunft über die Anzahl der Bismarck-Biographien maßlos übertrieben ist, da es bis heute nicht einmal ein halbes Dutzend lesenswerter Biographien gibt. Freilich erstrahlt die eigene Herkulesarbeit, die „das eigentlich Biographische" endlich zu bewältigen unternimmt, vor der Folie „zahlloser" gescheiterter Zunftgenossen in um so hellerem Licht.

Damit der Gedanke an ernsthafte Konkurrenz gar nicht erst aufkommt, werden die vermeintlichen Mängel von vier Biographien, darunter die der beiden zur Zeit bekanntesten, paradigmatisch vorgeführt. Fritz Stern, der das Verhältnis von

Bismarck und seinem Bankier Bleichröder abwägend behandelt hat (1977), sei im Grunde mit seiner „Doppelbiographie" vor den wahren Problemen steckengeblieben. Anschließend wird Andreas Hillgrubers schlankes Taschenbuch über „Bismarck" (1978) aus unerfindlichen Gründen vorgestellt. Warum dann nicht weit eher, fragt man sich, der scharfzüngige Essay von A. J. P. Taylor (1955), die dreibändige, dezidiert linksliberale Studie von Erich Eyck (1941/44), die Verbindung von allgemeiner Politik- und Lebensgeschichte in Otto Pflanzes liberalkonservativer Biographie (1963–1990)? Galls „Bismarck" wird zwar eine „große Leistung" attestiert – „wohl auf lange Zeit die umfassend gültige Biographie" –, zugleich aber werden nach dieser Captatio Benevolentiae ihre „deutlichen Grenzen" schwarz unterstrichen, trete doch hinter dem Politiker Bismarck „der Mensch bis zur Schemenhaftigkeit zurück". Schon 1984 hatte Stürmer in Galls angeblich „gebrochenem Verhältnis zum Helden" sogar „eine Desavouierung" entdeckt. Bleibt noch der „Bismarck" von Ernst Engelberg (1985/90), eines „politischen Weggenossen Walter Ulbrichts", wie der Leser auf den liberalmarxistischen Nestor der DDR-Historiker – den „Bürgersohn", „der Kommunist sein wollte" – nicht ohne Häme eingestimmt wird. Bewußt kränkend aber muß es wirken, wenn Stürmer, mit einem Kotau vor seinem Verleger, vom „Engelberg cum Siedler-Bismarck" so spricht, als ob es um eine Doppelautorschaft gehe. Zwei Jahrzehnte lang hat Engelberg ganz allein an seinem Buch gearbeitet, und selbst eine sorgfältige Lektoratsarbeit rechtfertigte es nicht, ihn so verletzend hinabzustufen. Überhaupt fällt auf, daß Stürmer sich fünf Seiten lang über Engelberg ausläßt, obwohl dessen „Bismarck" einem Vergleich mit Gall nicht standhält und primär als politisches Phänomen der ostdeutschen Bemühungen um die sogenannte „Aneignung des historischen Erbes" interessant ist. Wäre nicht ein zwei-, dreiseitiger bibliographischer Essay, teils kritisch, teils anerkennend, vielleicht sogar fair, eher angebracht gewesen, als ein Sechstel des knappen Textes dafür zu vergeuden, die Bühne freizuschießen, ehe sie der neue Meisterbiograph selber betritt?

Wie dem auch sei, das Werk aller potentiellen Rivalen leidet an schweren Gebrechen, und deshalb steigt die Spannung um so höher, was denn der Kenner der „eigentlichen Geschichte" für das bisher so „merkwürdig selten" zu seinem Recht gekommene „eigentlich Biographische" hält. Die Antwort ist ebenso klar wie verblüffend simpel: Religion, Liebe, Eigennutz; dazu in diesem Fall noch die Identifizierung mit dem Werk und das qualvolle Scheitern. Die angemessene Berücksichtigung vor allem der ersten drei mächtigen Potenzen wird nun offenbar, so die mit Fleiß genährte Erwartung, das gähnende Defizit beseitigen. Dafür bietet sich zunächst das erste der drei Kapitel, „Die Versuchung", an, da es die dreiunddreißig formativen Jahre Bismarcks bis 1848 behandelt. Eigentümlicherweise ist es jedoch nicht länger als die Einleitung: eine knappe biographische Skizze mit langen Zitaten. Schließt sie die monierten Lücken?

Wie steht es mit der Religion? Einerseits verteidigt Stürmer Bismarcks „strengen lutherischen Gottesglauben" und die daraus hervorgehende „religiöse Gelassenheit". Andrerseits behauptet er: „Auf der Suche nach Gott fand Bismarck den Staat", und der „Staat wurde seine Kirche". Was gilt jetzt: evangelischer Gottesglauben oder Staatsvergottung? Die ältere Verherrlichungsliteratur hat Bismarck als Musterbild eines gläubigen Christen stilisiert. Bismarck selber hat ein unkontrollierbares „Immediatverhältnis" zu seinem Gott, fern den Riten der Amtskirche, beansprucht. Braucht man aber überhaupt den Rückgriff auf eine ohnehin vage evangelische Gläubigkeit, um seine welterfahrene Skepsis, seine Warnung vor Überheblichkeit, seine Fähigkeit zum Maßhalten, sein realistisches Verständnis der Menschennatur als Mischung aus Gutem und Bösem zu erklären? Besaßen diese Eigenschaften nicht auch Staatsmänner der Antike oder jene Formalkatholiken wie Machiavelli, die das kühle florentinische Staatsdenken verkörperten? Den hohen Erklärungswert der evangelischen Religion für Bismarcks Verhältnis zur Realität, für sein politisches Handeln kann man sehr wohl bezweifeln, wie das etwa ein protestantischer Historiker wie Karl Griewank 1953 nachdenklich-abgewogen getan hat. Aber genauer klären ließe sich dieser Einfluß schon, als es hier mit dem unvermittelten widersprüchlichen Gegensatz von Luthers Gott und Bismarcks Staatsgott geschieht.

Die Liebe? Daß Bismarck jahrelang „der tolle Bismarck" hieß, verdankte er nicht nur seinem halsbrecherischen Reiten und der „Kaltblütigkeit", mit der er seine Gutsnachbarn unter den Tisch trank, sondern vor allem seinen skandalösen Amouren und der Anrüchigkeit seiner sexuellen Expansionslust. Wozu sein leidenschaftliches Naturell (auch auf diesem Gebiet) Bismarck trieb, wird betulich verschwiegen, wie übrigens auch Engelberg in seiner breiten Darstellung diese Passion fast kleinbürgerlich-prüde abtut. Gewiß, die Liebe zu Marie v. Thadden, „sehr schön und sehr zerbrechlich", der Frau seines Freundes v. Blanckenburg, das – ein weiterer Hauch von Courths-Mahler – „bittersüße Glück" mit der jungen russischen Diplomatengattin Katharina v. Orlow wird von Stürmer kurz angedeutet. Noch in den berühmten Tagebüchern der Baronin Spitzemberg vibriert aber die erotische Spannung, wenn sie von ihren Ausfahrten mit dem alternden Bismarck berichtet. Was bedeutete seine Liebeslust für einen Mann, der nach der Entlassung einem Jugendfreund offen gestehen konnte, daß seine „brutale Sinnlichkeit" ein Hauptproblem seines Lebens aufgeworfen habe? Trotz des Versprechens in der Einleitung wird dem Leser vorenthalten, welche brisante Mischung Eros und Sexus in Bismarck eingegangen sind. Trifft indes nicht auch auf sie letztlich zu, daß die Politik, wie Bismarck nicht ohne einen bitteren Unterton des Bedauerns gestand, der „Hecht" gewesen sei, der im „Karpfenteich" seiner Interessen alles andere fortgebissen habe? Die Klischees über die Ruhe, die er im Hafen der Ehe mit der biederen Johanna v. Puttkamer gefunden habe, helfen da kein bißchen weiter. Wichtiger wäre es, das Verhältnis zu dieser unterwürfigen Frau aus Hinterpommern realistisch zu erfassen, die alle unguten Instinkte des Patriarchen, an erster Stelle seinen maßlosen Haß, immer wieder unterstützt hat, anstatt klug abzuwiegeln; die selbst der psychischen Zerstörung des ersten Sohnes tatenlos zusah, als

Bismarck, tobsüchtig mit Enterbung und Verstoßung drohend, ihm die Heirat einer Adligen verbot, die sich Herberts Eheversprechen wegen hatte scheiden lassen? Lauter offene Fragen – über Bismarck als Liebenden erfährt man genauso wenig Neues wie über seinen Glauben.

Und das Thema des Eigennutzes schließlich? Bismarcks derber Interessenegoismus wirkt inzwischen längst banal; er konnte eigentlich nur die altertümliche Bismarck-Hagiographie irritieren. Daß Bismarck genau auf die Weizenpreise, den Holzverkauf aus seinen Gutswäldern, die Kapitalanlage durch Bleichröder Senior achtete und all das auch nicht vergaß, wenn es um die ökonomischen Kollektivinteressen des Landadels, um agrarische Schutzzölle ging – das wissen wir alles längst in hinreichender Breite. Neues darüber wird man in Stürmers Essay vergeblich suchen.

Ein erster Eindruck ist daher unvermeidbar: Die Lockvogel-Themen: Religion, Liebe und Eigennutz spielen im Text selber keine wichtige Rolle, geschweige denn, daß sie ihn als das „eigentlich Biographische" strukturierten. Der Verfasser hat, seiner programmatischen Ankündigung zum Trotz, kein neues Licht auf sie zu werfen vermocht oder sich nicht die Zeit genommen, diese Komplexe schärfer und sachkundiger als zuvor zu beleuchten. Obwohl das mit Hilfe der gedruckten Quellen und des Familiennachlasses durchaus möglich wäre, bleibt immer noch die skeptische Frage, ob diese „eigentlichen" Themen im Vergleich mit Bismarcks faszinierender Politik denn wirklich so aufregend sind. Wenn man einmal solche Zweifel teilt, wird dann nicht die Grundentscheidung von Gall bestätigt, Politik und Herrschaft konsequent in den Mittelpunkt zu stellen? Bismarcks Rang als welthistorisches Individuum, um es mit Jacob Burckhardt zu sagen, beruht doch nicht darauf, daß er ein Glaubensheld oder Casanova war, sondern einer der faszinierendsten Politiker der Neuzeit.

Im zweiten Kapitel über „Die Revolution" – womit schillernd sowohl die Revolution von 1848/49 als auch die Revolution im Mächtesystem als Folge der großpreußischen Staatsgründung gemeint ist – tritt der Mensch Bismarck verblüffenderweise ganz zurück. In diesem Kernstück herrscht vielmehr die allgemeine Politikgeschichte vor, nicht selten im Stil eines hastigen Handbuch-Abrisses. Bismarck taucht als Akteur an passender Stelle in ihr auf. Die Abfolge der dramatischen Ereignisse hat man schon oft gelesen. Auffällig ist jedoch die Verteilung der Proportionen zwischen dem zweiten und dem dritten Kapitel („Die Abwehr der Gefahren"). Hier wird auf sage und schreibe sechzehn Seiten – soviel hatte die erwähnte, arrogant abkanzelnde Kollegenschelte in der Einleitung auch zugebilligt bekommen – die zwanzigjährige Reichskanzlerzeit in äußerster Kürze abgehandelt, obwohl Bismarck erst jetzt im Zentrum der inneren und äußeren Entscheidungen einer jungen Großmacht steht: Aus dieser Perspektive ist alles bis dahin Vorgeschichte. Warum jene beiden inhalts- und folgenreichen Jahrzehnte so stiefmütterlich behandelt werden, wird mit keinem Wort zu rechtfertigen versucht. Statt dessen treten gravierende Schwächen um so schärfer hervor; auch der Zwang zum komprimierenden Essay vermag dieses Urteil nicht zu verändern.

So wird etwa das Herrschaftssystem der „Kanzlerdiktatur" dieses charismatischen Politikers nirgendwo analysiert – als ob es nicht eine lange Debatte über die überlegene Erklärungskraft der Marxschen Bonapartismustheorie oder der Weberschen Herrschaftssoziologie gäbe, da die formalrechtliche Definition als „konstitutionelle Monarchie" so gut wie gar nichts über die Realverfassung aussagt; als ob nicht die formative Periode des Kaiserreichs gerade unter diesem Gesichtspunkt ein Höchstmaß an präziser Interpretation verlangte; als ob nicht der vierfache Hinweis auf die „cäsaristische Führerfigur" (eine von Stürmer seit langem geliebte, blasse Denkfigur) endlich nach Explikation verlangte. Oder: 1875 unterbrach das kaum verschleierte Veto aller Großmächte Bismarcks martialische Drohgebärden gegenüber dem aufrüstenden Frankreich. Außer der Klugheit Bismarcks, die ihn bei der Auslösung der „Krieg-in-Sicht-Krise" verlassen hatte und zu der er erst nach der unmißverständlichen Warnung mit glaubwürdigem Maßhalten zurückkehrte, war es fraglos die Funktionsfähigkeit des

Staatensystems, die dem deutschen Hegemonialanspruch klare Grenzen setzte. Es war damals noch imstande, die vielgerühmte Berliner „Saturiertheit“ zu erzwingen, welche nicht nur ein Produkt religiös geläuterter Bismarckscher Einsicht war.

Weiter im Galopp: Die staatliche Sozialpolitik gewann, so Stürmer, in den achtziger Jahren „Kraft und Vision“ zurück. Wann soll sie diese denn je zuvor besessen haben? Nur das von Revolutionsangst diktierte schmale Bündel von Gesetzen zu Beginn der fünfziger Jahre ließe sich als Beispiel für sehr begrenztes staatliches Eingreifen anführen. „Kraft und Vision“ aber hatte es in diesem Politikfeld gewiß nicht gegeben. Und schließlich: Daß die Nationalliberalen primär an ungeschmälerter „unternehmerischer Freiheit“ interessiert gewesen seien, ist ein sehr ungerechtes Urteil. Als Quasi-Regierungspartei konnten sie von 1867 bis 1877 mit guten Gründen darauf bauen, daß die politische Modernisierung des Reiches dank der Kraft der endlich vereinten nord- und süddeutschen Liberalen gelingen werde. Bismarck galt ihnen zu Recht als Ausnahmeerscheinung unter lauter mediokren Konservativen. Erst die Folgen der sechsjährigen Depression nach 1873, die Diskreditierung liberaler Marktwirtschaft und liberaler Wirtschaftspolitik, die Entliberalisierung des öffentlichen Lebens, der Parteizerfall, der innenpolitische Kurswechsel zu einer konservativen Regierungsallianz – erst diese Faktoren haben ihre hochgemuten Hoffnungen und keineswegs von vornherein unrealistischen Ziele zerstört. Hätte für solche unumgehbaren Probleme nicht etwas Raum eingeplant werden, das Urteil über sie nicht genauer ausfallen müssen?

Der Epilog endlich über „die Grenzen der Politik“ Otto v. Bismarcks bleibt unscharf und ambivalent dazu. Der „cäsaristische Großregierer“ konnte nicht dauernd „Mittelpunkt der Verfassung“ bleiben, räsoniert Stürmer. Gewiß, aber die Konstitution war geschickt auf ihn hin konstruiert, und rund zwanzig Jahre lang erreichte Bismarcks Politik im Grunde verblüffend oft, meist seine zentrale Position bekräftigend, ihre Nahziele. Warum zerfiel trotzdem seine Machtbasis? Wie zehrte die „Veralltäglichung“ sein Charisma auf? Die Erosion des ihn tragenden parteipolitischen Kartells und der soziopolitischen Koalition ist gut erforscht – bei Röhl, Pogge, Gall u.a. kann man das alles nachlesen. Nur: Stürmer nimmt sich nicht die Zeit für die Realgeschichte dieses Niedergangs. Wie soll der Leser jetzt bloß verstehen, daß ein schnöseliger junger Mann namens Wilhelm II. das Nationaldenkmal so mühelos vom Sockel stürzen konnte?

Ganz unvermittelt wird zuguterletzt auf einmal das neumodische geopolitische Brimborium als ausschlaggebender Faktor eingeführt. Nie dürfe man vergessen, heißt es, „daß der Ort der deutschen Geschichte mitten in Europa, immer auch ihre erste Bedingung war". Das wird fünfmal apodiktisch wiederholt, obwohl die Geographie verteufelt wenig erklärt und gerade im deutschsprachigen Mitteleuropa eine Vielzahl politischer Regime, ökonomischer Systeme, kultureller Formen jahrhundertelang möglich war. Ist denn Bismarck tatsächlich nur der „Logik der deutschen Lage" gefolgt? Schon die Frage wirkt abstrus, weil es weder diese eherne Logik noch diese Folgsamkeit Bismarcks gibt. Zeigen nicht vielmehr die Jahre, als Bismarcks Politik im Zenit stand, mit aller Deutlichkeit, wie die Fähigkeit eines Charismatikers ihm außergewöhnliche Leistungen ermöglichte? Die Gunst der internationalen Konstellation nach dem Krimkrieg, die Schubkraft der deutschen Nationalbewegung, den glücklichen Sieg der preußischen Waffen – das alles kann man bereitwillig einräumen, und danach bleibt dennoch Bismarck als eine Potenz sui generis. Eben darauf beruht die Faszination, die bis heute von ihm ausgeht. Und nun soll es doch wieder „die Lage Deutschlands in der Mitte" gewesen sein, die in letzter Instanz, ungeachtet eines komplexen Bedingungsgefüges, über alles entschieden hat? Hier schlägt der Verfasser einen Salto mortale vom „eigentlich Biographischen" und vom handelnden Politiker hinein in den geopolitischen Fatalismus. Auch so kann man seinen Helden desavouieren.

Was bleibt von diesem Essay haften? Stürmer ist ein Meister der vieldeutigen Schwebelage. Erst wird ein gescheiter Einfall in eine aperçuhafte Formulierung übersetzt, später werden, irgendwo versteckt, relativierende Fragen oder Korrekturen gewissermaßen nebensätzlich angehängt, auf die sich der Autor gegenüber möglichen Einwänden zurückziehen kann. Das gilt manchen als elegante Feder oder gar als Kunst der Differenzierung. Tatsächlich ist jedoch der Verzicht auf analytische Klarheit ein durchgängiges Charakteristikum. Man vermißt die Helligkeit einer gutbegründeten Interpretation, die Nüchternheit eines dezidierten Werturteils, vor allem aber die von der Person her legitimierte Entscheidung für die dominierende Dimension – und das kann bei Bismarck nur politische Herrschaft sein, eine Dimension, der mit aller Anstrengung des Gedankens möglichst neue Aspekte, eine überzeugende Gesamtdeutung abzugewinnen sind. All das geht Stürmers Spagatkünsten ab, und sein Stil reflektiert das im Schwanken zwischen pompösem Anspruch, gestochener Treffsicherheit und Kitsch à la Marlitt. Bedeutungsschweres Raunen von Tragik, geheimnisvolles Gemunkel über die Grenzen der Politik, manieriert formulierte Impressionen anstelle stringenter Gedankenführung – hierhin paßt ein Marginal Bismarcks: „Das alles hätte knapp ohne ornamentale Weitschweifigkeit gesagt werden können" –, das mag wer-weiß-wem imponieren. Gemessen an der eigenen, eingangs hochgehängten Meßlatte bleibt das flüchtiges Feuilleton.

Haften bleibt auch die Unbekümmertheit, mit der Stürmer seinen Essay auf die vereinbarte Seitenzahl bringt. Man soll nicht engherzig urteilen, wenn ein Autor auf eigene Formulierungen zurückgreift, die ihm als treffend erscheinen. Stürmer aber übernimmt fast das gesamte erste Kapitel aus dem vorn erwähnten dtv-Band von 1984 wortwörtlich in seine Kurzbiographie (vgl. S. 28–58 mit dem dtv-Band, S. 12–25, z.B. 28f. mit 12, 31 mit 13f., 32–36 mit 14–18, 45 u. 48f. mit 20, 50–52 mit 21f., 52f. mit 22, 54f. mit 23f., 57f. mit 24f.). Das darf man eine zeitsparende Methode nennen. Zusammen mit der Einleitung ergibt dieser Transfer bereits ein gutes Drittel des Essays. Um nicht ungenau zu sein: Es gibt einige Textvarianten. 1984 ließ Stürmer Bismarck 1849 für das noch nicht amtierende Ministerium Manteuffel streiten, jetzt ist es, richtig, das Ministerium Brandenburg. 1984 war Marie v. Thadden „sehr schön und sehr gebrechlich", jetzt ist sie „sehr zerbrechlich". 1984 wirkte Napoleon III. auf die Konservativen wie ein „Abgesandter des Teufels", jetzt ist er ein „Abgesandter der Hölle". Im allgemeinen aber sind die Textteile identisch. Das füllt.

Haften bleibt mithin, daß Stürmer sich schlichtweg nicht die Zeit genommen hat, sich in Ruhe mit seinem komplizierten Gegenstand zu beschäftigen. Tempo war offenbar Trumpf. Die Nemesis der Hektik hat im Text überall die Spuren einer schweren Heimsuchung hinterlassen. Wer drei Stunden für die Lektüre opfern will, mag das tun, die meisterhafte Prosa der eingestreuten Bismarckbriefe wird es lohnen. Wer mehr über Bismarck lernen will, sollte in der Zeit lieber zwei Kapitel von Gall lesen.

18. Tausend Jahre „deutsche" Wirtschaftsgeschichte

Da liegen sie nun: die lang erwarteten ersten beiden Bände des neuen „Handbuchs der Wirtschafts- und Sozialgeschichte Deutschlands", das der Kölner Historiker Friedrich-Wilhelm Henning in Gestalt einer von der „Vorgeschichte" bis zur Gegenwart führenden Trilogie schreiben will.[1] Die mächtigen Konvolute behandeln einen Zeitraum von mehr als tausend Jahren: von den Karolingern bis zum Ende des 19. Jahrhunderts. Sie umfassen gut zweitausendzweihundert Seiten Text, werden durch Hunderte von Abbildungen, Grafiken, Tabellen und umfangreiche Bibliographien ergänzt sowie durch ausführliche Sach- und Personenregister erschlossen. Der Folgeband für das 20. Jahrhundert, vermutlich im gleichen Umfang, ist bereits angekündigt.

Man weiß zunächst nicht, was man mehr bewundern soll: den Mut oder die weitreichende Sachkompetenz eines einzelnen Autors, der ein solches Riesenwerk allein in Angriff genommen hat und sein kühnes Vorhaben offenbar auch auszuführen imstande ist. Andrerseits: Hennings Unternehmen fügt sich ein in die anwachsende Reihe großer Übersichtsdarstellungen, welche deutsche Historiker in den letzten Jahren vorgelegt haben – von Thomas Nipperdeys „Deutscher Geschichte“ etwa über die Werke von Karl Dietrich Bracher, Theodor Schieder und Eberhard Weis in der „Propyläen-Geschichte Europas“, von Hans Mommsen, Rudolf Vierhaus und Peter Moraw in der „Propyläen-Geschichte Deutschlands“ bis hin zur Konkurrenz in anderen Reihen der Verlage C.H. Beck, Dietz und Siedler. Selbst im Zeitalter der angeblich unvermeidbaren Teamarbeit hat die Herausforderung offensichtlich nicht an Reiz verloren, im Alleingang solche Synthesen zu versuchen. Hier geht es freilich um ein Monumentalwerk, für das es bisher kein vergleichbares Vorbild gibt.

Eigentümlicherweise fehlt eine Einleitung, in der dem Leser über die leitenden Fragestellungen, die Auswahlkriterien, die Interpretationsperspektiven Auskunft gegeben wird. Vielmehr geht Henning sogleich medias in res. In sechs Kapiteln von sehr unterschiedlicher Länge wird das, was er für wissenswert hält, zusammengefaßt. Seinem Urteil zufolge sind es nur „die Grundlinien der Entwicklung“. Nach einem Rückblick auf die „Vor- und Frühgeschichte“ (I, S. 1–26) folgt eine ausführliche Darstellung der „Entstehung der feudalistischen Gesellschaft“ bis ca. 1150 (II, S. 27–163). Diesem Basisprozeß des Frühen Mittelalters widmet der Verfasser besondere Aufmerksamkeit, da er hier die Organisationsprinzipien am Werke, die harten sozialökonomischen und politischen Strukturen auftauchen sieht, die seither für die Dauer eines Millenniums die „feudalistisch organisierte ländliche Gesellschaft“ bis etwa 1800 geprägt haben. Anschließend werden „Städtegründung, Ostkolonisation und Entstehung der Landesherrschaft“ von 1150 bis 1350 behandelt (III, S.165–389), ehe die „Blütezeit der städtischen Wirtschaft“ von 1350 bis 1470 in den Mittelpunkt rückt (IV, S. 391–534). Es folgt das „Zeitalter der Preisrevolution“ von 1470 bis 1618 (V, S. 535–732) und mit kühnem Sprung die „Blütezeit des Kameralismus“ von 1618 bis 1800 (VI, S. 733–950). Ein äußerst knapper, zehnseitiger Ausblick lenkt auf die Perzeption wichtiger Probleme durch kluge Zeitgenossen des 18. Jahrhunderts, dazu auf die Auswanderungsfrage hin, ehe der „Aufbruch in das bürgerliche Zeitalter" angekündigt wird.

Der eindeutige Schwerpunkt dieses Bandes liegt auf der Wirtschaftsgeschichte. Von der im Titel als gleichwertig angekündigten Sozialgeschichte gibt es – dazu gleich mehr – nur einige Tupfer. Aber diese Wirtschaftsgeschichte wird von Henning ganz weit verstanden: Sie umschließt Landwirtschaft und Gewerbewirtschaft, Gutswirtschaft und Stadtwirtschaft, Wirtschaftspolitik und Wirtschaftstheorie, Unternehmensorganisation und Handel, Finanzwesen und Preisentwicklung, Siedlungsbewegung und Verkehrswesen; hinzu kommt eine luzide Klärung komplizierter Probleme des Rechts, der politischen Herrschaft, gelegentlich auch der Kultur. Unter solch einem weiten Dach kann man eine immense Menge von Ereignissen, von kurz- und langlebigen Prozessen und Strukturen zusammenführen. Und das gelingt Henning in der Tat immer wieder auf eine eindrucksvolle Weise.

Überhaupt liegt seine Stärke darin, einen bewundernswerten Faktenreichtum straff zu organisieren, so daß über weite Strekken ein zuverlässiges Kompendium des gegenwärtigen Wissensstandes entsteht. In manchen Teilen wird auch die Komplexität der historischen Konstellation scharfsichtig erfaßt, etwa im Hinblick auf die „Feudalgesellschaft", ohne daß dabei allerdings die systematischen Überlegungen von Max Weber, Otto Hintze, Marc Bloch aufgegriffen und weitergeführt werden.

Die Präsentation des Materials hat einen nüchternen, streng sachbezogenen Duktus. Didaktisch geschickt wird es nach verschiedenen Gesichtspunkten in rund 270 Kleinkapitel untergliedert. Das erleichtert die schnelle Information. Der unprätentiöse, geradlinige, aber auch schmucklose, auf stilistische Pointen verzichtende Stil ist ganz an dem Ziel orientiert, möglichst viel Sachwissen umfassend und doch kompakt zu vermitteln. Das abwägende, ruhige Urteil ist stets um Gerechtigkeit bemüht. Kurzum: Die Vorzüge dieser Darstellung aus einer Feder sind unübersehbar. Man braucht Hennings Eröffnungsband z.B. nur mit der letzten Auflage des „Gebhardt", des meistbenutzten „Handbuchs der Deutschen Geschichte", zu vergleichen, um dieser Vorzüge voller Anerkennung gewahr zu werden.

Freilich treten auch deutliche Grenzen zu Beginn des Projektes zutage. Auf vier von ihnen sei hier hingewiesen.

1. Der Titel verspricht schlechthin zuviel, denn die Sozialgeschichte kommt denkbar kurz weg. Um die Proportionen zu verdeutlichen: 49 von 960 Textseiten, also fünf Prozent der Gesamtdarstellung, werden ihr zugebilligt. In den kargen Abschnitten bleibt zudem die Begrifflichkeit unscharf, ja amorph. Vage Kategorien wie „Gruppen" oder „Schichten" überwiegen, wenn es um die analytische Präzisierung der unterschiedlichsten sozialen Formationen geht. Der Sprachgebrauch spiegelt vielleicht auch eine verbreitete Unsicherheit der Forschung wider, wie das System der Sozialen Ungleichheit im Mittelalter und in der Frühen Neuzeit realitätsnah und zugleich trennscharf erfaßt werden kann. Wie dem auch sein mag – die Anlehnung an Max Webers generalisierbare Stände- und Klassenbegriffe hätte vermutlich weitergeholfen. Jedenfalls läßt sich die Entscheidung für exakte, historisch erklärungskräftige Begriffe nicht umgehen.

2. Die wichtigsten Antriebskräfte in der Geschichte des behandelten Jahrtausends bleiben dem theoretisch oder systematisch interessierten Leser unklar. Es gibt nur eher impressionistische Andeutungen. Deshalb fehlt ein klares Strukturierungsschema, das die Stoffmassen zu bändigen hilft. Man könnte sich aber durchaus eine wohlbegründete Entscheidung für vier durchlaufende Wandlungsprozesse denken. Das ist zum einen der Aufstieg des Agrar-, Gewerbe- und Handelskapitalismus als einer „okzidentalen" Eigenart. Der sogenannte „Frühkapitalismus" wird zwar vorgestellt, das geschieht aber nur quälend knapp. An Weite der Gesichtspunkte, Problemdurchdringung und analytischer Schärfe besitzt die Generation von Weber, Sombart, Schmoller vergleichsweise noch immer einen großen Vorsprung. Die späte Berufung auf einige längst überholte Interpretationen aus der Goldmine von Sombarts Kapitalismus-Werk kann die asketische Zurückhaltung in diesem Bereich nicht wettmachen.

Wegen der fehlenden Rückkoppelung an die vordringende kapitalistische Marktwirtschaft gewinnt auch der Übergang von der Stände- zur Klassengesellschaft keine scharfen Konturen. Zweitens wird die Bevölkerungsbewegung als dynamische Grundströmung trotz der Konjunktur der Historischen Demographie nicht angemessen ins Zentrum gerückt. Der Übergang, drittens, von der mittelalterlichen Personenverbands- und Territorialherrschaft zur neuzeitlichen Staatsbildung als einem extrem langlebigen Prozeß mit zunehmender Beschleunigung seit dem 17. Jahrhundert wird zwar beim Ausbau der „Landesherrschaft" bis 1350 anvisiert. Als roter Faden wird die Staatsbildung aber nicht benutzt, obwohl sie bis heute in der Entfaltung des Sozial- und Interventionsstaats unvermindert anhält, also auch für die beiden folgenden Bände eine Kontinuitätslinie schaffen könnte.

Schließlich wird die „Kulturrevolution" durch die Wissenschaften, die Alphabetisierung, den Buchdruck, das Bildungs- und Rechtssystem nicht berücksichtigt, obwohl diese sozialkulturelle Modernisierung als weiterer Leitfaden dienen könnte. (Überdies hätte Klarheit in dieser Hinsicht dazu verholfen, manche strittige Periodisierung zu vermeiden, z.B. die ominöse „Blütezeit des Kameralismus" von 1618 bis 1800!)

Ohne die argumentativ fundierte Entscheidung für solche – oder andere? – Grundtendenzen der westlichen Dynamik kann es dem Leser nur mühsam gelingen, selber eine plausible Ordnung in die ungeheure Vielfalt der Handbuch-Informationen zu bringen. Der Erfolg eines solchen Syntheseversuchs wird jedoch immer auch von der Überzeugungskraft der kausalen und funktionalen Zurechnung der Einzelphänomene zu dominanten Trends abhängen.

3. Unstreitig verkörpert Hennings Band eine imponierende Arbeitsleistung. Häufig aber wird doch anregende neue Literatur, werden produktive Kontroversen übergangen oder gewissermaßen nur angetippt. Statt dessen bilanziert der Autor gern abgeschlossene Diskussionen in Muße. So vermißt man z.B. die Debatte über soziale Mobilität in der vorindustriellen Gesellschaft, über den europäischen Prozeß der Städtebildung,

über den Zusammenhang von säkularer Depression und Dreißigjährigem Krieg, über die Protoindustrialisierung, über das frühneuzeitliche Bildungswesen und die Reformuniversitäten des 18. Jahrhunderts, über die sozialen Konflikte in der ländlichen und städtischen Gesellschaft. Der gegenwärtige, neueste Forschungsstand und die zum Teil außerordentlich anregende Diskussion über ihn werden zu oft dem neugierigen Leser nicht vorgeführt. Ist es abwegig anzunehmen, daß das wegen des Informationsanspruchs eines jeden Handbuchs eine schwer verständliche, vor allem wiederum unbegründete Entscheidung ist?

4. Last but not least besitzt das Werk einige weitere Baumängel in seinem konzeptionellen Fundament. Warum wird die „Vor- und Frühgeschichte" mit einbezogen? Was hat diese Zeit mit „deutscher" Geschichte im exakten Sinne zu tun? Daß sich der „Gebhardt" noch immer dieses nationalistische Vorurteil leistet, selbst die Vorgeschichte für die deutsche Nationalgeschichte in Anspruch zu nehmen, hätte doch eher abschrekken müssen. Die Legenden des 19. Jahrhunderts mit ihrem Ziel, die Anfänge einer deutschen Nationalgeschichte bis in die Zeit der Jäger und Sammler und der Völkerwanderung zurückzuverlegen, sollten eigentlich heutzutage ihre Attraktion verloren haben.

Ungeklärt bleibt aber überhaupt, von wann ab man von „deutscher" Geschichte sprechen kann. Daß dieses Handbuch es ziemlich ungeniert von Anfang an tut, schafft das Problem nicht aus der Welt. In der im Mittelpunkt stehenden Welt „Alteuropas" vor der industriellen und politischen Doppelrevolution seit dem ausgehenden 18. Jahrhundert gab es die „Wirtschaft" von historischen Regionen, Städten und Landschaften, von völlig unterschiedlichen Herrschaftsgebilden im deutschsprachigen Mitteleuropa, später von Territorialstaaten wie Bayern, Preußen, Sachsen. Natürlich verdient ihre Wirtschaftsgeschichte eine sorgfältige Darstellung. Aber was hat sie mit „deutscher" Wirtschaftsgeschichte zu tun, von der man glaubwürdig doch erst seit dem 19. Jahrhundert sprechen kann? Jetzt leisten der Titel und die terminologische Unschärfe dem fatalen Mißverständnis Vorschub, daß im Stil der nationalistischen Mythenerfinder des 19. Jahrhunderts schon in die „Frühgeschichte“ und in das Mittelalter eine „deutsche“ Geschichte hineingelesen wird.

So überzeugend auch die Leistung des Autors unter vielen Gesichtspunkten bleibt, wird sich doch hoffentlich an den Grenzen des Eröffnungsbandes eine produktive Diskussion entzünden.

Die Vorzüge und Grenzen des ersten Bandes treten ganz ähnlich auch im zweiten Band über das 19. Jahrhundert hervor. Obwohl Henning bescheiden ankündigt, daß er „nur die Grundlinien der gesamtwirtschaftlichen und sozialen Entwicklung“, „ergänzt um einige Beispiele“, herausarbeiten wolle, ist doch statt der Grundlinien an erster Stelle die Faktenfülle das auffällige Charakteristikum. Sie wird durchweg grundsolide, in ihrem Reichtum vermutlich etwas ermüdend, präsentiert – ein Zeugnis der eindrucksvollen Arbeitskraft des Verfassers, der dieses anspruchsvolle Unternehmen als einzelner weiter vorangetrieben hat. Im Vergleich gibt es zur Zeit kein anderes Handbuch der deutschen Wirtschaftsgeschichte, das eine derart imponierende Fülle an Informationen bietet.

Das Buch zerfällt in drei große Teile (Der Aufbruch aus der traditionellen Gesellschaft und Wirtschaft, 317 S.; Die erste Industrialisierungsphase, 457 S.; Der Ausbau der Industrie 1873–1914, 414 S.), ist dann jedoch in rund zweihundertdreißig Kleinkapitel ebenso sorgfältig wie übersichtlich untergliedert, so daß man sich schnell in die interessierenden Probleme einlesen kann, wobei man durch hundert Tabellen, ein achtzigseitiges Register und ein vierzig Seiten langes Literaturverzeichnis unterstützt wird. In allen drei Teilen werden die Landwirtschaft, das Gewerbe und die Industrie, der Dienstleistungssektor, die öffentlichen Finanzen, dazu auch einige politische Phänomene (wie die Sozialpolitik und der Imperialismus) sowie ausgewählte sozialhistorische Fragen behandelt.

Die Stofflut schließt eine detaillierte Auseinandersetzung an dieser Stelle aus. Im allgemeinen begegnet man nicht nur einer sachkundigen Darstellung, sondern auch einem ruhig abwägenden Urteil, das von jahrzehntelanger Erfahrung im Umgang mit der Epoche zeugt. Die Auseinandersetzung mit dem derzeitigen Forschungsstand vermag freilich nicht immer zu befriedigen. Zu oft steht die ältere Literatur im Vordergrund, die bei aller Hochachtung vor den respektheischenden Leistungen der Generationen vor dem Ersten Weltkrieg doch vielfach von neueren Studien weit überholt worden ist. Gelegentlich stiften auch die Belege eine gewisse Verwirrung. Zu Grundsatzfragen der Industriellen Revolution zum Beispiel wird man auf eine Studie über die siegerländische Haubergwirtschaft verwiesen, zu einem Hauptkonflikt der 48er Revolution auf eine Monographie über Hilchenbach.

Abgesehen von dieser Schwäche kann man selbstverständlich auch an manchen Stellen Hennings Position in bestimmten Debatten mit guten Gründen in Frage stellen. Dafür einige Beispiele: Er optiert etwa gegen den Begriff der Industriellen Revolution und für eine längere Phase gestreckter Evolution, „die Industrialisierung", wie das inzwischen nicht wenige Wirtschaftshistoriker tun. Diese Entscheidung hängt jedoch wesentlich von den zugrunde liegenden Definitionskriterien für eine Revolution ab sowie von der Summe ihrer sozialen und ökonomischen Auswirkungen. Den Beginn des „Take-Off" möchte er aus den 1840er Jahren bereits in die dreißiger Jahre zurückverlegen. Da die Geschichte eine empirische, keine dogmatische Wissenschaft ist und diesem Jahrzehnt schon seit längerem eine erhebliche Wachstumsleistung zugebilligt wird, wäre dagegen wenig einzuwenden, wenn diese Korrektur nur historisch und systematisch gut begründet wäre. Das ist aber keineswegs der Fall. Das bewährte Führungssektorenmodell wird weder übernommen noch verworfen. Der Eisenbahnbau als Leitsektor mit seinen wachstumsinduzierenden Rückkoppelungseffekten für die Eisen- und Stahlindustrie, den Bergbau und Maschinenbau wird auch als Anlagefeld beispielloser Kapitalinvestitionen gewaltig unterschätzt. Statt die veraltete ältere Literatur (wie Sering oder Lütge) anzuführen, hätte eine Auseinandersetzung mit Sprees methodisch raffinierter Konjunkturgeschichte erfolgen müssen; statt Sombart mußte Fremdlings Eisenbahn-Monographie im Mittelpunkt stehen.

Das Urteil über die 48er Revolution, die angeblich „zur Demokratie ..., d.h. zu einer konstitutionellen Monarchie" führen sollte, wird ebenso Verblüffung auslösen wie der unbegründete Seitenhieb, man solle „eigentlich gar nicht von einer Revolution sprechen". Seit den siebziger Jahren beobachtet der Verfasser einen Trend „zur sich formierenden Gesellschaft". Sieht man davon ab, daß dieser Begriff spätestens seit Bundeskanzler Erhards Tagen zu Recht in Mißkredit geraten ist, bleibt es doch offenbar treffender, vom Aufstieg des Sozial- und Interventionsstaats zu sprechen. In diesem Zusammenhang ist der veraltete Begriff des „Neomerkantilismus" rundum irreführend, denn der Merkantilismus wollte das Wirtschaftswachstum ankurbeln, während die staatliche Außenhandels- und Interventionspolitik des deutschen Korporativismus gravierende Wachstumsfolgen und -schäden zu kontrollieren versuchte.

Längst wird auch nicht mehr von der „Großen Depression" zwischen 1873 und 1896 gesprochen, sondern von schwierigen Wachstumsstörungen während einer „Großen Deflation", und das Konzept des „Organisierten Kapitalismus" ist von den meisten seiner ursprünglichen Verfechter wegen gravierender theoretischer und methodischer Mängel schon vor Jahren aufgegeben worden. Wenn man aber in der Kapitalismusdiskussion Stellung beziehen muß, wie das in diesem Band in der Tat unumgänglich ist, sollte man sich statt an Sombart doch mit ungleich größerer Aussicht auf gedankliche Klärung an Max Weber, David Landes und Jürgen Kocka orientieren.

Das Konzept des Sozialimperialismus in der neueren westdeutschen Forschung stammt nicht aus der marxistischen Ideenwelt, obwohl es die Macht ökonomischer Bedingungen uneingeschränkt ernst nimmt, sondern ist bekanntlich aus Webers Überlegungen zur inneren Legitimation moderner Herrschaftssysteme durch erfolgreiche äußere Politik hervorgegangen. Wenn in diesem Zusammenhang ein einsamer Verweis auf Nußbaums 1962 erschienene schmale Studie zur deutschen Kolonialpolitik von 1884 bis 1900 hinlenkt, obwohl es dazu mehr als ein gutes Dutzend vorzüglicher neuerer Arbeiten gibt, wird damit die miserabelste aller dogmatischen DDR-Arbeiten zum deutschen Vorkriegsimperialismus aufgewertet. Und zum „Kulturkampf", der inzwischen durch hervorragende Forschungsleistungen erhellt worden ist, sollte man die ursprünglich vom NS-Ungeist geprägte Darstellung von Schmidt-Volkmar ebenfalls nicht als einzigen Titel nennen.

Nun gut, das sind mehr oder minder diskussionswürdige Probleme oder falsch gesetzte Akzente. Schwerer wiegen andere Defizite. Auch Hennings zweiter Band firmiert als „Handbuch der Wirtschafts- und Sozialgeschichte Deutschlands". Einleitend wird zudem programmatisch erklärt, daß die Sozialgeschichte „ein wichtiger integrativer Teil der Wirtschafts- und Sozialgeschichte" (sic) sei; sie liefere auch dort „tragende Elemente der Darstellung und Analyse", wo sie zunächst für den Leser vielleicht nicht schnell erkennbar seien. Tatsächlich spielt aber die Sozialgeschichte schon rein quantitativ eine relativ sehr geringe, nicht von ferne jedenfalls eine gleichgewichtige Rolle, und über den Inhalt der sozialhistorischen Passagen kann man erst recht streiten.

Insgesamt entfallen von 1214 Textseiten auf den ersten Blick 190 Seiten auf die Sozialgeschichte (I: 35; II: 101; III: 50). Das wäre ein knappes Sechstel (immerhin mehr als die 49 S., rund 5 %, der 960 Textseiten des ersten Bandes). Bei genauerem Hinsehen liest man dort jedoch Passagen über die Parteien und den politischen Katholizismus, über Sozialismus und Marxismus, über Bildungswesen und ethnische Konflikte, über die Frauenbewegung, die 48er Revolution und sogar den „Kulturkampf". Bei einem weiten, elastischen Verständnis von Sozialgeschichte könnte man manche dieser Gegenstände unstreitig auch sozialhistorisch analysieren. Hier dominiert aber eigentlich völlig ein politik- oder ideengeschichtlicher Ansatz, so daß maximal 150 Seiten (13% des Textes) auf sozialgeschichtliche Probleme in einem strengeren Sinn entfallen, etwa auf die knappe Darstellung von Lebenslage, Arbeitsbedingungen,

Einkommen, Vermögensverteilung, Mobilität, Bevölkerungsentwicklung, Urbanisierung usw.

Verblüffenderweise hat sich der Autor aber, und das ist das substantielle Dilemma, einer historischen Analyse der Sozialformationen so gut wie ganz entzogen. Denn es gibt kein einziges Kapitel zur Geschichte des Wirtschafts-, Bildungs- und Kleinbürgertums, des Adels und der Bauern, der städtischen Arbeiter und der ländlichen Unterschichten. Gelegentlich wird über das „sogenannte Proletariat" oder allen Ernstes über den „Vierten Stand" berichtet. Eine mit der Ausführlichkeit und Intensität der wirtschaftshistorischen Teile vergleichbare historische Darstellung und Interpretation der vorrangigen sozialgeschichtlichen Phänomene wird man jedoch vergeblich suchen.

Darüber hinaus gibt es keine Analyse des großen gesellschaftlichen Transformationsprozesses, der das „Lange 19. Jahrhundert" durchzieht. Zwar räumt der Autor durchaus ein, daß in dieser Epoche der Übergang von der Ständegesellschaft zur „Klassengesellschaft" erfolgt sei. Es wird jedoch nicht geklärt, ob der Marxsche, der Webersche, der Steinsche Klassenbegriff (oder welcher auch immer) zugrunde gelegt wird, noch wird dann die Begrifflichkeit einer historischen Klassenanalyse durchgehalten. Fast scheint es, als ob es Berührungsängste vor dem Wort gäbe. Eine Alternative, etwa in den Begriffen der neueren Stratifikationsforschung, wird indes auch nicht gewählt. Gewöhnlich ist vielmehr von „Gruppen" die Rede – dem blassesten und unbestimmtesten aller Begriffe, wenn das Ziel, wie es ausdrücklich heißt, die Klärung der „Sozialstruktur" sein soll. Konsequenter wäre es da gewesen, das Unternehmen nur „Handbuch zur deutschen Wirtschaftsgeschichte" zu nennen, in das die sozialhistorischen Stücke mühelos hätten eingefügt werden können.

Schließlich fällt auch an diesem Band auf, daß die Stoffülle nicht überzeugend durch leitende Fragestellungen und explizit verteidigte Auswahlkriterien geordnet wird. Zugegeben, manchmal ist von den „treibenden Kräften" die Rede, und dort, wo sich der Verfasser vorzüglich auskennt, wie etwa mit der „Bauernbefreiung", wird einem auch eine Vorstellung von der Dynamik dieser umwälzenden Reformen vermittelt. Aufs Ganze gesehen fehlt aber eine durchlaufende Strukturierung. Dabei hätte es nahegelegen, von einigen erkenntnisleitenden Interessen auszugehen und in ihrem Licht langlebige Prozesse mit ihrer wirklichkeitsverändernden Kraft herauszuarbeiten: die Durchsetzung des industriellen Produktionskapitalismus und Agrarkapitalismus, die Formierung marktbedingter Klassen, die bis heute anhaltende innere Staatsbildung, das demographische Wachstum. Der Verzicht auf solche dominierenden Antriebskräfte, die unterschiedlichen Bedingungskonstellationen entsprangen und dennoch in ihrer Interdependenz erfaßt werden sollten, fordert einen hohen Preis, den jeder sachkundige Leser spürt. Die immense Arbeitsleistung und die Goldmine an Informationen werden dadurch, da sie in der Sprache der Ökonomen „suboptimal" genutzt sind, zum guten Teil um ihre Wirkung gebracht.

19. Ein deutsches Säkulum?

Als 1989 Christian v. Krockows Buch über „Die Deutschen in ihrem Jahrhundert" erschien, wirkte der Titel, um das Mindeste zu sagen, überaus pointiert. Doch der Titel von Eberhard Jäckels neuem Überblick, „Das deutsche Jahrhundert", ist womöglich noch um einige Grade anspruchsvoller.[1] Gibt es überzeugende Gründe für eine derartige Charakterisierung, die man nicht gerade bescheiden nennen wird? Warum überhaupt die Fixierung auf ein einziges Land für ein so turbulentes Säkulum mit wechselnden Gravitationszentren? War nicht Großbritannien bis 1917 die einzige wahre Weltmacht seit dem ausgehenden 18. Jahrhundert? Ist das 20. Jahrhundert nicht auch und gerade die Epoche der amerikanischen Weltmacht? Und ist es nicht ebenfalls zwischen 1917 und 1991 die Zeit der Sowjetunion? Reicht die beispiellose Negativwirkung des Holocaust und der Doppelexzeß deutscher Großmachtpolitik in zwei Weltkriegen, reicht das geballte Unheil zwischen 1914 und 1945, wie Jäckel seine Entscheidung begründet, tatsächlich aus, um die Signatur des 20. Jahrhunderts in der weltweit wirkenden Prägekraft „deutscher" Dominanz zu erblicken? Nein – wenn schon die Geschichte der Großmächte im Mittelpunkt stehen soll, hätte die Orientierung an dem Quartett England, Amerika, Rußland, Deutschland (oder an einem Sextett einschließlich Japans und Chinas) mitsamt den damit anvisierten Interdependenzen die realitätsnäheren Perspektiven eröffnet.

Nun gut, der Autor hat seine Vorentscheidung für eine ziemlich schwankende Basis getroffen. Was er von dort aus bietet, ist ein schwungvoller, gestreckter Essay: mit dezidierten Urteilen über komplizierte Probleme, mit öfters unkonventionellen und darum anregenden Argumenten, die stets in einer menschenfreundlichen, klaren Prosa formuliert sind; nicht zuletzt ist er das Ergebnis einer respektheischenden Komprimierungsleistung, die auf den rund 350 Seiten zutage tritt, jedoch von den meisten Autoren verfehlt worden wäre. Auf der anderen Seite begegnet dem Leser ein verblüffendes Übergehen von Problemen, ein unerwarteter Harmonisierungsdrang, eine manchmal nur noch idiosynkratisch zu nennende Interpretation, eine Verklärung der deutschen Demokratieentwicklung. Kurzum, ein Buch, das durch und durch ambivalente Reaktionen auslöst.

Der Inhalt dieses widerspruchsvollen Syntheseversuchs wird durch die eindeutige Präferenz des Verfassers bestimmt: Es geht ihm um deutsche Politikgeschichte (nur gelegentlich um internationale Beziehungen), die in eigentümlicher Engführung auf die Staatspolitik zentriert ist. Wirtschaftsgeschichte, Sozialgeschichte, Kulturgeschichte – und sei's auch nur als Zubringerdisziplinen –, erst recht die neue kulturwissenschaftliche Politikgeschichte – sie alle bleiben aus der Darstellung so gut wie ganz verbannt. Trotzdem wird der zwischen 1933 und 1949 veränderten Sozialstruktur aus heiterem Himmel eine gewaltige Beweislast für die Erklärung der Erfolgsgeschichte der Bundesrepublik aufgebürdet.

Der politikhistorisch fundierte Anspruch auf ein „deutsches Jahrhundert" erzwingt die Auseinandersetzung mit der umstrittenen Vorstellung vom deutschen „Sonderweg“. Ihn lehnt Jäckel in jeder Hinsicht entschieden ab, obwohl doch die neuere „Sonderwegs“-Debatte mit einer Einbahnstraße zum Nationalsozialismus oder mit einer unwiderstehlichen Kontinuität des Bösen in der neueren deutschen Geschichte nichts im Sinn hat; längst hat sie sich von älteren Deutungen gelöst, den Vergleich einbezogen und komplexere Erklärungsversuche mit dem Schwergewicht auf dem politischen Herrschaftssystem in seinem sozialökonomischen und kulturellen Kontext angeboten. Anstatt das wahrzunehmen und abzuwägen, attackiert Jäckel einen antiquierten Popanz. Die Konsequenz: Die landesspezifischen Sonderbedingungen, unter denen jeder Modernisierungsprozeß verläuft und seine eigentümliche Mischung von Altem und Neuem erzeugt, werden sehr klein geschrieben. Wenn ihr Spannungsreichtum aber so wenig berücksichtigt wird, kann die deutsche Geschichte auch des 20. Jahrhunderts nicht angemessen erfaßt werden. Da der Autor die gerade in Deutschland explosive Mischung von traditionalen und modernen Elementen unterschätzt, sie nur verengt auf der Ebene der Staatsmacht und parteipolitischen Konstellationen ins Auge faßt, ist die erste Folge eine irritierend einseitige Aufwertung der Modernität des Kaiserreichs. Im Hinblick auf Industrie und Wissenschaft, Kunst und korporativistisches Interessenmanagement ist sie ja unbestritten, aber Jäckel entdeckt sie sogar in der Regierungspolitik und der Bedeutung des Reichstags, mehr noch: in der Reformfähigkeit des politischen Systems überhaupt. Er erkennt im kaiserlichen Deutschland keinen „Obrigkeitsstaat“, vielmehr „beinahe“ eine parlamentarische Demokratie. Das allgemeine Reichstagswahlrecht für Männer hält er zu Recht für progressiv, verschweigt aber, daß Bismarcks offen eingestandenes Hauptmotiv darin lag, die städtischen „Bourgeoisklassen“ durch die Mehrheit der konservativen ländlichen Wähler auf Dauer zur machtlosen Minderheit zu machen. Die demokratisierende Wirkung entgegen der Anfangsintention ist unleugbar, sie erhöhte aber auch die Spannungen durch den ständigen Vergleich mit dem degradierenden preußischen Dreiklassenwahlrecht, das für zwei Drittel der männlichen Reichsbevölkerung galt. Das Strukturproblem, das durch den Konflikt zwischen Fundamentalpolitisierung einerseits und Status-quo-Verteidigung andrerseits aufgeworfen wurde, wird zwar anvisiert, doch allein der überaus optimistisch beurteilte „Genosse Trend“ konnte den Mitte-Links-Parteien den Sieg nicht bringen, er mußte erkämpft werden. Dazu fehlte es allenthalben an Machthunger und Konfliktbereitschaft. Der politische Antisemitismus wird ebenso wie der latente, allmählich weithin gesellschaftsfähige Antisemitismus unterschätzt, der rabiate Zusammenprall zwischen preußischem Militär und Zivilbevölkerung während der Zabern-Affäre von 1913 geradezu verharmlost. Der Kriegsausbruch von 1914 wird aus der internationalen Konstellation hergeleitet, obwohl diese „tiefste“ Erklärung in der Forschung längst durch ein komplexeres Ursachengeflecht ersetzt ist. Die innen-, finanz- und militärpolitischen Dimensionen fehlen völlig, damit dann auch maßgebliche Bedingungen für die fatale Risikobereitschaft der traditionalen Eliten, die aggressive Defensive in einem kurzen Schlagabtausch zu wagen. Ohne den massiven Druck, den die 3. Oberste Heeresleitung während dieser letzten „Revolution von oben“ auf der Suche nach einem Sündenbock für die Niederlage ausübte, sind die wenigen Tage des parlamentarischen Systems im Oktober 1918 kaum vorstellbar. Der zahnlose Reichstag, der sich soeben, vor Zivilcourage berstend, monatelang ins Nichtstun vertagt hatte, riskierte die Machtprobe im Alleingang noch immer nicht, hat daher auch mitnichten die Parlamentarisierung erstritten. Sofort drohte der Gegenschlag der alten Mächte, auch dagegen richtete sich bekanntlich die Revolution. Jäckel nennt sie die „sogenannte Revolution“ oder einen Umsturz, den „die Deutschen“ damals „die Novemberrevolution nannten“. Zum Problemstau, der diese Revolution erzeugte, gibt es kein einziges klärendes Wort.

Soviel zur Ausgangslage des „deutschen Jahrhunderts“ im Kaiserreich. Gekappt werden die enormen politischen Belastungen, die gesellschaftliche Zerklüftung, die autoritäre Prägung der Sozialmentalität, das böse Erbe fehlender Parlamentarisierung und Demokratisierung, die zählebige Resistenz der Führungseliten einschließlich der effektiven Reformblockade bis in den Herbst 1918. Geschönt steht das Kaiserreich wie im Goldrahmen da. Offenbar war es zuallererst ein schützendes Gehäuse für die Anfänge der deutschen Demokratie. Warum gab es bloß die schneidende Kritik von Weber, Preuß, Schükking, von Linken wie Mehring, Bernstein und Liebknecht ganz zu schweigen?

Das strukturelle Hauptproblem der Weimarer Republik sieht Jäckel darin, daß die Verfechter der alten Ordnung den Machtverlust partout nicht akzeptieren wollten. Bis in den Winter 1932/33 hielt, das ist für ihn der politische Basiskonflikt schlechthin, der erbitterte Kampf um die Staatsmacht zwischen diesen „Monarchisten" auf der einen Seite (ein reichlich blasser Begriff für Autoritäre vom Schlage Hugenbergs und die neuen Rechtsradikalen seit der „Vaterlandspartei"), den parlamentarisch-demokratischen Kräften andrerseits an. Allmählich wurde dieser politische Streit überlagert durch den Zusammenprall der beiden extremen Flügelparteien, der KPD und der NSDAP. Die scharfe Kritik an der KPD, die bei den Reichstagswahlen von 1924, bei der Wahl Hindenburgs zum Reichspräsidenten im Jahre 1925 und bei den Reichstagswahlen von 1932 die republiktreuen Parteien verhängnisvoll schwächte, ist treffsicher und als Legendenzerstörung überaus angebracht; mir ist sie aus der Seele gesprochen. Trotzdem: Sie müßte durch eine genaue Erörterung ergänzt werden, warum so viele Millionen Menschen auf die Karte dieser zerstörerischen Utopie gesetzt haben. Es ist nicht gerecht, sie nur für politische Narren bei einem Amoklauf zu halten.

Die Motive der seit 1928/29 rapide anschwellenden Wählerschaft der NSDAP findet Jäckel noch immer unklar. Mit einer genauen Auslegung von Jürgen Falters Bilanz (Hitlers Wähler, 1991) und der vorzüglichen neueren Wahlstudien kommt man aber an die plausiblen Motive sehr dicht heran. Dieses Problem wird freilich dadurch immens verschärft, daß Jäckel den Aufstieg, die Faszination und die Durchsetzungskraft Hitlers nicht zu erklären versucht. Die bornierte Allianz mit ihm, welche die Zähmungsillusionisten unter den „Monarchisten" für die Machtübergabe schlossen, reichte dazu bei weitem nicht aus. Der ungewöhnliche Handlungsspielraum des „Führers" wird aus der Balancierkunst des Schiedsrichters, der NS-Bewegung und Konservative zielsicher austarierte, hergeleitet. Das wirkt wie eine späte Variante der früher schon von Jäckel bevorzugten Bonapartismustheorie mit ihrer Denkfigur vom Klassengleichgewicht, das die Abgehobenheit des Diktators strukturell ermöglicht haben soll. Im Grunde stellt sich der Verfasser nicht der Aufgabe, die Anziehungskraft, die Besessenheit, die Dynamik Hitlers soweit wie irgend möglich mit rationalen Argumenten dem historischen Verständnis zu erschließen. Seine gerichtsmedizinische Metapher des „Triebtäters" besitzt keine Erklärungskraft, sie verdunkelt vielmehr die Aufklärung über ein derartiges „welthistorisches Individuum".

Man könnte sich aber z.B. darum bemühen, Hitlers Sonderstellung mit Hilfe von Max Webers Theorie der charismatischen Herrschaft zu erschließen, wie das auch Ian Kershaw in seiner demnächst erscheinenden großen Hitler-Biographie überzeugend tut; das scheint der aussichtsreichste Weg zu sein. Oder man könnte von einem kulturgeschichtlichen Ansatz ausgehen, um Hitlers „Weltbild" präziser als bisher zu erkunden. Jäckel kennt es aus eigenen früheren Arbeiten: jene giftige Fusion von Obsessionen wie dem fanatischen Antisemitismus, dem sozialdarwinistischen Kampf um „Lebensraum", der Dauerhaftigkeit des Kriegszustandes etc. Hitlers „Weltbild" hat seine Mentalität geprägt, damit seine Wahrnehmung und Deutung der Wirklichkeit angeleitet, sein Verhalten und Handeln gesteuert. Die Elemente mögen heute noch so abstrus wirken, sie gewannen ihre Explosivität spätestens dann, als sie zur Grundlage der aktiven Kriegs- und Vernichtungspolitik der deutschen Großmacht gemacht wurden. Nach der Klärung des Denkhorizonts und Gefühlshaushalts müßten selbstverständlich weitere schwierige Schritte getan werden: Wie konnten durch solche „Eckwerte" und Ressentiments die unleugbare Popularität und der Massenenthusiasmus gewonnen werden? Welches demagogische Talent ließ Hitler als neuen Messias erscheinen? Warum sind ihm die Führungseliten bis zuletzt gefolgt? Welche häufig unterschätzte Kompetenz als raffinierter Berufspolitiker verschaffte ihm Erfolge?

Es ist nicht eine Frage des knappen Raums, daß man mit dem Resignation verratenden Stichwort aus der Pathologie abgefunden wird. Denn für einen Sachkenner wie Jäckel, der sich in der Zeit nach 1933 wie wenige andere auskennt und in einem in vierzig Jahren vertraut gewordenen Gelände bewegt, wäre eine präzise Erklärungsskizze fraglos möglich gewesen. Warum bloß hat er auf jeden Anlauf verzichtet und den aufgeschlossenen, neugierigen Leser mit einem „Triebtäter" allein gelassen?

1933 und die Folgen des Zivilisationsbruchs hält Jäckel mit einem bildkräftigen Ausdruck der Kernkraftsprache für den GAU, den größten anzunehmenden Unfall. Methodisch möchte er hier die strukturellen Baufehler, die akzidentellen Umstände und das menschliche Versagen voneinander trennen. Doch das Versagen etwa der konservativen Eliten ist unstrittig; der historische Zufall, daß der Braunauer mit Deutschland den Weg in den Abgrund einschlagen konnte, wird analytisch (etwa durch den Charismatikerbegriff) nicht ausgeleuchtet; und die Bauschäden bis hin zu der Anfälligkeit für die autoritäre Politik eines „neuen Bismarck" werden in ihrer Tiefendimension nicht ernst genommen. Trotzdem: In der Darstellung, hier ist Jäckel ganz souveräner Fachmann, gelingt vieles ganz hervorragend. Die Zerstörung des deutschen Verfassungs- und Rechtsstaates seit dem Februar 1933, die Durchsetzung des verfassungslosen „Führerstaates", die Einwerbung von Zustimmung, ja „Liebe zum Führer", das Dilemma schwacher Kontrahenten, die Begünstigung durch die internationalen Konstellationen – das alles wird mit sicherer Hand für die sechs „Friedensjahre" herausgearbeitet.

Dann der Krieg. Hitler wollte ihn. „Das war sein Urtrieb". „Ein Historiker kann das nicht erklären". Er muß es aber versuchen, sonst lenkt die erneute Stilisierung als „Triebtäter" von jeder genaueren Ergründung ab. Der „Polenfeldzug" war, zumal nach der Entlastung durch den Pakt mit Stalin, als Wiederholungsakt konzipiert: noch einmal eine Staatszertrümmerung wie die der Tschechoslowakei. Keineswegs sollte schon ein Weltkrieg eröffnet werden. Das wurde der europäische Krieg erst 1941. Die These, daß die Koalition der „Spätkömmlinge“ Deutschland, Italien, Japan seit rund 1870 als „langfristiger Trend“ angelegt gewesen sei, klingt doch sehr nach hegelianischer Geschichtsmetaphysik, wischt manche Kontingenz und besonders die Eigendynamik Japans beiseite. Den Krieg gegen die Sowjetunion wollte Hitler in der Tat: als Eroberungs- und Vernichtungskrieg. Was meint hier aber die apokryphe Behauptung, daß es so scheine, als ob er ihn gar nicht gewinnen wollte? Ideologische Gründe für den Gewinn von „Lebensraum“ gab es zuhauf. Eine militärische Notwendigkeit existierte dagegen 1941 überhaupt nicht. Mit unzweideutiger Härte bezeichnet es Jäckel als „eine der vernunftwidrigsten Legenden des Jahrhunderts“, daß Hitler mit einem Präventivkrieg der unmittelbar drohenden Offensive Stalins soeben noch zuvorgekommen sei. Demgegenüber wirken Jäckels „gute Gründe“ für Hitlers Kriegserklärung an die USA wenig überzeugend, vielmehr versteht man weiterhin jene Historiker, die an der Megalomanie dieser einsamen Entscheidung herumrätseln.

„Lebensraum“ und Kontinentalhegemonie wollte Hitler durch Krieg gewinnen, aber sein zweites Hauptziel wurde der Holocaust, die „Endlösung“ der eigentlichen „Lebensfrage“ für die rassische Behauptung des „deutschen Volkes“. „Natürlich“ sei das, konstatiert Jäckel apodiktisch, die „Rationalisierung eines Urtriebs. Man kann ihn noch weniger erklären als den anderen Urtrieb zum Krieg.“ Diese Triebmetaphorik ist zum Verzweifeln, denn sie verrät bei einem so vorzüglichen Sachkenner einen ganz und gar unerwarteten intellektuellen Defätismus. Wiederum geht es um die Herausforderung, Hitlers „Weltbild“ als mentalitäts- und handlungsleitende Steuerungsinstanz zu analysieren. Und wenn uns seine barbarischen Dogmen noch so sehr erschrecken, sie konstituierten für ihn eine „Wirklichkeit“, die der Historiker untersuchen kann und muß.

So nüchtern wie möglich beschreibt Jäckel den Absturz in die Barbarei der „Judenvernichtung“, die gewaltigen Anstrengungen und Ressourcen, die in diesen Massenmord gelenkt, dem totalen Krieg für den militärischen Sieg ideologieverblendet entzogen wurden. Selten regte sich Widerspruch, noch seltener Widerstand, zahlreiche Deutsche fanden sich zum Mord bereit. Daniel Goldhagens abstruser Konstruktion eines „eliminatorischen Antisemitismus“ als jahrhundertealter Grundeinstellung „der“ Deutschen vermag natürlich auch Jäckel gar nichts abzugewinnen. Atemberaubend aber ist sein Urteil, daß der Antisemitismus bei der Ausführung des Holocaust eine geringe Rolle gespielt habe, „eher die Ausnahme“ war. Willfährigkeit gegenüber dem Regime, Verselbständigung von lokalen Machthabern, Vorteilsgewinn, bedenkenloser Gehorsam, Liebedienerei, um Hitler zu gefallen – der Autor kennt viele pragmatische Motive. Doch ohne den Rückgriff auf die tief verinnerlichten Stereotypen des Antisemitismus und das heißt: ohne eine Mentalitätsanalyse läßt sich, auch wenn man die Interpretationsfigur der „kumulativen Radikalisierung“ für unverzichtbar hält, das mörderische Handeln von Hunderttausenden von Akteuren doch auch nicht verstehen und erklären!

Der Niederlage folgte die Staatsvernichtung, das Kondominium der Besatzungsmächte, schließlich die Gründung der beiden Neustaaten von 1949. Jäckel legt besonderen Nachdruck auf die Tatsache – das ist vielleicht noch immer geboten –, daß die Westverschiebung Polens bis zur Oder-Neisse-Grenze eine Kompensation für die russische Annexion Ostpolens, jedoch zu keiner Zeit einen Fixpunkt der polnischen Kriegszielpolitik darstellte. Mit offener Sympathie zeichnet er die Aufstiegsgeschichte der Bundesrepublik nach, die offenbar endlich geglückte Verankerung der repräsentativen Demokratie und eines funktionstüchtigen Parlamentarismus. Die Ursachen für die politische Stabilität dieses Regierungssystems und des wirtschaftlichen Wohlstands findet Jäckel aber keineswegs in dem vielfach beschworenen produktiven „Lernprozeß“ der Westdeutschen, obwohl sein Widerspruch die erstaunliche Lernleistung zu sehr herabmindert. Vielmehr sieht er sie mit erquicklicher Nüchternheit in den Vorzügen der Nachteile der Katastrophen zwischen 1933 und 1949. Dieses Erklärungsangebot ist bereits vor mehr als einem Dutzend Jahren in einem anregenden Sammelband von Werner Conze und Rainer Lepsius (Sozialgeschichte der Bundesrepublik. Zum Kontinuitätsproblem, 1983) ausführlicher und differenzierter entfaltet worden. Diese begünstigenden Bedingungen wurden geschaffen durch den Verlust der einen modernen Industriestaat ökonomisch belastenden agrarischen Ostgebiete, durch den Zustrom von zwölf Millionen Flüchtlingen und Vertriebenen mit all ihren verwertbaren Kompetenzen, durch die alliierten Interessen seit dem Koreakrieg und das Hilfsprogramm des Marshallplans.

Noch höher rangiert die gewaltsame Ausschaltung der traditionellen Führungseliten aus den politischen Einflußdomänen, vor allem des ostelbischen Adels und des älteren Offizierkorps nach ihrem Teufelspakt mit dem Hitlerregime. Und an erster Stelle steht für Jäckel die Überführung der Klassengegensätze in einen gewissermaßen entschärften neuen Aggregatzustand. Dem gefährlichsten „Gegensatz in der deutschen Gesellschaft", dem klassischen „Sonderwegs"-Konflikt zwischen konservativ-autoritären und liberal-demokratischen Kräften, der 1933 die Diktatur ermöglicht und in die Katastrophe geführt hatte, wurde durch die Umwälzungen in dem Entscheidungsjahrzehnt zwischen 1939 und 1949 die sozialstrukturelle Grundlage endgültig entzogen. Der Verfasser beschwört diese Wende fast pathetisch: Die Klassengegensätze seien „vernichtet" worden, versichert er, „es entstand eine neue Gesellschaft", eine „neue Sozialstruktur", die den schnellen „Konsens über die verfassungsmäßige Ordnung" erst ermöglichte.

Diesem Argument, daß die politisch ausgelöste Transformation der deutschen Gesellschaft ein Schlüsselphänomen für den Aufstieg der Bundesrepublik sei, ist viel abzugewinnen; Helmut Schelsky hat es vor mehr als vierzig Jahren mit seinem Begriff der „nivellierten Mittelstandsgesellschaft" schon frühzeitig auf einen eingängigen Ausdruck zu bringen versucht. Der politischen Sozialgeschichte wird damit aber zum einen doch wohl zu viel an Erklärungslast aufgeladen, zum andern ist die Interpretation, nicht ohne vorschnelle Gewißheit, zu eng angelegt. In der Arena des politischen Systems ist der brutale Elitenwechsel der zentrale Vorgang. Den Einfluß der schmerzhaften Lernprozesse unter den neuen „Policy-Makers" und in der Wählerschaft muß man auch viel höher veranschlagen, als es der eigentümliche sozialhistorische Monismus hier zuläßt, denn mit dem Elitentausch war die soziale Basis des alten konservativen Lagers alles andere als vollständig beseitigt.

Und selbstredend ist keine völlig „neue Sozialstruktur" entstanden, die Kontinuitätslinien sind vielmehr – mit der fundamental wichtigen Ausnahme der ostelbischen Großagrarier – gar nicht zu übersehen. Wie die deutsche Marktgesellschaft seit dem 19. Jahrhundert unentwegt marktbedingte Erwerbs- und Berufsklassen hervorgebracht hat, sind auch nach 1949 die angeschlagenen sozialen Klassen durch die Verteilungskräfte des Marktes und der staatlichen Intervention, auch durch die Abermillionen von Flüchtlingen und Vertriebenen, neu aufgefüllt worden. Unter dem Einfluß sowohl der unleugbaren Lernprozesse als auch der Wohlstandsschübe, die sich erst seit den sechziger Jahren voll auswirkten, haben sich die Sozialmentalität und die Natur der gesellschaftspolitischen Konflikte verändert. Der Sozialstaatskompromiß hat sich bis in seine Krise in unserer Gegenwart hinein als außerordentlich tragfähig erwiesen. Mit dem von Jäckel behaupteten Primat der sozialen Durchmischung und der Einebnung älterer Antagonismen kommt man bei der Erklärung nicht so weit, wie der Autor meint.

Die DDR erscheint bei Jäckel, insgesamt zutreffend, als ein nach sowjetischem Vorbild modellierter „Gegenstaat" auf deutschem Boden, als russische Satrapie, die auf das westdeutsche „Mehrheitsvolk", auf die Konkurrenz mit der überlegenen Bundesrepublik unentrinnbar fixiert blieb. Unter dem Zangendruck der Gorbatschowschen Politik und der ostdeutschen Protestbewegung zerbrach sie, so daß die Trümmer als neue Bundesländer in den Weststaat aufgenommen werden konnten. Deshalb ist 1990 für Jäckel das „erstaunlichste Jahr des Jahrhunderts". Dies Urteil entspringt indes einer verengten Perspektive auf die deutschen Dinge, denn das „Kurze 20. Jahrhundert" seit 1914 endete mit der Zäsur von 1991, mit dem atemberaubenden Zerfall nicht nur der Supermacht Sowjetunion, sondern des russisch-petrinischen Reiches überhaupt.

Die Durchsetzung der Demokratie auf deutschem Boden, und sie bildet Jäckels „roten Faden", erscheint, blickt man auf das 20. Jahrhundert zurück, doch weit eher als ein wild mäandernder Strom, von Kriegen und Katastrophen immer wieder blockiert, bis endlich seit 1949 die historisch ganz ungewöhnliche neue Chance genutzt werden konnte. Ein halbes Jahrhundert war Deutschland der Unruheherd par excellence, danach jedoch lag es ein halbes Jahrhundert eher im Windschatten der dominierenden Entwicklungen. Weltweit das Säkulum zu einem „deutschen Jahrhundert" zu prägen, das vermochte es gewiß nicht.

20. Bewegend und irritierend: Eine „Geschichte der Deutschen"

Selten nur löst ein wissenschaftliches Buch uneingeschränktes Lob oder vorbehaltlose Kritik aus. Gewöhnlich geht es darum, seine Vorzüge und Schwächen gegeneinander abzuwägen, um zu einem ausbalancierten Urteil zu gelangen. Manche Bücher freilich werfen ein unlösbares Dilemma auf, da sie einen zutiefst zwiespältigen Eindruck hinterlassen. In diese Kategorie gehört die neue „Geschichte der Deutschen" von Joseph Rovan, der sie von „ihren Ursprüngen bis heute" darzustellen unternommen hat.[1] Es ist zuerst einmal, um es mit einem großen Wort zu sagen, ein bewegendes Buch, das von der Lebensgeschichte des Verfassers durch und durch geprägt ist. Als jüdischer Deutscher ist Rovan bereits Anfang 1933, gerade fünfzehn Jahre alt, mit seinen weitsichtigen Eltern vor dem NS-Regime aus München nach Frankreich geflüchtet. Dort schloß er sich später der Widerstandsbewegung gegen die deutsche Besatzungsherrschaft an. Nach der Gefangennahme gelang es ihm trotz der Deportation in das KZ Dachau, die unsäglichen Häftlingsjahre zu überleben. Seit seiner Befreiung hat er sich mit imponierender Beharrlichkeit, inzwischen ein halbes Jahrhundert lang, für die deutsch-französische Verständigung engagiert – als einflußreicher Publizist und Geschichtsprofessor an zwei Pariser Universitäten, als politischer Berater französischer Regierungen und Mitgründer des Deutsch-Französischen Jugendwerks. Man sieht: Hier schreibt kein Mann mit der üblichen akademischen Karriere.

Sein Buch ist ganz unzweideutig für französische Leser gedacht. Bei ihnen will er um ein historisch vertieftes Verständnis des inzwischen nähergerückten, aber vielen noch immer fremdartig erscheinenden Nachbarn im Osten werben. Sie sollen nicht nur ausführlich informiert werden. Vielmehr bemüht sich Rovan auch darum, die ganze Summe seiner Erfahrungen einem weiten Publikum, häufig in geradezu beschwörendem Ton, zu vermitteln. Insofern stellt sein Buch eine ebenso bekenntnisfreudige wie eindrucksvolle Bilanz eines Lebens dar, in dem trotz aller Turbulenzen der humane Versöhnungswille und die Lernbereitschaft des Autors nie erstickt worden sind.

An dem guten Willen des Verfassers kann mithin nicht der Hauch eines Zweifels aufkommen. Er will die deutsche Geschichte für seine Landsleute enträtseln, ihnen die Verirrungen und Abgründe zumal der letzten hundert Jahre verständlicher machen und schließlich die Einwände gegen die erstarkte Bundesrepublik entkräften, sofern sie denn wie bisher ein verläßliches Mitglied der Europäischen Union bleibt. Denn daß die politische Union Europas die einzig angemessene Reaktion auf das Zeitalter der Weltkriege bildet, daran hält Rovan nicht nur mit allen rationalen Argumenten fest. An diese Zielutopie glaubt er auch von ganzem Herzen.

So weit, so gut. Bei der Ausführung des mit so vielen noblen Absichten verfolgten Projektes taucht jedoch ein gravierendes Problem nach dem anderen auf. Der Autor sieht z.B. die „Ursprünge“ der deutschen Geschichte in der Zeit der Völkerwanderung, das „deutsche Volk“ bereits in dem „Ensemble“ dieser Germanenstämme. Das Reich Karls des Großen ist daher schon das „karolingische Deutschland“, der „sich allmählich herausbildende deutsche Staat“. Damit werden die Mythen der Nationalideologen des 19. Jahrhunderts wiederholt, die erst der deutschen Nationalbewegung, dann dem Nationalstaat von 1871 eine möglichst weit zurückreichende nationale Vergangenheit wortwörtlich erfunden haben. Tatsächlich gab es nur die Herrschaftsverbände der Franken, Sachsen, Bayern usw., die man noch keineswegs als „Deutsche“ in Anspruch nehmen kann (schon deshalb ist der vom Verlag durchgesetzte Titel genauso irreführend wie der ursprüngliche französische), und ihren Sprachen lag genausowenig, auch das eine längst zerstörte Legende, das „diutisk“ als angeblich gemeinsame „deutsche Volkssprache“ zugrunde. Der langwierige Prozeß der Ethnogenese, aus dem schließlich „die“ Deutschen hervorgegangen sind, hat bis in das späte 19. Jahrhundert angedauert, und der Begriff des Staates trifft erst sehr viel später auf die politischen Herrschaftssysteme der Neuzeit zu. Ebensowenig gibt es in dieser Frühzeit bereits ein „erwachendes Nationalbewußtsein“, geschweige denn die Anfänge einer deutschen „Nation“. Die antiquierten Behauptungen kontrastieren scharf mit der anderswo formulierten richtigen Einsicht, daß erst die Nationalbewegung seit dem Beginn des 19. Jahrhunderts ein „nationales Bewußtsein“ geschaffen habe. Bis dahin müsse man von einer „vornationalen“ Geschichte ausgehen, „die man nur dann für die Nationalidee beanspruchen kann, wenn sie in ein vorgeformtes Deutungsschema, das die Vergangenheit ... verfälscht, gepreßt wird“. Warum bloß hat der Verfasser daraus nicht selber die Konsequenzen gezogen?

Auf dem einmal eingeschlagenen Weg verfolgt er statt dessen die Geschichte dieser fiktiven „Deutschen“ durch das gesamte Mittelalter und die Frühe Neuzeit, erblickt in der Luther-Bibel sogleich ein „Symbol der nationalen Einheit“, findet im „Deutschland Friedrich des Großen“, nicht im föderativen multiethnischen Alten Reich, einen weiteren Schauplatz seiner Ereignisgeschichte. Inzwischen hatte sich in der abgrenzenden Auseinandersetzung mit den Nachbarvölkern in einigen sozialen Schichten in der Tat allmählich ein deutsches, obwohl noch kein nationales Identitätsgefühl entwickelt. Die wichtige Frage, seit wann genau das der Fall war, wird von Rovan aufgrund seiner irreführenden Vorentscheidung nicht gestellt. Da indes jeder Reichsbewohner eine Vielzahl von Identitäten in seiner Brust barg – ein und dieselbe Person war Münchner, Bayer, Katholik und Deutscher zugleich –, steht die Behauptung unverändert auf schwachen Füßen, daß die Loyalität gegenüber dem „deutschen Volk" durchweg schon den Primat besessen habe. Ungleich glaubwürdiger ist dagegen die Auffassung, daß man in den meisten Situationen primär als Kölner, als Hanseate, als monarchistischer Preuße, als Protestant dachte und handelte.

In einem langwährenden Prozeß der politischen Sozialisation und Homogenisierung höchst unterschiedlicher Mentalitäten ist erst im Kaiserreich von 1871 die Priorität der neuen kleindeutschen Nation und ihres Nationalstaates durchgesetzt worden, ohne daß auch jetzt der Pluralismus der Loyalitätsbindungen je aufgehoben worden wäre. Sie bestanden auf jeden Fall weiter fort, trafen aber im Reichsnationalismus auf einen mächtigen, manchmal übermächtigen Rivalen. Die „Nationsbildung" der Deutschen fand daher nicht seit den Karolingern, sondern im stringenten Sinn erst während der ersten drei Jahrzehnte des Bismarckreiches statt. Das ist ein faszinierender, noch immer unerforschter Prozeß. Rovan glaubt aber von der deutschen Geschichte dieser Epoche: „Alles in allem" sei „zwischen 1871 und 1914 nur recht wenig geschehen". Wen wundert da noch das apodiktische Urteil, daß Kaiser, Kanzler und Generalstab während der Julikrise von 1914 in den Weltkrieg „schlitterten"? Das ist eine anachronistische Verharmlosung der Berliner Bereitschaft zur bewußten Übernahme des Kriegsrisikos, jenes verantwortungslosen Hasardspiels, das seit Jahrzehnten in der kritischen Geschichtswissenschaft nicht mehr umstritten ist.

Hitler und seinem „Dritten Reich" begegnet Rovan mit der leidenschaftlichen Empörung eines Zeitgenossen, in dessen

Leben die braune Barbarei immer wieder auf das schmerzhafteste eingegriffen hat. Doch an der Persönlichkeit des „Führers“ und der Natur seiner Diktatur rätselt er herum, ohne zu einer klaren Analyse der charismatischen Herrschaft Hitlers zu gelangen, die typischerweise auf einem wildwüchsigen System konkurrierender Machtzentren beruhte. Die archaischen Züge in Hitlers Ideologie erfaßt Rovan mit seiner schneidenden Verachtung recht genau, den spezifisch modernen Elementen wird er aber nicht gerecht. Schließlich vermutet der gläubige Christ, daß die Bibel das NS-Regime und seine Untaten doch besser erkläre als Marx oder Freud! Erhellender als dieses Geständnis wäre der Rückgriff auf die Ergebnisse der hochentwickelten zeitgeschichtlichen Forschung zum Nationalsozialismus mit ihren differenzierten Interpretationsangeboten gewesen.

Das Loblied auf die alte Bundesrepublik als bisher „besten Staat in der deutschen Geschichte“ singt Rovan zu Recht. Ungebrochen bleibt auch sein Vertrauen auf die vitale Funktion der neuen Bundesrepublik in einem „künftigen vereinten Europa“. Von den föderativen Traditionen der deutschen Geschichte, auch vom Föderalismus nach 1949, könne und solle Europa nur lernen. Mit dieser optimistischen Note endet Rovans Darstellung.

An seinem Willen zur verständnisvollen Einführung in die deutsche Geschichte läßt sich, wie gesagt, nicht zweifeln. Doch das Unternehmen krankt unheilbar an mehreren Gebrechen: zuerst an der antiquierten Vorstellung davon, was man zu Recht – und von welcher Zeit ab – eine „deutsche“ Geschichte, die „Deutschen“, das „deutsche Volk“ nennen kann. Zu oft bewegt es sich abseits der gesicherten Ergebnisse der kompetenten internationalen Geschichtswissenschaft. Durchweg bevorzugt es, abgesehen von einem Kulturkapitel zum 19. und 20. Jahrhundert, eine altertümliche narrative Politikgeschichte. Von einer Analyse der Wirtschaft und Gesellschaft findet sich so gut wie keine Spur, als ob man über diese großen Bewegungsmächte und ihre einflußreichen Strukturen stillschweigend hinweggehen könnte. Statt auf der Höhe des gegenwärtigen Wissens- und Reflexionsniveaus aufzuklären, leistet das Buch wider Willen neuen Mißverständnissen Vorschub, engt es die Geschichte des deutschsprachigen Mitteleuropa auf eine schmalbrüstige politische Ereignisgeschichte ein, die man längst überwunden glaubte.

Anhang

Anmerkungen

Vorwort

1 Vgl. H.-U. Wehler, Krisenherde des Kaiserreichs 1871–1918, Göttingen 1970/1979[2]; ders., Historische Sozialwissenschaft u. Geschichtsschreibung, ebd. 1980; ders., Preußen ist wieder chic, Frankfurt 1983; ders., Aus der Geschichte lernen? München 1988; ders., Die Gegenwart als Geschichte, ebd. 1995.
2 Ausführlicher dazu: H.-U. Wehler, Deutsche Gesellschaftsgeschichte, III: 1849–1914, München 1995, 461–86, 1250–95.
3 H.-U. Wehler, Die Herausforderung der Kulturgeschichte, München 1998.

1. Der Stachel im Fleisch. Wissenschaftliche Probleme und politische Dimensionen der Goldhagen-Kontroverse

1 D.J. Goldhagen, Hitlers willige Vollstrecker, Berlin 1996, engl. Hitler's Willing Executioners. Ordinary Germans and the Holocaust, N.Y. 1996. Erster Überblick: J.H. Schoeps Hg., Ein Volk von Mördern? Hamburg 1996.

2. 8. Mai 1945: Deutschland ein halbes Jahrhundert danach

1 Aufruf: 8. Mai 1945 – Gegen das Vergessen, in: FAZ 27.4.1995.
2 So auch R. Leicht, Nur im Untergang lag die Befreiung, in: Die Zeit 8.5.1995.
3 E. Fuhr, Überwunden, nicht befreit, in: FAZ 11.4.1995.
4 J.G. Reißmüller, Normal ist das nicht, in: FAZ 22.1.1995.
5 P. Glotz, Vertreibung: Die Krankheit des Nationalismus, in: Die Zeit 17.3.1995.
6 C. Meier, Wir brauchen Vertrauen, in: Der Spiegel 30.1.1995, 151f. Vgl. ders., Der letzte Tag, in: FAZ 27.1.1995.

7 Meier, Vertrauen, 152. Vgl. G. Hofmann, Normalität, in: Die Zeit 31.3.1995.

8 Meier, Vertrauen, 152. Vgl. K. Naumann, Erinnerung, in: Die Zeit 3.2.1995.

9 A. Dregger zit. nach: Die Zeit 9.5.1995. Eine wortreichere Variante der Dreggerschen Ansichten verficht sein Nachfolger als CDU-Fraktionsvorsitzender, Wolfgang Schäuble: Trauma u. Chance. Der 8.5.1995 in der deutschen Geschichte, in: Süddeutsche Zeitung 4.5.1995. Er sieht bei dem „verletzenden Streit um Befreiung oder Niederlage" die „Wächter der ‚political correctness' ... an den Zäunen der Tabuzonen patrouillieren und über jeden herfallen, der sich anheischig macht, zum 8.5. eine eigene Meinung zu äußern". Er beschwört die „Unfähigkeit", „die Ereignisse des ‚Dritten Reiches'" jemals „erklären zu können". Über den Holocaust läßt er Ignatz Bubis reden, anstatt sich selber zu äußern. An der Ostfront wurde bis zuletzt gekämpft, um den Fluchtweg nach Westen offen zu halten – daher konnten aber auch die Vernichtungslager weiter funktionieren. Der Krieg, der „Amoklauf des Diktators" ist blindes Fatum, offenbar ohne Verantwortliche und ihre Helfershelfer usw., das alles eingebettet in manche realistische Beurteilung.

10 2. Aufruf: 8. Mai 1945 – Gegen das Vergessen, in: FAZ 5.5.1995. Ein „wesentliches Ziel" des ersten Aufrufs sei aber erreicht, „nämlich die Einheitssprachenregulierung von der ‚Befreiung' zu durchbrechen", endlich „die Vertreibungsverbrechen" zu thematisieren. Daher gelte unverändert: „Eine selbstbewußte Nation muß vor allem ein Zusammenschluß selbstbewußter Bürger sein, die sich ... durch keinerlei Diffamierungskampagne beirren lassen. Wir machen alle weiter."

3. Das „Kurze 20. Jahrhundert" von 1914 bis 1991

1 E. Hobsbawm, Das Zeitalter der Extreme. Weltgeschichte des 20. Jahrhunderts, München 1995.

2 F. Furet, Das Ende der Illusion. Der Kommunismus im 20. Jahrhundert, München 1996.

4. Staats- und Nationsbildung in Europa

1 H. Schulze, Staat u. Nation in der europäischen Geschichte, München 1994/1995[2].

2 W. Hardtwig, Nationalismus u. Bürgerkultur in Deutschland 1500–1914, Göttingen 1994.

3 L. Greenfeld, Nationalism. Five Roads to Modernity, Cambridge/Mass. 1992.

5. Die Chimäre einer allgemeinen Theorie der europäischen Revolutionen

1 C. Tilly, Die Europäischen Revolutionen, München 1993.

6. Europäischer Adel im „Langen“ 19. Jahrhundert

1 D. Lieven, Abschied von Macht und Würden. Der europäische Adel 1815–1914, Frankfurt 1995.

7. „Deutscher Sonderweg“ oder allgemeine Probleme des westlichen Kapitalismus?

1 D. Blackbourn u. G. Eley, Mythen deutscher Geschichtsschreibung, Berlin 1980. Eine diametral entgegengesetzte Position, welche die Überlebens- und Durchsetzungsfähigkeit der alten Machteliten bis 1914 pointiert zugespitzt betont, verteidigt jetzt auch A. Mayer, The Persistence of the Old Regime. Europe to the Great War, N.Y. 1981, dt. Adelsmacht u. Bürgertum. Die Krise der europäischen Gesellschaft 1848–1914, München 1984. Zur Kultivierung der positiven Vorstellung von einer deutschen Sonderentwicklung durch die Historiker der Weimarer Republik vgl. B. Faulenbach, Ideologie des deutschen Weges, München 1980.

2 D.P. Calleo, Legende und Wirklichkeit der deutschen Gefahr. Neue Aspekte zur Rolle Deutschlands in der Weltgeschichte von Bismarck bis heute, Bonn 1980, engl. Cambridge 1978.

3 Geoff Eley hat, wie im Merkur 398 (1981, 737–39) nachzulesen ist, mit offensichtlicher Erregung auf meine Kritik (Merkur 396.1981) reagiert. Daraufhin habe ich ihm noch einmal kurz geantwortet (Merkur 398, 760): Geoff Eley ist es offenbar entgangen, daß die von ihm seit sechs bis sieben Jahren scharf attackierten westdeutschen Historiker ihm (auch als Jüngerem) viel Zeit gelassen haben, seine Kritik vorzubringen, ohne sogleich energisch zu widersprechen. Eley hat dabei, scheint's, den eigenen dünkelhaften Ton seiner Kritik nicht gespürt. Das verrät auch wieder seine aufgeregte Replik, mit der ich selbstverständlich – Eley's nature being what it is – gerechnet hatte. Jetzt wird ihm allerdings nach hinreichender Schonzeit Contra gegeben. Im Journal für Geschichte (1981/4) hat Hans-Jürgen Puhle eine völlig gleichgerichtete Kritik an Eleys Beitrag in dem von Eley und Blackbourn gemeinsam geschriebenen Taschenbuch formuliert, ausführlicher noch und schärfer als mein Beitrag im Merkur 396.1981, 478–487. Auch an Eleys Buch über die Entstehung der „neuen Rechten“ im wilhelminischen Zeitalter (Reshaping the German Right, London 1980) haben inzwischen so kompetente Historiker wie Roger Chickering (American

Historical Review 1981) und Heinrich August Winkler (Journal of Modern History 1981) schärfste Kritik geübt – „vernichtende" Kritik, werden viele Leser meinen. Im Merkur 399.1981 (Der deutsche Sonderweg: Eine Nachlese) hat Winkler außerdem noch ausführlicher und ebenso kritisch Stellung bezogen. Von diesen Historikern wird, ähnlich wie in Puhles Aufsatz und in meinem Merkur-Essay, ebenfalls das großsprecherische Programm einer „neuen" Politikgeschichte „von unten", wie es in Eleys Einleitung entwickelt wird, mit der enttäuschenden empirischen Verbandsgeschichte des Hauptteils verglichen. Gegen die These von den Manipulationserfolgen der Machteliten des Kaiserreichs beschwört Eley die populistische „Selbstmobilisierung" neuer Kräfte – was immer das auch sein mag -, vor allem wird als deren Ausdruck der Flottenverein, das Thema seiner Dissertation, ausführlich behandelt. Wenn aber überhaupt ein wilhelminischer Interessen- und Kampfverband manipuliert worden ist, dann der Flottenverein von Tirpitz und seinem sehr effektiv arbeitenden Propagandabüro. Chickering nennt daher Eleys Buch schlichtweg „fundamentally wrong", Winkler sogar einen „Bluff". Ähnlich urteilt Volker Berghahn, einer der besten Sachkenner, in der „Neuen Politischen Literatur" (1981/1). Kurzum: Eley wird fortab mit derselben Entschiedenheit und offenen Sprache kritisiert, die er bisher für sich in Anspruch genommen hat. Das „Quod licet Iovi" kann er für sich nicht in Anspruch nehmen. Meine Mischung von polemischer Kritik und Anerkennung einiger Vorzüge seines Plädoyers ist seinem notorischen Schwarz-Weiß-Denken fremd. Zur Verteidigung seiner diffusen Absichten fällt mir nichts Neues ein; ich finde die Gegenpolemik nirgendwo auch nur von ferne überzeugend. Jeder unvoreingenommene Leser kann sich durch den Vergleich der Texte davon ein Bild machen. Daher bleibe ich uneingeschränkt bei meiner Kritik, so bereitwillig ich auch sonst in einem Diskurs eine Konzession machen würde. Die Kontroverse, auf die Eley, wie sein Schlußsatz zeigt, noch zu warten scheint: Sie ist längst im Gange, und er steht mit seinen Arbeiten ganz so im Zentrum, wie er sich das seit jeher gewünscht hat.

8. Renaissance der „Geopolitik"

1 Über McKinder knapp und aufschlußreich: B. Semmel, Imperialism and Social Reform 1895–1914, London 1960, 166–76. Die Vorzüge der inzwischen von der französischen „Annales"-Schule weiterentwickelten Geohistoire bzw. Geoanthropologie liegen woanders, können hier jedoch nicht erörtert werden.

2 Über Haushofer: Neue Deutsche Biographie 8.1969, 121f.; Biographisches Wörterbuch 1.1973, 1046f. Vgl. zur Geopolitik: H.A. Jacobsen, K. Haushofer, I: Lebensweg 1869–1946, II: Ausgewählter Briefwechsel 1917–1946, Boppard 1979; siehe hierzu die geistvolle Rezension und

allgemeine Auseinandersetzung vor allem mit der gegenwärtigen amerikanischen „Geopolitik" von: K. Harpprecht, Die Narrheit der Geopolitik, in: Der Monat 284.1982, 68–76. – R. Sprengel, Kritik der Geopolitik 1914–45, Berlin 1996; A. Dorpalen, The World of General Haushofer. Geopolitics in Action, Port Washington 1966[2]; G. Heyden, Kritik der deutschen Geopolitik, Berlin 1958; K.H. Harbeck, Die Zeitschrift für Geopolitik 1922–1944, Diss. Kiel 1963; R. Strausz-Hupé, The Struggle for Space and Power, N.Y. 1942; G. Bakker, Duitse Geopolitiek 1919–1945, Assen 1967; vorzüglich: K.G. Faber, Zur Vorgeschichte der Geopolitik, in: Fs. H. Gollwitzer, Münster 1982, 389–406.

3 D.P. Calleo, Legende und Wirklichkeit der deutschen Gefahr, Bonn 1980, 65, 108, 23. (Engl. The German Problem Reconsidered, Cambridge 1978; die Übersetzung ist schlechterdings miserabel und wimmelt von sinnentstellenden Fehlern, Anglizismen, wörtlichen Übertragungen usw.) Ähnlich auch ders., Deutschland u. das Gleichgewicht der europäischen Mächte, in: W.F. Hanrieder u. H. Rühle Hg., Im Spannungsfeld der Weltpolitik. Dreißig Jahre deutsche Außenpolitik 1949–1979, Stuttgart 1981, 9–30, v.a. 15, 27.

4 A. Hillgruber, Die gescheiterte Großmacht. Eine Skizze des deutschen Reiches 1871–1945, Düsseldorf 1980, 11, 15, 20, vgl. 94, 112. Anklänge finden sich auch schon in: ders., Europa in der Weltpolitik der Nachkriegszeit 1945–1963, München 1979; ders., Deutsche Geschichte 1945–1972, Berlin 1974.

5 M. Stürmer, Preußens Erbe an die deutsche Geschichte, in: FAZ 14.10.1981, 27.

6 Calleo, Legende, 74, 82.

9. Aufbruch oder Sackgasse? Das Kaiserreich auf dem Prüfstand

1 G. Eley, Society, Culture, and the State in Germany, 1870–1930, Ann Arbor 1996. Alle Seitenangaben im Text beziehen sich auf diesen Band.

2 Nr. 4: Canning, 1992; Nr. 6: Spohn, 1991; Nr. 8: Retallack, 1990; Nr. 9: Steinmetz, 1990; Nr. 11: Hong, 1992; Nr. 12: Wildenthal, 1993; Nr. 13: Davis, 1991.

3 G. Eley, Is There a History of the Kaiserreich? 1–42; ders., German History and the Contradictions of Modernity: The Bourgeoisie, the State, and the Mastery of Reform, 67–103.

4 Ebd., 39. T. Nipperdeys formidable Bände (Deutsche Geschichte 1866–1918, I, München 1990; II, ebd. 1992) werden wenigstens erwähnt, aber keiner Auseinandersetzung gewürdigt. Auch über W.J. Mommsen (Das Ringen um den nationalen Staat 1850–90, Berlin 1993;

Bürgerstolz u. Weltmachtstreben 1890–1918, ebd. 1995); V.R. Berghahn (Imperial Germany 1871–1914, Providence/R.I. 1994); H. Herwig (Hammer or Anvil. Modern Germany 1648–Present, Lexington/Mass. 1994); D. Orlow (A History of Modern Germany 1871–Present, Englewood Cliffs 1991[2]); D. Hertz-Eichenrode (Deutsche Geschichte 1871–90, Stuttgart 1992; 1890–1918, ebd. 1996); H.-U. Wehler (Deutsche Gesellschaftsgeschichte, III: 1849–1914, München 1995), H.-P. Ullmann (Das Deutsche Kaiserreich 1871–1914, Frankfurt 1995) und W. Loth (Dass., München 1996) findet sich kein einziges Wort. Immerhin sind das neun sehr unterschiedliche Syntheseversuche, die innerhalb von sechs Jahren erschienen sind.

5 Vgl. jetzt die aufschlußreiche Zwischenbilanz der gegenwärtigen Debatte, in: T. Mergel u. T. Welskopp Hg., Geschichte zwischen Kultur u. Gesellschaft. Beiträge zur historischen Theoriedebatte, München 1997; W. Hardtwig u. H.-U. Wehler Hg., Kulturgeschichte Heute (= Sonderheft 16 von „Geschichte u. Gesellschaft"), Göttingen 1996; O.G. Oexle, Geschichtswissenschaft im Zeichen des Historismus, ebd. 1996. – Ein lesenswerter Überblick über den Aufstieg der neuen „Kulturwissenschaft" vor allem in den USA und in England stammt von: G. Eley, Is All the World a Text? From Social History to the History of Society Two Decades later, in: T.J. McDonald Hg., The Historic Turn in the Human Sciences, Ann Arbor 1996, 193–243; auffällig ist die Unsicherheit hinsichtlich der eigenen Position und die Neigung zur „Trendiness" nach dem Verlust des marxistischen „Weltbildes"; die unten entwickelten Argumente tauchen hier (z.B. 202–06) nahezu identisch auf. Auch G. Eley, Society and Politics in Bismarckian Germany, in: German History 15.1997, 101–32, ist erstaunlich fest auf die Kontroversen vor dreißig Jahren fixiert und – bei mancher treffenden Kritik im einzelnen – unscharf im Hinblick auf neue, überzeugende Zielvorstellungen.

6 C. Koonz, Mothers in the Fatherland. Women, the Family, and Nazi Politics, N.Y. 1987. Dazu G. Bocks ausführliche Rezension in: Geschichte u. Gesellschaft (= GG) 15.1989, 563–79. Eine denkbar matte, ausweichende Antwort nach mehr als einem halben Dutzend Anfragen der Redaktion: C. Koonz, in: ebd. 18.1992, 394–99; dazu G. Bock, in: ebd., 400–04.

7 Vgl. z.B. U. Frevert, Nation, Krieg u. Geschlecht, in: M. Hettling u. P. Nolte Hg., Nation u. Gesellschaft in Deutschland, München 1996, 151–77; dies., Soldaten, Staatsbürger. Überlegungen zur historischen Konstruktion von „Männlichkeit", in: T. Kühne Hg., Männergeschichte – Geschlechtergeschichte, Frankfurt 1996, 69–87; dies., Das Militär als „Schule der Männlichkeit" im 19. Jahrhundert, in: dies. Hg., Militär u. Gesellschaft im 19. u. 20. Jahrhundert, Stuttgart 1997, 145–73; S. Goltermann, Der Körper der Nation. Die Politik des Turnens u. der deutsche Nationalismus 1850–90, Diss. Bielefeld 1997; R. Chickering,

We Men Who Feel Most German. A Cultural Study of the Pan-German League 1886–1914, Boston 1984; U. Daniel, Arbeiterfrauen in der Kriegsgesellschaft. Beruf, Familie u. Politik im Ersten Weltkrieg, Göttingen 1989; B. Kundrus, Kriegerfrauen. Familienpolitik u. Geschlechterverhältnisse im Ersten u. Zweiten Weltkrieg, Hamburg 1995. – Eleys Bemerkungen über die Geschlechtergeschichte und die Entstehung des „Bürgerlichen Gesetzbuchs" sind irreführend, wie man seit M. Johns exzellenter Studie weiß (Politics and the Law in Late 19th Century Germany. The Origins of the Civil Code, Oxford 1989).

8 J. Habermas, Der philosophische Diskurs der Moderne, Frankfurt 1985, 279–343. Zitate: ders., Nachmetaphysisches Denken, Frankfurt 1988, 246, und A. Wimmer, Kultur, in: Kölner Zeitschrift für Soziologie 48.1996, 406. Vgl. nur einige der kritischen Stimmen aus der deutschsprachigen Literatur: S. Breuer, Foucaults Theorie der Disziplinargesellschaft, in: Leviathan 15.1987, 319–32; ders., Sozialdisziplinierung (Weber, Oestreich, Foucault), in: C. Sachße u. F. Tennstedt Hg., Soziale Sicherung u. soziale Disziplinierung, Frankfurt 1986, 45–69; ders., Die Formierung der Disziplinargesellschaft. M. Foucault u. die Probleme einer Theorie der Sozialdisziplinierung, in: Sozialwissenschaftliche Informationen 12.1983, 257–64; H. Schilling, Kirchenzucht u. Sozialdisziplinierung im frühneuzeitlichen Europa, Berlin 1994; W. Schulze, G. Oestreichs Begriff der „Sozialdisziplinierung", in: Zeitschrift für Historische Forschung 14.1987, 265–302; M. Dinges, The Reception of M. Foucault's Ideas on Social Discipline in German Historiography, in: C. Jones u. R. Porter Hg., Reassessing Foucault, London 1993, 181–211. Sehr enttäuschend ist S. Marchand, Foucault, in: Mergel u. Welskopp Hg. Ein abwägendes, klug werbendes Plädoyer dagegen bei: U. Brieler, Foucault für Historiker, in: GG 24.1998. Manche Anregung auch schon bei: D.J.K. Peukert, Die Unordnung der Dinge: M. Foucault u. die deutsche Geschichtswissenschaft, in: F. Ewald u. B. Waldenfels Hg., Spiele der Wahrheit: M. Foucaults Denken, Frankfurt 1991, 320–33. Vgl. auch L. Niethammer u. D. van Laak, Posthistoire? Reinbek 1989. – Ähnlich wie bei Eley eine unkritische leidenschaftliche Umarmung aller trendgerechten Erscheinungen bei M. Geyer u. K.H. Jarausch, The Future of the German Past. Transatlantic Reflections for the 1990s, in: Central European History 22.1989, 229–59; die Fortführung der intellektuellen Kapitulation vor den Modeströmungen in: dies., Great Men and Postmodern Ruptures: Overcoming the „Belatedness" of German Historiography, in: German Studies Review 18.1995, 253–73; dagegen die wohltuend nüchterne Antikritik von K. Barkin, Bismarck in a Postmodern World, in: ebd., 241–51.

9 H.-W. Schmuhl (Rassenhygiene, Nationalsozialismus, Euthanasie 1890–1945, Göttingen 1987/1992[2]) ist weit sachkundiger als das öfters zitierte Buch von P. Weindling (Health, Race, and German Politics 1870–1945, Cambridge 1989).

10 Auch darüber findet sich nichts, obwohl die Erfahrungsgeschichte ziemlich frühzeitig in einige einflußreiche deutsche Monographien vorzüglich integriert worden ist, z.B. H. Reif, Westfälischer Adel 1770–1860, Göttingen 1979; J. Mooser, Ländliche Klassengesellschaft 1770–1848, ebd. 1984; R. Boch, Handwerker-Sozialisten gegen Fabrikgesellschaft, Solingen 1870–1914, ebd. 1985; Daniel, Arbeiterfrauen; S. Paletschek, Frauen u. Dissens. Frauen im Deutschkatholizismus u. in den Freien Gemeinden 1841–52, ebd. 1990. Vgl. W. Hardtwig, Alltagsgeschichte heute, in: W. Schulze Hg., Sozialgeschichte, Alltagsgeschichte, Mikro-Historie, Göttingen 1994, 19–32.

11 Jetzt endlich H. Medick, Weben u. Überleben in Laichingen 1650–1900, Göttingen 1996. Vgl. dazu die noch sehr behutsame Kritik von U. Daniel, Clio unter Kulturschock. Zu den aktuellen Debatten der Geschichtswissenschaft, in: Geschichte in Wissenschaft u. Unterricht 47.1996, 195–219, 259–78.

12 Vgl. vor allem: T. Mergel, Zwischen Klasse u. Konfession. Katholisches Bürgertum im Rheinland 1794–1914, Göttingen 1994; O. Blaschke u. F.M. Kuhlemann Hg., Religion im Kaiserreich, ebd. 1996 (en passant: Zwei Drittel der Mitarbeiter stammen aus der Bielefelder „Orthodoxie"); N. Busch, Katholische Volksfrömmigkeit. Mentalitäts- u. Sozialgeschichte des Herz-Jesu-Kults, Gütersloh 1997; W. Freitag, Volks- u. Elitenfrömmigkeit in der Frühen Neuzeit, Paderborn 1991; W. Schieder Hg., Religion u. Gesellschaft im 19. Jh., Stuttgart 1993; J. Sperber, Popular Catholicism in 19th Century Germany, Princeton 1984; dazu die Veröffentlichungen aus dem „Schwerter Arbeitskreis für Katholizismusforschung". Vgl. die vorzügliche Literaturübersicht in: M.L. Anderson, Piety and Politics, in: Journal of Modern History 63.1991, 681–716.

13 K. Rohe, Wahlen u. Wählertraditionen in Deutschland. Kulturelle Grundlagen deutscher Parteien u. Parteiensysteme im 19. u. 20. Jahrhundert, Frankfurt 1992. Zuletzt: S. Weichlein, Sozialmilieus u. Politische Kultur in der Weimarer Republik. Lebenswelt, Vereinskultur, Politik in Hessen, Göttingen 1996.

14 Vgl. H.-U. Wehler, Raus aus der Sackgasse des deutschen Sonderwegs? in: ders., Die Gegenwart als Geschichte, München 1995, 181–85 (Rezension einer deutschsprachigen Aufsatzsammlung von G. Eley: Wilhelminismus, Nationalismus, Faschismus, Münster 1991).

15 W. Dilthey, Der Aufbau der geschichtlichen Welt in den Geisteswissenschaften (1910), Frankfurt 1979, 289, bzw. ders., Ges. Schriften, VII, Göttingen 1976^{6}, 233.

16 Meine Verteidigung: Modernisierungstheorie u. Geschichte, in: Gegenwart als Geschichte, 13–59, 266–84 (Überarbeitung von: dass., Göttingen 1975); ders., Deutsche Gesellschaftsgeschichte, I: 1700–1815, München 1987/1996^{3}, 6–30; III, 1995, 461–91, 1250–95. Vgl. jetzt klug abwägend: T. Mergel, Die Modernisierungstheorie auf dem Weg zu einer Theorie der Moderne, in: ders. u. Welskopp Hg.

17 H.-U. Wehler, Kritik u. kritische Antikritik, in: HZ 225.1977, 347–84; auch in: ders., Krisenherde des Kaiserreichs, Göttingen 1979², 404–26, 437–45 (nach dem Experiment in: ders., Bismarck u. der Imperialismus, Köln 1969/Frankfurt 1984⁵; ders., Das Deutsche Kaiserreich, Göttingen 1973/1994⁸). Vgl. ders., Bonapartismus oder charismatische Herrschaft? in: ders., Gegenwart als Geschichte, 72–83; ders., Gesellschaftsgeschichte, III, 363–68 (dort auch die wichtigste Literatur).

18 Vgl. C. Geulen, Sozialdarwinismus u. Nationalismus. Deutschland u. Amerika im Vergleich bis 1914, Diss. Bielefeld 1998; P. Walkenhorst, Deutscher Radikalnationalismus 1890–1914, Diss. Bielefeld 1998; S.O. Müller, Kriegsnationalismus 1914–18. Deutschland u. England im Vergleich, Diss. Bielefeld 1998; S. Vopel, Völkischer Nationalismus in Deutschland 1917–33, Diss. Bielefeld 1998. Vgl. C. Tacke, Denkmal im sozialen Raum. Eine vergleichende Regionalstudie nationaler Denkmalsbewegungen in Deutschland u. Frankreich im 19. Jahrhundert, Göttingen 1995; S.-L. Hoffmann, Kosmopolitismus u. Nationalismus. Deutsche Freimaurer 1840–1914, Diss. Bielefeld 1998; A. Etges, Wirtschaftsnationalismus 1815–1914. Deutschland u. USA im Vergleich, Diss. Bielefeld 1998. Zur Zeit vorher: J. Echternkamp, Der Aufstieg des deutschen Nationalismus 1770–1840 (Diss. Bielefeld 1996), Frankfurt 1998; M. Jeismann, Das Vaterland der Feinde. Studien zum nationalen Feindbegriff u. Selbstverständnis in Deutschland u. Frankreich 1792–1918 (Diss. Bielefeld 1991), Stuttgart 1992; M. Stork, Deutscher Nationalismus 1840–60, Diss. Bielefeld 1998; Goltermann; allg. E. François u.a. Hg., Nation u. Emotion, Göttingen 1995; Hettling u. Nolte Hg., Nation u. Gesellschaft; H.-G. Haupt u. C. Tacke, Die Kultur des Nationalen, in: Hardtwig u. Wehler Hg., 257–85; H.-U. Wehler, Bibliographie zum Nationalismus, München 1998. Vgl. jetzt auch: G. Eley u. R.G. Suny Hg., Becoming National, N.Y. 1996 (ein eigentümliches Sammelsurium von Texten unter souveräner Mißachtung der analytischen Kategorien und Systematik der neueren kontinentaleuropäischen Nationalismusforschung).

19 Chickering, We Men.

20 G. Eley, Reshaping the German Right, 1890–1914, New Haven/Conn. 1980, Ann Arbor 1991².

21 S. Förster, Der doppelte Militarismus 1890–1914, Stuttgart 1985.

22 M.S. Coetzee, The German Army League. Popular Nationalism in Wilhelmine Germany, N.Y. 1990. – Mehrfach klagt Eley auch, daß Jürgen Kocka auf das Buch von D. Blackbourn und G. Eley (The Peculiarities of German History, Oxford 1984; zuerst kürzer dt. Mythen deutscher Geschichtsschreibung, Berlin 1980) nicht eingegangen sei (5, Anm. 4), ja, daß er „so tue, als ob das Buch nicht existiere" (83, Anm. 34). Tatsächlich brauchte Kocka (in: ders. Hg., Bürgertum im 19. Jahrhundert, Deutschland im europäischen Vergleich, I, München 1988, 11–76/Göttingen 1995², 9–84) an dieser Stelle nicht auf ihre da-

mals ziemlich vagen Kenntnisse und öfters irreführenden Thesen zur (zugegebenermaßen noch unterentwickelten) deutschen Bürgertumsgeschichte einzugehen.

23 Vgl. zuletzt T. Welskopp, Arbeit u. Macht im Hüttenwerk. Arbeits- u. industrielle Beziehungen in der deutschen u. amerikanischen Eisen- u. Stahlindustrie von den 1860er bis zu den 1930er Jahren, Bonn 1994. Zur Kontroverse: Wehler, Gesellschaftsgeschichte, III, 726–29, 1419–22.

24 Vgl. nur einmal W.J. Mommsen, M. Weber u. die deutsche Politik 1890–1920, Tübingen 1959/1974[2]; P. Theiner, Sozialer Liberalismus u. deutsche Weltpolitik, Baden-Baden 1982; R.J. Scally, The Origins of the Lloyd George Coalition. The Politics of Social Imperialism 1900–1918, Princeton 1975; H.-U. Wehler, Der Aufstieg des amerikanischen Imperialismus 1865–1900, Göttingen 1974/1987[2].

25 K.D. Bracher u.a., Die nationalsozialistische Machtergreifung, Köln 1960, 223; ders., Deutschland zwischen Demokratie u. Diktatur, München 1964, 351.

26 Vgl. GG 21.1995/H. 3: D. Langewiesche Hg., Kommunale Sozialpolitik in vergleichender Perspektive (mit der neuen Literatur), v.a. I. Schröder, Wohlfahrt, Frauenfrage u. Geschlechterpolitik, 368–90.

27 J.H. Quataert, Writing the History of Women and Gender in Imperial Germany, 43–65.

28 Daß es in ihr viele Konservative gibt, ist unbestritten. Konservativ zu werden ist offenbar auch eine häufige Berufs- und Milieuschädigung von Historikern und Historikerinnen. Ob aber die deutsche Historikerschaft (nicht mehr die 170 Professoren von 1960, sondern die 1500 von 1996!) inzwischen nicht ebenso viele Liberale und Linke zählt wie die amerikanische (oder sogar mehr?), ist eine ganz offene Frage, die durch ein quantifizierendes Kollektivporträt überhaupt noch nicht geklärt worden ist. Eine Pauschalbehauptung wie die von Quataert drückt daher nur einen vagen, empirisch ganz ungesicherten Verdacht aus.

29 Ich konzediere sofort, daß ich deswegen vor diesen Problemen in der „Gesellschaftsgeschichte“ bisher zurückgewichen bin.

30 J. Kocka, Weder Stand noch Klasse. Unterschichten um 1800, Bonn 1990; ders., Arbeitsverhältnisse u. Arbeiterexistenzen. Grundlagen der Klassenbildung im 19. Jahrhundert, ebd. 1990. Offen auch: G.A. Ritter u. K. Tenfelde, Arbeiter im Deutschen Kaiserreich 1871–1914, ebd. 1992.

31 U. Frevert, Frauen-Geschichte. Zwischen bürgerlicher Verbesserung u. Neuer Weiblichkeit, Frankfurt 1986, engl. Women in German History, N.Y. 1989.

32 Vgl. den Aufsatz von Frevert, Nation, und die bisher eindringlichste Studie zum „nationalen Habitus“ und der veränderten Definition von „Männlichkeit“: Goltermann; jetzt auch K. Hagemann, Nation, Krieg u. Geschlechterordnung 1806–15, in: GG 22.1996, 562–91.

33 K. Canning, Gender and the Politics of Class Formation, 105–41. Ausführlicher jetzt ihr Buch: Gender and the Rhetoric of Labor. Female Factory Work in Germany 1850–1914, Ithaca/N.Y. 1996.

34 M. Weber, Wirtschaft u. Gesellschaft, Tübingen 1956/1976[5], 531.

35 M.J. Maynes, Childhood, Memories, Political Vision, and Working Class Formation in Imperial Germany: Some Comparative Observations, 143–62. Ausführlicher ihr Buch: Taking the Hard Road. Life Course in French and German Workers' Autobiographies in the Era of Industrialization, Chapel Hill/N.C. 1995.

36 G.-F. Budde, Auf dem Weg ins Bürgerleben. Kindheit u. Erziehung in deutschen u. englischen Bürgerfamilien 1840–1914, Göttingen 1994; vgl. dies., Das Geschlecht der Geschichte, in: Mergel u. Welskopp Hg.

37 W. Spohn, Religion and Working Class Formation in Imperial Germany, 163–87. Vgl. dazu die Literatur in Anm. 12.

38 D. Blackbourn, Apparitions of the Virgin Mary in Bismarckian Germany, 189–219; ders., Marpingen. Apparitions of the Virgin Mary in Bismarckian Germany, Oxford 1993/N.Y. 1994.

39 J. Retallack, Liberals, Conservatives, and the Modernizing State: The Kaiserreich in Regional Perspective, 221–56.

40 G. Steinmetz, The Myth of an Autonomous State: Industrialists, Junkers, and Social Policy in Imperial Germany, 257–318. Auch wieder ausführlicher sein Buch: Regulating the Social. The Welfare State and Local Politics in Imperial Germany, Princeton 1993.- Man lernt mehr bei G.A. Ritter, Der Sozialstaat. Entstehung u. Entwicklung im internationalen Vergleich, München 1989/1995[3]; P. Baldwin, The Politics of Social Solidarity. Class Bases of the European Welfare State 1875–1975, Cambridge 1990.

41 D. Crew, The Ambiguities of Modernity: Welfare and the German State from Wilhelm to Hitler, 310–44. Falsch ist natürlich die Auffassung, daß die „Bielefelder“ – die Fakultät wurde 1973 gegründet – die „Sonderwegs“-Thesen entwickelt hätten, da diese schon längst vorher existierten; sie wurden und werden allerdings auch von einigen Bielefelder (und Ex-Bielefelder) Neuzeithistorikern verfochten.

42 Y. S. Hong, World War I and the German Welfare State: Gender, Religion, and the Paradoxes of Modernity, 345–69.

43 B. Davis, Reconsidering Habermas, Gender, and the Public Sphere. The Case of Wilhelmine Germany, 397–426. Falsch ist das Urteil (412, Anm. 44), daß Habermas sich bereits im „Strukturwandel“ auf Webersche Kategorien stütze – leider nicht, da er damals Weber noch vorwiegend skeptisch gegenüberstand.

44 Vgl. die Diskussion zwischen E. Kennedy (in: GG 12.1986, 380–419) einerseits und A. Söllner (ebd., 502–29), U. Preuß (GG 13.1987, 400–18) und M. Jay (ebd., 542–58) andrerseits.

45 J. Habermas, Strukturwandel der Öffentlichkeit, Frankfurt 1990[19], 11–50.

46 L. Wildenthal, „She Is the Victor". Bourgeois Woman, Nationalist Identities, and the Ideal of the Independent Woman Farmer in German Southwest Africa, 371–95.

47 E. Domansky, Militarization and Reproduction in World War I Germany, 427–63.

48 Daniel, Kriegerfrauen. Vgl. außer Kundrus, Arbeiterfrauen, auch A. Strauß, Die Frauenarbeit in der deutschen Rüstungsindustrie des Ersten u. Zweiten Weltkriegs, in: Fs. F.-W. Henning, Paderborn 1996, 163–84.

49 F. Trommler, The Creation of a Culture of Sachlichkeit, 465–85.

50 R. Koshar, The Kaiserreich's Ruins: Hope, Memory, and Political Culture in Imperial Germany, 487–512. Zum Urteil auf S. 499, Anm. 35: Kocka Hg. (Bürgertum, 3 Bde) ist bekanntlich eine Aufsatzsammlung, aber kein Handbuch zur Bürgertumsgeschichte, so daß selbstverständlich größere Bereiche der Lebenswelt bürgerlicher Mittelklassen nicht erforscht worden sind.

51 Vgl. Rohe, Wahlen; ders., Politische Kultur u. ihre Analyse, in: HZ 250.1990, 321–46; ders., Politische Gesellschaft u. politische Kultur, in: D. Petzina u.a., Das Ruhrgebiet im Industriezeitalter, II, Düsseldorf 1990, 419–507; ders., Zur Typologie politischer Kulturen in westlichen Demokratien, in: Fs. H. Gollwitzer, München 1982, 581–96.

52 Arbeitskreis für moderne Sozialgeschichte Hg., Bildungsbürgertum im 19. Jahrhundert, 4 Bde; I: W. Conze u. J. Kocka Hg., Bildungssystem u. Professionalisierung in internationalen Vergleichen, Stuttgart 1985; II: R. Koselleck Hg., Bildungsgüter u. Bildungswissen, ebd. 1990; III: M.R. Lepsius Hg., Lebensführung u. ständische Vergesellschaftung, ebd. 1992; IV: J. Kocka Hg., Politischer Einfluß u. gesellschaftliche Formation, ebd. 1989; dazu gehört auch: U. Engelhardt, „Bildungsbürgertum". Begriff u. Dogmengeschichte, ebd. 1986.

53 Vgl. die Reihe des SFB: Bürgertum. Beiträge zur europäischen Gesellschaftsgeschichte, bisher 11 Bde. – H.-J. Puhle Hg., Bürger in der Gesellschaft der Neuzeit, Göttingen 1991; H. Berghoff, Englische Unternehmer 1870–1914, ebd. 1991; R. Boch, Grenzenloses Wachstum? Das rheinische Wirtschaftsbürgertum u. seine Industrialisierungsdebatte 1814–57, ebd. 1991; M. Wienfort, Monarchie u. bürgerliche Herrschaft in England u. Deutschland 1640–1848, ebd. 1993; F. Jaeger, Bürgerliche Modernisierungskrise u. historische Sinnbildung. Kulturgeschichte bei Droysen, Burckhardt u. M. Weber, ebd. 1994; Budde, Bürgerleben; K. Schreiner u. U. Meier Hg., Stadtherrschaft u. Bürgerfreiheit, ebd. 1994; K. Tenfelde u. H.-U. Wehler Hg., Wege zur Geschichte des Bürgertums, ebd. 1994; Mergel, Zwischen Klasse; C. Huerkamp, Bildungsbürgerinnen. Frauen im Studium u. in akademischen Berufen 1900–45, ebd. 1996; H.-W. Schmuhl, Bürgerliche Verwaltung im Wandel. Vom Honoratiorenregiment zur Stadtbürokratie in Braunschweig u. Nürnberg 1789–1918, ebd. 1998.

54 Vgl. die Reihe: Stadt u. Bürgertum, Hg. L. Gall, bisher 7 Bde. – L. Gall Hg., Stadt u. Bürgertum im 19. Jahrhundert, München 1990; ders. Hg., Vom alten zum neuen Bürgertum. Die mitteleuropäische Stadt im Umbruch 1780–1820, ebd. 1991; ders. Hg., Stadt u. Bürgertum im Übergang von der traditionalen zur modernen Gesellschaft, ebd. 1993; H.-W. Hahn, Altständisches Bürgertum zwischen Beharrung u. Wandel. Wetzlar 1689–1870, ebd. 1991; K. Schambach, Stadtbürgertum u. industrieller Umbruch. Dortmund 1780–1870, ebd. 1996; R. Roth, Stadt u. Bürgertum in Frankfurt 1760–1914, ebd. 1996; R. Zerback, München u. sein Stadtbürgertum. Eine Residenzstadt als Bürgergemeinde 1780–1870, ebd. 1997; T. Weichel, Bürgerschaft u. bürgerl. Eliten in Wiesbaden 1800–1914, ebd. 1997.

55 Vgl. z.B. Bochs „Weltbild"-Analyse am Beispiel des westdeutschen Unternehmer-Bürgertums; Mergel über das rheinische katholische Bürgertum; Schmuhl über die städtische Kultur in einer Residenz- bzw. einer Gewerbe- und Handelsstadt. Jetzt auch: M. Hettling, Politische Bürgerlichkeit. Der Bürger zwischen Individualität u. Vergesellschaftung in Deutschland u. der Schweiz 1860–1918, Habil.-Schrift Bielefeld 1997; F.-M. Kuhlemann, Sozial- u. Mentalitätsgeschichte deutscher Pfarrer 1871–1914, Habil.-Schrift Bielefeld 1998; F. Jaeger, Deutsche u. amerikanische Bürgerlichkeit: Der Heidelberger Kreis u. die „New School of Social Research", Habil.-Schrift Bielefeld 1998. Aufschlußreich für diese Interessen im Frankfurter Projekt: D. Hein u. A. Schulz Hg., Bürgerkultur im 19. Jh., München 1996.

56 H.-U. Wehler, Bibliographie zur neueren deutschen Sozialgeschichte, München 1993 (mit der Literatur bis 1992, dazu vorn Anm. 52–54); ders., Gesellschaftsgeschichte, I, 177–93; II, 174–241; III, 111–40, 712–72 (jeweils mit der Literatur bis 1987 bzw. 1995). Außerdem z.B. L. Niethammer u.a., Bürgerliche Gesellschaft in Deutschland, Frankfurt 1990; H. Siegrist Hg., Bürgerliche Berufe, Göttingen 1988; U. Frevert Hg., Bürgerinnen u. Bürger, ebd. 1988; D. Langewiesche Hg., Liberalismus im 19. Jh., ebd. 1988; M. Hettling, Reform ohne Revolution. Bürgertum, Bürokratie u. Selbstverwaltung in Württemberg 1800–50, ebd. 1990; F.J. Bauer, Bürgerwege u. Bürgerwelten, ebd. 1991; D. Schumann, Bayerns Unternehmer in Staat u. Gesellschaft 1834–1914, ebd. 1992; K. Kaudelka-Hanisch, Preußische Kommerzienräte 1810–1918, Dortmund 1993; P. Nolte, Gemeindebürgertum u. Liberalismus in Baden 1800–50, Göttingen 1994.

57 Vgl. z.B. außer der bereits genannten Literatur in den Anm. 52–56: P.J. Lyth, Inflation and the Merchant Economy. The Hamburg Mittelstand 1914–24, N.Y. 1990; H.J. Bieber, Bürgertum 1918–20, Hamburg 1992; G. Hübinger, Kulturprotestantismus u. Politik 1880–1914, Tübingen 1994; ders. u. W.J. Mommsen Hg., Intellektuelle im Deutschen Kaiserreich, Frankfurt 1993; D.L. Augustine, Patricians and Parvenus. Wealth and High Society in Wilhelmine Germany, Oxford 1994; A.

Biefang, Politisches Bürgertum in Deutschland 1857–68, Düsseldorf 1994; G. Bollenbeck, Bildung u. Kultur, Frankfurt 1994/1996[2]; O. Janz, Bürger besonderer Art, Evangelische Pfarrer in Preußen 1850–1914, Berlin 1994; M. Schmeiser, „Akademischer Hasard". Das Berufsschicksal der Professoren 1870–1920, Stuttgart 1994; G. Crossick u. H.-G. Haupt, The Petite Bourgeoisie in Europe 1780–1914, London 1995; D. Kaufmann, Aufklärung, bürgerliche Selbsterfahrung u. Psychiatrie 1770–1850, Göttingen 1995; R. Straubel, Kaufleute u. Manufakturunternehmer in den mittleren preußischen Provinzen 1763–1815, Stuttgart 1995; M. Maurer, Die Biographie des Bürgers 1680–1815, Göttingen 1996; H. Siegrist, Advokat, Bürger u. Staat. Sozialgeschichte der Rechtsanwälte in Deutschland, Italien u. der Schweiz, 2 Bde, Frankfurt 1996; A.-C. Trepp, Sanfte Männlichkeit u. selbständige Weiblichkeit. Hamburger Bürgertum 1770–1840, Göttingen 1996; C. Charle, Vordenker der Moderne. Die Intellektuellen im 19. Jahrhundert, Frankfurt 1996; L. Gall, Bürgertum, Liberalismus u. nationale Bewegung, München 1996; M. Frey, Der reinliche Bürger. Entstehung u. Verbreitung bürgerlicher Tugenden in Deutschland 1760–1860, Göttingen 1997. – Vgl. zum deutschsprachigen Bürgertum in Österreich: E. Bruckmüller u.a. Hg., Bürgertum in der Habsburger-Monarchie, I, Wien 1990; H. Stekl u.a., dass., II, ebd. 1992; U. Döcker, Die Ordnung der bürgerlichen Welt, Frankfurt 1994. – In der Schweiz: P. Sarasin, Stadt der Bürger: Basel 1870–1990, Basel 1990/Göttingen 1997[2]; A. Tanner, Arbeitsame Patrioten – wohlanständige Damen. Bürgertum u. Bürgerlichkeit in der Schweiz 1830–1914, Zürich 1995.

58 C. Huerkamp, Der Aufstieg der Ärzte im 19. Jahrhundert, Göttingen 1985; Siegrist, Advokat, und ihre – dort verzeichneten – zahlreichen Aufsätze; die einschlägigen Beiträge in Conze u. Kocka Hg.; vor allem Braun, Siegrist, Homrichausen, Huerkamp, McClelland, Clark, Späth; Wehler, Gesellschaftsgeschichte, II, 220–36; III, 736–44. Dagegen typisch für die Begriffsinflation: K.H. Jarausch, The Unfree Professions. German Lawyers, Teachers, and Engineers 1900–50, N.Y. 1990; ders. u. G. Cocks Hg., German Professions 1800–1950, N.Y. 1990 (dort vor allem: Y.-S. Hong, Feminity as a Vocation: Gender and Class Conflict in the Professionalization of German Social Work, 232–51); C.E. McClelland, The German Experience of Professionalization, Cambridge 1991.

59 Zuerst Reif, Adel, noch immer die beste Monographie. Vgl. aber jetzt zwei vergleichende Darstellungen: D. Lieven, The Aristocracy in Europe 1815–1914, London 1992; M.L. Bush, Noble Privilege, Manchester 1983; ders., Rich Noble, Poor Noble, ebd. 1988; speziell: R.M. Berdahl, The Politics of the Prussian Nobility 1770–1848, Princeton 1988; G.W. Pedlow, The Survival of the Hessian Nobility 1770–1870, ebd. 1988; S.D. Bowman, Masters and Lords. Mid–19th Century U.S. Planters and Prussian Junkers, N.Y. 1993; S. Baranowski, The Sanctity

of Rural Life. Nobility, Protestantism, and Nazism in Weimar Prussia, N.Y. 1995. – R. Brunner, Die Junker, Provinz Brandenburg 1870–1900, Diss. Halle 1990; K. Hess, Junker u. bürgerliche Großgrundbesitzer 1867–1914, Stuttgart 1990; J. v. Hoyningen, Adel 1918–33, Hamburg 1992; T. Nabert, Der Großgrundbesitz der Provinz Sachsen 1919–33, Leipzig 1992; I. Buchsteiner, Großgrundbesitz in Pommern 1871–1914, Berlin 1993; A. Dornheim, Adel in der bürgerlich-industrialisierten Gesellschaft, Frankfurt 1993; H. Harnisch, Adel u. Großgrundbesitz im Ostelbischen Preußen 1800–1914, Berlin 1993. Vgl. auch die Sammelbände von H. Reif Hg., Ostelbische Agrargesellschaft 1870–1933, Berlin 1994; E. Fehrenbach Hg., Adel u. Bürgertum in Deutschland 1770–1848, München 1994; K. Adamy u. K. Hübner Hg., Adel u. Staatsverwaltung im 19. u. 20. Jahrhundert, Berlin 1996; J. Laubner Hg., Adel u. Junkertum im 19. u. 20. Jahrhundert, Halle 1996; A. v. Reden-Dohna u. R. Melville Hg. Der Adel an der Schwelle des bürgerlichen Zeitalters 1770–1860, Stuttgart 1988; H.-U. Wehler Hg., Europäischer Adel 1750–1950, Göttingen 1990; ders., Gesellschaftsgeschichte, I, 140–58; II, 145–61; III, 167–79, 805–25.

60 Vgl. die Literatur in Anm. 18 sowie als neue Vertreter der These von einer viel längeren Vorgeschichte des deutschen Nationalismus seit dem 16. Jahrhundert: H. Schulze, Staat u. Nation in der europäischen Geschichte, München 1994/1995[2]; W. Hardtwig, Nationalismus u. Bürgerkultur in Deutschland 1500–1914, Göttingen 1994. Vgl. die Diskussion der Problematik und die Literatur in: Wehler, Gesellschaftsgeschichte, I, 506–30; II, 394–412; III, 228–51, 1067–81.

61 J. Kocka, Angestellte zwischen Faschismus u. Demokratie. Zur politischen Sozialgeschichte der Angestellten: USA 1890–1940 im internationalen Vergleich, Göttingen 1977; H.-J. Puhle, Politische Agrarbewegungen in kapitalistischen Industriegesellschaften, ebd. 1975. – H. Kaelble, Auf dem Weg zu einer europäischen Gesellschaft. Eine Sozialgeschichte Westeuropas 1880–1980, München 1987; ders., Nachbarn am Rhein. Entfremdung u. Annäherung der französischen u. deutschen Gesellschaft seit 1880, ebd. 1991; C. Eisenberg, Deutsche u. englische Gewerkschaften. Entstehung u. Entwicklung bis 1875 im Vergleich, Göttingen 1986; J. Ehmer, Heiratsverhalten, Sozialstruktur, ökonomischer Wandel. England u. Mitteleuropa in der Formationsperiode des Kapitalismus, ebd. 1991; Wienfort, Monarchie; Budde, Bürgerleben; Tacke, Denkmal; J. Requate, Journalismus als Beruf. Deutschland im internationalen Vergleich, Göttingen 1995; Welskopp, Hüttenwerk; M. Prinz, Brot u. Dividende. Deutsches u. britisches Genossenschaftswesen im Vergleich 1830–1914, ebd. 1996; I. Cleve, Geschmack, Kunst u. Konsum. Kulturpolitik als Wirtschaftspolitik in Frankreich u. Württemberg 1805–45, ebd. 1996; Siegrist, Advokat. Vergleichend auch die Nationalismusstudien von Geulen, Müller und Etges (wie Anm. 18). Jetzt noch: V. Then, Eisenbahnen u. Eisenbahn-

unternehmer in der Industriellen Revolution. Ein preußisch/deutsch-englischer Vergleich, Göttingen 1997; J. Vogel, Nationen im Gleichschritt. Der Kult der „Nation in Waffen“ in den Militär- u. Kriegserinnerungsfeiern Deutschlands u. Frankreichs 1871–1914, ebd. 1997. Allg. als vorzügliche Einführung: H.G. Haupt u. J. Kocka Hg., Geschichte im Vergleich, Frankfurt 1996.

62 Vgl. die Beiträge in „Geschichte u. Gesellschaft“: R. Jütte, Moderne Linguistik u. „Nouvelle Histoire“ (16.1990, 104–20); F. Jaeger, Der Kulturbegriff im Werk M. Webers u. seine Bedeutung für eine moderne Kulturgeschichte (18.1992, 371–93); U. Daniel, „Kultur“ u. „Gesellschaft“ (19.1993, 69–99); R. Sieder, Sozialgeschichte auf dem Weg zu einer Historischen Kulturwissenschaft? (20.1994, 445–68); W. Kaschuba, Kulturalismus: Kultur statt Gesellschaft (21.1995, 80–95); P. Jelavich, Poststrukturalismus u. Sozialgeschichte aus amerikanischer Perspektive (ebd., 259–89); R. van Dülmen, Historische Kulturforschung zur frühen Neuzeit (ebd., 403–29); G.G. Iggers, Zur „Linguistischen Wende“ im Geschichtsdenken u. in der Geschichtsschreibung (ebd., 557–70); P. Bourdieu u. L. Raphael, Über die Beziehungen zwischen Geschichte u. Soziologie in Frankreich u. Deutschland (22.1996, 62–89); H.W. Smith, Geschichte zwischen den Fronten. Meisterwerke der neuesten Geschichtsschreibung u. postmoderne Kritik (ebd., 592–608); P. Schöttler, Wer hat Angst vor dem „Linguistic Turn“? (23.1997, 134–51); C. Eisenberg, Sportgeschichte – eine Dimension der Kulturgeschichte? (23.1997, 295–310); 1997/H.1: Wege zur Kulturgeschichte. Die Diskussion geht weiter mit: Brieler, Foucault; P. Nolte, Simmel für Historiker; H. Siegenthaler, Die „kulturalistische Wende“ in der ökonomischen Theorie. – Bei den neueren Studien denkt man z.B. an Tacke, Denkmal; François u.a. Hg., Nation; Cleve, Geschmack; Budde, Bürgerleben; W. Speitkamp, Die Verwaltung der Geschichte. Denkmalpflege u. Staat in Deutschland 1871–1933, Göttingen 1996; an einige Studien zum Nationalismus (wie Anm. 18); an „Gender Studies“ wie Paletschek, Frauen; Huerkamp, Bildungsbürgerinnen; M. Ellerkamp, Industriearbeit, Krankheit u. Geschlecht. Zu den sozialen Kosten der Industrialisierung: Bremer Textilarbeiterinnen 1870–1914, Göttingen 1991; B. Kerchner, Beruf u. Geschlecht. Frauenberufsverbände in Deutschland 1848–1908, ebd. 1992; U. Planert, Antifeminismus im kaiserlichen Deutschland. Diskurs, soziale Formation, politische Mentalität 1871–1918, Göttingen 1998.

63 Vgl. die Literatur in: Wehler, Bibliographie zur neueren Sozialgeschichte, 100–26, 177–254; ders., Gesellschaftsgeschichte, I, 124–217; II, 140–296; III, 106–95, 700–847.

64 Vgl. F. Jaeger, M. Weber, in: ders., Bürgerliche Modernisierungskrise, 182–260; T. Welskopp, Handeln u. Struktur bei M. Weber u. A. Giddens, in: Mergel u. ders. Hg.; D. Peukert, Die Rezeption M. Webers in der Geschichtswissenschaft der Bundesrepublik, in: J. Kocka Hg.,

M. Weber, der Historiker, Göttingen 1986, 264–77 (überhaupt die Diskussion und Literatur in diesem Band); H.-U. Wehler, M. Webers Klassentheorie u. die neuere Sozialgeschichte, in: ebd., 193–203, u. in: ders., Aus der Geschichte lernen? München 1988, 152–60, 310–12.

65 Vgl. hierzu zuletzt: S. Reichardt, Bourdieu für Historiker, in: Mergel u. Welskopp Hg.; I. Gilcher-Holtey, Das Unternehmen P. Bourdieu, in: Hardtwig u. Wehler Hg., 113–33, sowie H.-U. Wehler, Das Zentrum von P. Bourdieus Werk, in: ders., Die Herausforderung der Kulturgeschichte, München 1998.

66 Das Beste aus jüngster Zeit dazu: T. Sokoll, Kulturanthropologie u. Historische Sozialwissenschaft, in: Mergel u. Welskopp Hg.

10. Sozialökonomischer Wandel – Politische Stagnation: Das Deutsche Kaiserreich am Vorabend des Ersten Weltkriegs

1 Zur schnellen Orientierung über diese Probleme dienen: G.A. Ritter, Die deutschen Parteien 1830–1914, Göttingen 1985; T. Nipperdey, Deutsche Geschichte 1866–1918, II, München 1992; W.J. Mommsen, Bürgerstolz und Weltmachtstreben. Deutschland unter Wilhelm II. 1890–1918, Berlin 1995; H.-U. Wehler, Deutsche Gesellschaftsgeschichte, III: 1849–1914, München 1995.

11. Die Kontinuität der Unbelehrbarkeit: Ein Duell zwischen Bolschewismus und Nationalsozialismus?

1 E. Nolte, Nietzsche u. der Nietzscheanismus, Berlin 1990; ders., Geschichtsdenken im 20. Jahrhundert, ebd. 1991; ders., Lehrstück oder Tragödie? Zur Geschichte des 20. Jahrhunderts, Köln 1991; ders., Heidegger, Berlin 1992.

2 E. Nolte, Streitpunkte. Heutige u. künftige Kontroversen um den Nationalsozialismus, Berlin 1993/1994[2]; vgl. die vorzügliche Kritik von M. Schneider („Volkspädagogik von rechts“. E. Nolte, die Bemühungen um die „Historisierung“ des Nationalsozialismus u. die „selbstbewußte Nation“, in: Archiv für Sozialgeschichte 35.1995, 532–81) und die Rez. von J. Kocka, in: Die Zeit 12.11.1993.

3 W. Schieder, Der Nationalsozialismus im Fehlurteil philosophischer Geschichtsschreibung, in: GG 15.1989, 89–114. Vgl. H. Mommsen, Das Ressentiment als Wissenschaft? E. Noltes „Europäischer Bürgerkrieg“, in: ebd., 495–512.

12. Der Kampf gegen das Bundesverfassungsgericht

1 Zur Diskussion im Herbst 1995.

13. „Moderne" Politikgeschichte? Oder: Willkommen im Kreis der Neorankeaner vor 1914

1 K. Hildebrand, Das vergangene Reich. Deutsche Außenpolitik von Bismarck bis Hitler, 1871–1945, Stuttgart 1995. Erste Rezensionen: V. Ullrich, in: Die Zeit 7.4.1995; A. Baring, in: FAZ 7.6.1995. Beste Kritik: E.-O. Czempiel, Deutsche Außenpolitik von 1871 bis 1945, in: GG 22.1996, 243–56.

2 Wie das auch der Anmerkungsteil von 61 Seiten – zu 885 Textseiten – und ein Literaturverzeichnis von 75 Seiten beweisen.

3 Das Reflexionsniveau von C. Thorne (z.B. Border Crossings, Oxford 1988) oder von J. Osterhammel (China und die Weltgesellschaft. Vom 18. Jahrhundert bis zur Gegenwart, München 1989) wird bisher von keinem der deutschen Adepten der Außenpolitikgeschichte erreicht.

4 E.O. Czempiel, Machtprobe. Die USA u. die Sowjetunion in den 80er Jahren, München 1989, 363f. (363–67: Methodisch-theoretische Nachbemerkung).

5 Man kann hier auch an die Veränderung des historischen Urteils über die weit verbreitete Legende vom Massenrausch nach dem Kriegsausbruch von 1914 denken. Die SPD hatte unmittelbar zuvor zu einer in jeder Hinsicht berechtigten Demonstration gegen den drohenden Krieg die zehnfach größere Anzahl von Menschen in Berlin zusammengebracht, als sie sich dort in der Jubelmenge nach der Kriegserklärung versammelte. Neue Untersuchungen zeigen dasselbe Verhältnis in anderen deutschen Städten. Die bildungsbürgerliche Beschwörung des „nationalen Aufbruchs" und der „Ideen von 1914" hat aufgrund einer klassenspezifisch verzerrten Perzeption die bellikose Massenleidenschaft offenbar maßlos übertrieben.

6 So der Ausdruck von R. Robinson und J. Gallagher in ihrer berühmten Analyse der Mentalität des britischen Foreign Office im Zeitalter des Imperialismus: Africa and the Victorians, London 1961.

7 E. Krippendorff, Die amerikanische Strategie. Entscheidungsprozesse und Instrumentarium der amerikanischen Außenpolitik, Frankfurt 1970. Verteidigt wird das Aktionsschema mit der angeblich „eigengesetzlichen Rationalität" der amerikanischen Außenpolitik.

8 Das konzediert auch bereitwillig Czempiel, 362. – Ein eindrucksvoller Beweis, wie „Interaktion" analytisch und darstellerisch erfaßt werden kann: G. Schmidt, England in der Krise. Grundzüge und Grundlagen der britischen Appeasement-Politik 1930–37, Opladen 1981.

9 P. Kennedy, Aufstieg und Fall der großen Mächte. Ökonomischer Wandel und militärischer Konflikt 1500–2000, Frankfurt 1989 (engl. 1987).

10 Dieselbe Einstellung auch wieder in: K. Hildebrand, Von Richelieu bis Kissinger. Die Herausforderung der Macht und die Antworten der Staatskunst, in: Vierteljahrshefte für Zeitgeschichte 43.1995, 195–219.

Diese Urteilsperspektive, die in einer eigentümlichen Mischung mit der Aufwertung unpersönlicher systemischer Zwänge und der Vermeidung konkreter Interessenanalyse und Zurechnung individueller Verantwortlichkeit einhergeht, zeichnet sich schon seit längerem ab. Vgl. K. Hildebrand, Imperialismus, Wettrüsten u. Kriegsausbruch, in: Neue Politische Literatur 20.1975, 160–95, 339–64; ders., Staatskunst oder Systemzwang? Die „Deutsche Frage" als Problem der Weltpolitik, in: HZ 228.1979, 624–44; ders., Julikrise 1914. Das europäische Sicherheitsdilemma, in: Geschichte in Wissenschaft und Unterricht 36.1985, 469–502; ders., „System der Aushilfen"? Chancen und Grenzen deutscher Außenpolitik im Zeitalter Bismarcks, in: G. Schöllgen Hg., Flucht in den Krieg? Darmstadt 1991, 109–31.

11 Czempiel, 365f.

12 L. Herbst, Das nationalsozialistische Deutschland, Frankfurt 1995.

13 Von einem Holzweg freilich hält sich Hildebrand wohlweislich fern. Er macht keine einzige Konzession an Ernst Noltes Vorstellung vom „europäischen Bürgerkrieg" mit ihrer dogmatischen Fixierung auf ein welthistorisches Duell zwischen Sowjetkommunismus und Nationalsozialismus. Es fehlt aber auch jede explizite Zurückweisung, jede unzweideutige Stellungnahme zu dieser bizarren geschichtstheologischen Konzeption und der durch sie ausgelösten Kontroverse.

14 Dem peinlich begriffslosen, aber gesinnungsstarken Anlauf Schöllgens (Angst vor der Macht? Berlin 1993; vgl. H.-U. Wehler, dass., in: Fs. H. Mommsen, ebd. 1995, 309–19), für eine antiquierte Politikgeschichte zu werben, ist freilich Hildebrands Argumentationsqualität – daran darf kein Zweifel aufkommen – allemal noch meilenweit überlegen.

14. Wilhelminischer Honoratiorenklüngel oder protofaschistische Massenbewegung: Die „Deutsche Vaterlandspartei" von 1917/18

1 H. Hagenlücke, Deutsche Vaterlandspartei. Die nationale Rechte am Ende des Kaiserreichs, Düsseldorf 1997.

15. Gelungene Rückkehr zur Politikgeschichte?

1 D. Hertz-Eichenrode, Deutsche Geschichte, I: 1871–1890. Das Kaiserreich in der Ära Bismarck, Stuttgart 1992; II: 1890–1918, ebd. 1996.

2 C. Studt, Lothar Bucher (1817–1892). Ein politisches Leben zwischen Revolution u. Staatsdienst, Göttingen 1993.

16. Neoromantik und Pseudorealismus in der Alltagsgeschichte

1 Studien I: 1600–1650; II: 1650–1810; III: 1810–1870; IV: 1870–1918; V: 1918–1945, Berlin 1980/81.

2 Ebd., I, 15.

3 14.1974, 471–542.

4 Kuczynski, I, 23. Es ist ein Problem für sich, warum Kuczynski den ihm bekannten rd. zwanzigjährigen Vorsprung der französischen, englischen und amerikanischen Alltagsgeschichte nicht ausgenutzt und aus ihren Definitionsversuchen zu lernen versucht hat.

5 Ebd., I, 15.

6 Ebd., I, 33.

7 N. Elias, Zum Begriff des Alltags, in: K. Hammerich u. M. Klein Hg., Materialien zur Soziologie des Alltags (= Kölner Zeitschrift für Soziologie SoH. 20), Opladen 1978, 22–29, Zit. 29. In diesem Sammelband finden sich rd. dreißig unterschiedliche Definitionen von „Alltag".

8 Ebd., 27.

9 Ebd., 25.

10 So H. Schlaffer, Dem Alltag auf der Spur, in: FAZ 13.7.1981.

11 Elias, 24.

12 Vgl. die anregenden Bemerkungen von L. Niethammer, Anmerkungen zur Alltagsgeschichte, in: Geschichtsdidaktik 5.1980, 231–42; P. Steinbach, Alltagsleben u. Landesgeschichte, in: Hessisches Jahrbuch für Landesgeschichte 29.1979, 225–305. Vgl. G. Wiegelmann Hg., Geschichte der Alltagskultur, Münster 1980; R. Schörken, Geschichte in der Alltagswelt, Stuttgart 1981.

13 L. Niethammer u. F. Brüggemeier, Wie wohnten die Arbeiter im Kaiserreich? in: Archiv für Sozialgeschichte 16.1976, 61–134; L. Niethammer Hg., Wohnen im Wandel. Beiträge zur Geschichte des Alltags, Wuppertal 1979; ders. Hg., Lebenserfahrung und kollektives Gedächtnis, Frankfurt 1980. – H. Medick, Die proto-industrielle Familienwirtschaft, in: P. Kriedte u.a., Industrialisierung vor der Industrialisierung, Göttingen 1977, 90–154; ders., The Proto-Industrial Family Economy, in: Social History 1.1976, 291–315; ders., Zur strukturellen Funktion von Haushalt und Familie im Übergang von der traditionellen Agrargesellschaft zum industriellen Kapitalismus, in: W. Conze Hg., Sozialgeschichte der Familie in der Neuzeit Europas, Stuttgart 1976, 254–82. – H. Reif, Westfälischer Adel 1770–1860, Göttingen 1979; ders., Adelsfamilien u. soziale Plazierung im Münsterland 1770–1914, in: J. Kocka u.a., Familie und soziale Plazierung, Opladen 1980, 67–125. – K. Tenfelde, Sozialgeschichte der Bergarbeiterschaft an der Ruhr im 19. Jahrhundert, 1815–1889, Bonn 1977 u.ö., sowie zahlreiche Aufsätze dess., in: ders. u. G.A. Ritter Hg., Bibliographie zur Geschichte der deutschen Arbeiterschaft und Arbeiterbewegung 1863–

1914, Bonn 1981. – W. Schivelbusch, Geschichte der Eisenbahnreise, München 1977. Allgemein trifft bisher in der Bundesrepublik zu, daß über „Alltagsgeschichte" Aufsätze, Essays und Quellenstücke, öfters vereinigt in Sammelwerken mit sehr disparatem Inhalt, aber noch keine Monographien, geschweige denn syntheseartige Darstellungen geschrieben worden sind. Vielleicht drückt sich in diesem Tatbestand mehr als eine Übergangserscheinung aus. Vgl. z.B. außer den beiden Bänden Niethammers: J. Reulecke u. W. Weber Hg., Fabrik, Familie, Feierabend, Wuppertal 1978; H. Focke u. U. Reiner Hg., Alltag unterm Hakenkreuz, Reinbek 1979; dies. Hg., Alltag der Entrechteten, ebd. 1980; Der alltägliche Faschismus. Frauen im Dritten Reich, Berlin 1981; K.-J. Ruhl, Brauner Alltag 1933–1939, Düsseldorf 1981; ders., Kriegsalltag 1939–1945, ebd. 1981; G. Huck Hg., Sozialgeschichte der Freizeit, Wuppertal 1980; C. Honegger u. B. Heintz Hg., Listen der Ohnmacht: Zur Sozialgeschichte weiblicher Widerstandsformen, Frankfurt 1981; D. Peukert u. J. Reulecke Hg., „Die Reihen fast geschlossen". Beiträge zur Geschichte des Alltags unterm Nationalsozialismus, Wuppertal 1981.

17. Bismarck-Biographien

1 L. Gall, Bismarck. Der weiße Revolutionär, Berlin 1980.

2 O. Pflanzes Biographie, deren erster Band (Bismarck and the Development of Germany, 1815–1871, Princeton 1963) vor dreißig Jahren erschienen ist, ist inzwischen abgeschlossen: 3 Bde, Princeton 1990. Vgl. E. Engelberg, Bismarck, 2 Bde, Berlin 1980/1985.

3 Zu der Verschränkung der Bismarck- und Bleichröder-Biographie bei F. Stern (Gold u. Eisen. Bismarck und sein Bankier Bleichröder, Berlin 1978), aber auch zu Galls Biographie vgl. J. Kocka, Bismarck-Biographien, in: GG 7.1981, 572–81.

4 Also neben R. Wittrams Peter I., Zar und Kaiser (2 Bde, Göttingen 1964), G. Mayers Friedrich Engels (2 Bde, Köln 1971[3]), H. Ritter v. Srbiks Metternich (3 Bde, München 1934/60[2]), G. Ritters Stein (2 Bde, Stuttgart 1931), G. Manns Wallenstein (Frankfurt 1971 u.ö.) und natürlich Joachim Fests Hitler (Berlin 1973 u.ö.).

5 So sehr auch Gall mit der deutschen Sprache umzugehen versteht, fehlt dem Buch manchmal doch der letzte Schliff. Es ist öfters sprachlich uneben; allzu lange Sätze rufen nach Unterbrechung und neuem Anfang. Aus dem DDR-Jargon hat sich unzählige Male das Modewort „Einschätzung" eingeschlichen usw.

6 Bei nicht wenigen Stücken würde ich auch dafür plädieren, daß sie in jedes Lesebuch der deutschen Sprache aufgenommen werden könnten.

7 Auch andere, wichtiges Bismarck-Material enthaltende Nachlässe sind merkwürdigerweise überhaupt nicht herangezogen worden, z.B. die bequem zugänglichen Nachlässe Bamberger, v. Bennigsen, v. Boetti-

cher, v. Bülow (d.Ä.), M. Busch, R. v. Delbrück, v. Eisendecher, v. Forckenbeck, v. Gneist, Hammacher, Hohenlohe-Schillingsfürst, Münster, Pindter, v. Radowitz, v. Rottenburg, v. Schloezer, v. Schweinitz, Wagener, Zitelmann u.v.a.

8 Dabei sind Galls Urteile und Sachaussagen häufig sehr anfechtbar. Einige Beispiele mögen hier genügen. Die „sozialen Probleme der heraufziehenden Industriegesellschaft bildeten“ nach Gall (493) „ein Pulverfaß“. Wie will er jedoch sein apodiktisches Urteil begründen, es stehe „außer Frage“, daß ein Teil der Kritiker – gemeint ist die als Opposition eher biedere, gelegentlich zu revolutionsrhetorischen Exzessen neigende Sozialdemokratie – „auch geneigt war, die Lunte an das Pulverfaß zu legen und die bestehende Gesellschaft in die Luft zu sprengen“? – Die sogenannte „Große Depression“ war keineswegs eine „Phase der Stagnation“ (527) im strengen Sinn, sondern der halbierten Wachstumsraten; nur einige Sektoren, zeitweilig z.B. die Eisenherstellung, stagnierten kurze Zeit oder wiesen, im verquollenen Jargon unserer Tage, sogar ein „Minuswachstum“, also einen absoluten Produktionsrückgang, auf. – Der Begriff des „Sozialimperialismus“ führt keineswegs, wie Gall weismachen will, Geschichte auf das Handeln großer Individuen zurück, sondern zielt vielmehr auf die „objektiven“ Legitimationsbedürfnisse von politischen Regimes, die wegen des erhofften Loyalitätsgewinns den Imperialismus instrumentell ausnutzen. Der „ideologische Konsens“ zugunsten aktiver, bis zur Kolonialpolitik fortschreitender Außenwirtschaftspolitik entstammt weder dem Vokabular noch der Tradition „rein geistesgeschichtlicher Interpretationen“, sondern bezeichnet ideologiekritisch ein notwendiges Zwischenglied zwischen sozioökonomischen und politischen Interessen einerseits, den politischen Entscheidungen andrerseits. Auch kann man Bismarcks Kolonialpolitik – Gall folgt hier übrigens, ohne ein Wort darüber zu verlieren, ganz der strittigen Interpretation A.J.P. Taylors! – nur dann ein „kurzes Intermezzo“ nennen, wenn man sie kurzsichtig aus dem breiten Zusammenhang der preußisch-deutschen Außenwirtschaftspolitik seit den sechziger und siebziger Jahren herauslöst, anstatt sie darin einzubetten und als spezifische Erscheinungsform staatlicher Unterstützung im Außenwirtschaftsbereich zu begreifen (614–18). – Hinsichtlich der Rußlandpolitik werden die harten ökonomischen Interessengegensätze mit einigen Worten erwähnt, die daraus abgeleiteten politischen Imperative für die Staatsleitungen beider Seiten schon nicht mehr, und dann folgt übergangslos eine absolut konventionelle Diplomatiegeschichte (635ff.) usw. usf.

9 Ob außerdem der von Bismarck geschaffene großpreußische Staatenverbund von 1871 tatsächlich ein so „extrem unstabiles“ Gebilde (725) war, wie Gall urteilt, wirft einige diffizile Fragen über die autonome Modernisierungsfähigkeit des Kaiserreichs und seiner beiden Nachfolgerstaaten bis 1945 auf. Vor entschiedener Kritik würde ich gewiß nicht

zurückscheuen, aber immerhin hat diese „kurzlebige" Großmacht zwei totale Weltkriege, die sie in beiden Fällen herbeigeführt hat, erstaunlich lange durchgestanden, Teilbereiche des gesellschaftlichen Lebens relativ erfolgreich modernisiert (Sozialpolitik, Arbeitsrecht, Großstadtverwaltung) usw. Wenn aber Gall bei seinem Urteil bleibt, hatte dann der von ihm kritisierte Johannes Ziekursch (382) so unrecht, wenn er das Reich ein „Bollwerk gegen den Geist der Zeit" nannte?

10 Vgl. hierzu H.-U. Wehler, Zur Kritik der Preußenbild-Diskussion, in: O. Büsch Hg., Das Preußenbild in der Geschichte, Berlin 1980, 27–32; ders., Preußen ist wieder chic, in: Der Monat 275 (31.1979/H.3), 92–96, u. in: ders., dass., Frankfurt 1983, 11–18.

11 Inzwischen trug Gall allerdings diesem Trend und dem Erfolg seiner Biographie dadurch schnell Rechnung, indem er „Die Großen Reden Bismarcks" (Berlin 1981) veröffentlichte.

12 Statt dessen wird vielen Leserinteressen etwas geboten: die Schilderung der Persönlichkeit des großen Mannes, das Familienleben (viel zu harmonisierend jedoch: Bismarcks Frau unterstützte alle bösen Haßgefühle; die Erziehung der Söhne schlug fehl; Bismarcks „brutale Sinnlichkeit", wie er selber sagte, wird umstandslos übergangen), die Innenpolitik, die Außenpolitik usw. Die konkrete Lebenswelt Bismarcks bleibt demgegenüber eigentümlich blaß: Wie in diesem Kontext Haltungen geprägt, Interessen gebildet wurden, wird nicht geschildert.

13 M. Stürmer, Die Reichsgründung. Deutscher Nationalstaat u. europäisches Gleichgewicht im Zeitalter Bismarcks (1848–1890), München 1984, 10–30, 184f.

14 Ders., Bismarck, München 1987.

18. Tausend Jahre „Deutsche" Wirtschaftsgeschichte

1 F.-W. Henning, Handbuch der Wirtschafts- u. Sozialgeschichte Deutschlands, I: Mittelalter u. Frühe Neuzeit, Paderborn 1991; II: 19. Jh., ebd. 1996.

19. Ein deutsches Säkulum?

1 E. Jäckel, Das deutsche Jahrhundert, Stuttgart 1996.

20. Bewegend und irritierend: Eine „Geschichte der Deutschen"

1 J. Rovan, Geschichte der Deutschen. Von ihren Ursprüngen bis heute, München 1995; französ. Erstausgabe: Histoire de l'Allemagne, Paris 1994.

Bibliographische Notiz

1. Die Zeit 24.5.1996.
2. Bielefeld 1995[3].
3. Spiegel Special 10.1995, 111–13 u. Die Zeit 18.4.1996.
4. Die Zeit 6.10. u. 24.3.1994.
5. Die Zeit 8.10.1993.
6. Die Zeit 3.11.1995.
7. Merkur 35.1981, 478–87.
8. Der Monat 284.1982, 64–67.
9. Central European History 30.1997, 541–72
10. K.H. Lässig u. S. Pohl Hg., Sachsen im Kaiserreich, Weimar 1996, 301–308.
11. H.M. Lohmann Hg., Extremismus der Mitte, Frankfurt 1995[2], 135–143.
12. Die Zeit 1.12.1995.
13. Geschichte u. Gesellschaft 22.1996, 257–66.
14. Die Zeit 6.6.1997.
15. Die Zeit 29.1.1993; Frankfurter Allg. Zeitung 5.8.1993.
16. Die Zeit 18.9.1981.
17. Geschichtsdidaktik 6.1981, 205–12 u. Die Zeit 10.4.1987.
18. Die Zeit 10.4.1992
19. Die Zeit 8.11.1996.
20. Neue Politische Literatur 40.1995, 114–16.

Personenregister

Lesebücher zur deutschen Geschichte

Christina Lutter/Helmut Reimitz (Hrsg.)
Römer und Barbaren
1997. 320 Seiten mit 3 Abbildungen. Paperback
Beck'sche Reihe Band 4008

Rainer Beck (Hrsg.)
Das Mittelalter
1997. 283 Seiten mit 3 Abbildungen. Paperback
Beck'sche Reihe Band 4009

Paul Burgard (Hrsg.)
Die Frühe Neuzeit
1997. 339 Seiten mit 4 Abbildungen. Paperback
Beck'sche Reihe Band 4010

Wolfgang Piereth (Hrsg.)
Das 19. Jahrhundert
Ein Lesebuch zur deutschen Geschichte 1815–1918
Mit einem Vorwort von Wolfram Siemann
2. Auflage. 1997. 364 Seiten mit 4 Abbildungen. Paperback
Beck'sche Reihe Band 1237

Heinrich August Winkler/Alexander Cammann (Hrsg.)
Weimar
2. Auflage. 1997. 269 Seiten mit 5 Abbildungen. Paperback
Beck'sche Reihe Band 1238

Christoph Studt (Hrsg.)
Das Dritte Reich
3. Auflage. 1997. 350 Seiten mit 6 Abbildungen. Paperback
Beck'sche Reihe Band 1089

Eckart Conze/Gabriele Metzler (Hrsg.)
Deutschland nach 1945
2., durchgesehene Auflage. 1997. 312 Seiten mit 8 Abbildungen.
Paperback
Beck'sche Reihe Band 1239

Verlag C. H. Beck München